大秦帝國啟示錄

马平安 著

新世界出版社
NEW WORLD PRESS

图书在版编目（CIP）数据

大秦帝国启示录 / 马平安著 . -- 北京：新世界出版社，2018.1（2018.10 重印）
ISBN 978-7-5104-6459-1

Ⅰ . ①大… Ⅱ . ①马… Ⅲ . ①中国历史—秦代—通俗读物 Ⅳ . ① K233.09

中国版本图书馆 CIP 数据核字（2017）第 296089 号

大秦帝国启示录

作　　者：马平安
责任编辑：余守斌
责任校对：宣　慧
责任印制：王宝根
出版发行：新世界出版社
社　　址：北京西城区百万庄大街 24 号（100037）
发 行 部：（010）6899 5968　（010）6899 8705（传真）
总 编 室：（010）6899 5424　（010）6832 6679（传真）
http://www.nwp.cn
http://www.nwp.com.cn
版 权 部：+8610 6899 6306
版权部电子信箱：nwpcd@sina.com
印　　刷：三河市骏杰印刷有限公司
经　　销：新华书店
开　　本：880mm × 1230mm 1/32
字　　数：290 千字　印张：12.25
版　　次：2018 年 1 月第 1 版　2018 年 10 月第 3 次印刷
书　　号：ISBN 978-7-5104-6459-1
定　　价：46.00 元

自 序

摆在案头的这部书稿，已经是书斋主人从黑发变白发的首席见证者了。

清晰记得，十年前的一个秋日午间，闲来无事，坐在窗前眺望外边的白云蓝天，听室外虫声阵阵，心绪懒散，无由地惆怅发呆起来。

随意从书架上拿出几本书乱翻，这一翻就舍不得放下手来。

明朝冯梦龙所撰的《东周列国志》与现代史学家王遽常所著的《秦史》，虽然已经读过多遍，对其中情节也能够了如指掌、娓娓道来，但这次翻阅却让我的内心又有了新的火苗、新的冲动、新的想法。这个冲动就是，我想再仔细地研读一遍春秋战国的历史。

于是，我决定暂时放下手中的事情，再将春秋战国的历史认真地梳理一遍。

这期间，战国时期的《周易》、《鬼谷子》、《商君书》、《韩非子》、《吕氏春秋》、《战国策》，汉代司马迁的《史记》、班固的《汉书》，宋代司马光的《资治通鉴》，现代史家王遽常的《秦史》、当代史家马非百的《秦集史》、张分田的《秦始皇传》等书皆又成为了我案头的常翻常览常思考之书。

春秋转换，岁月交替。

“一篇读罢头飞雪”。

在翻阅了尽可能找得到的相关史料后，我的眼前突然映现出了一个大得不能再大的“乱”字。这个“乱”字铺天盖地而来，充斥着我的脑海，不断拍击着我久已经安静下来的心灵，让我惊心动魄，压迫我再次深入思考。

在我的历史记忆中，五千年来，华夏大地一直是乱多治少，乱世长得很，太平盛世屈指算来也就那么几个。东周列国之乱，不过是这个历史长河中让人记忆犹新的一朵浪花罢了。但是，就是这朵浪花，却足以让人知味、让人神往，让人们看到了乱世历史的一个缩影，更加珍惜今天来之不易的盛世时代。

东周列国，让人们品尝、体会到了乱世的苦难滋味，萌生了寻求治世桃源的强烈愿望。

春秋战国的乱世是从周平王东迁开始的。

在此之前，周王朝虽然也有内乱，但基本上还能保持“礼乐征伐自天子出”的社会秩序与文化传统；在此之后，“春秋无义战”就开始频频发生，大国诸侯也纷纷崛起。

这是一个到处充斥着战争与血腥味道的时代；

这是一个到处充斥着诡谋、陷阱的时代；

这是一个让人心中的邪恶之念与野蛮天性可以发挥到淋漓尽致的

时代。

这也是一个乱世出英雄的时代。

“礼崩乐坏”“礼乐征伐自诸侯出”成为这个时代的最强音。

在这个时代，诸侯欺天子，大夫叛诸侯，家臣杀大夫的事情屡屡发生，见怪不怪，天下已经到了乱得不能再乱的地步。

世界上的事情往往就是这样：在天下大乱的时候，治的因素亦随之产生。从大乱中寻找出一条走向大治的线索与规律，这大大激发了我的好奇心。本来，以人观事，以事观史，以史来观朝代的兴亡，总结个人的得失荣辱、家国兴亡的经验教训就是本人生活中的极大意趣。终于，在大量阅读与梳理东周史与先秦诸子书籍的基础上，我找到了一条“拨乱反正”的主线，这就是秦人的崛起、扩张，直至统一天下。乱而生治，盛极必衰，岂不正好符合社会变化发展之规律哉！

然而，更离奇的是，世上竟也有没有盛极花刚开放就枯萎的朝代。大秦帝国就是一个典型的案例。它花费了秦人七百年漫长的创业时间，但却因为内部病变仅仅十五年就被雨打风吹去。

这，打破了中国历史的周期律。

由此，我萌生了想写点东西的愿望，想将秦帝国的治乱兴衰史的线索归纳出来并且浓缩升华。可是，一旦真做起来却谈何容易，苦不堪言，几欲罢手。

首先，得揣摩并吃透秦史。

其次，还得不停地演绎、归纳、总结、升华，理出自己的史观。

另外，最要紧的是，如果不能把这段历史说得深入浅出、通俗易懂，让更多人从中受益，那出版这部著作还有什么意义？

著名的国画大师董寿平先生说过：

> 画家的品德、修养、气质、思想等的精神境界和深度，都将毫不掩饰地在自己的作品中反映出来。作为一个画家，应有高尚的情操，渊博的学识，广阔的视野，精湛的技巧，才能创造出画品高尚的作品。

绘画如此，著文作书何尝不是这样呢？

说来惭愧。

就本人而言，浏览历史，与古人神交，是件十分快乐的事情，可是，要把自己的心得体会用文字准确生动地表现出来，却让人颇费周折。这不仅因为本人才疏笔拙、学养太浅，实在也是个人阅历、眼光、心胸等因素所限，意会可以，言传却难达到。何况，前人资料浩如烟海，一部大秦帝国的兴亡史，前后五百多年，曲曲折折，盘根错节，要想精雕细刻，根本也不可能。思来想去，我决定去枝去蔓、去粗取精，用最能代表这段历史主旋律的核心人物与事件作为主线，来刻画秦王朝的轮廓，寻找秦帝国的灵魂，再现秦帝国的气质。抱着有此不多、无此不少的心态，描描画画，力求再现出一幅可以表现大秦帝国兴亡得失的立体画面来，并将本书最终定名为《大秦帝国启示录》。

翻开中国历史，可以看到一个典型的规律：夏商周三代是以分封制度为基础的邦国制时代。从大秦帝国开始，我国进入了一个以郡县制为基础的皇帝制时代。这一制度以极强的生命力延续 2132 年后才在 1911 年辛亥革命的枪声中被共和制度取代。

皇帝制度虽然结束，但帝国政治运作中的许多合理元素仍然影响着后来中国的政治生活。秦人的拼搏精神，秦人顽强不屈的性格，秦人豪放恢弘的气度，秦人开创的政治文化制度及其价值观等，即使是在人类已经进入了21世纪的今天，仍然发挥着无可替代的作用，沉淀成为中国传统的一部分。同样，秦人的急躁个性与道德缺失、功利主义等导致其灭亡的负面因素，同样是一笔应该汲取借鉴的反面经验。从这个意义上讲，大秦帝国的出现与消失，何尝不是中国历史上政治文明的一个重要标尺呢？

在我看来，大秦帝国可以称得上是中国政治文明的正源。这个帝国虽然只存在了十五年的时间便因为一系列偶然的、必然的因素而烟消云散，但其创立却花去了秦人整整七百多年的心血和漫长的时光，应该说，其基础是扎实的，它在扬弃周文化的基础上所创立的皇帝制度、郡县制、大一统、官僚制、依法治国等一整套传统国家政治体制与古典文明体系，奠定了两千年来中国政治文明的根基。正因为如此，才会出现汉承秦制，它的核心价值依附在汉帝国的身上传承了下来。也正因为如此，它才显得悲壮，国虽亡，政却未息，魂仍然显灵。

大秦帝国崛起于血与火的诸国竞雄时代，集中体现了我们先人的那种刚健有为、筚路蓝缕的创业精神，是自强不息、百折不挠、积极进取、追求卓越的象征。他们承认落后，但不甘落后，决心改变落后。他们忍受屈辱，但决心改变屈辱的地位。他们从不向困难低头，不在困难的环境中沉沦。他们粗犷、务实、坚韧、创新、求真。他们心胸开阔，敢于采取拿来主义，从不封闭自己。他们不是小胜即止，不做田舍郎，而是目标远大，一代接一代地奋斗不止，直至达到辉煌的顶点。这种王霸之气、阳刚之力、奋争之劲、雄健之质、自信之笃即使在两千年后的今天，仍然是居历朝之首，仍然是我们学习、效法的榜样与上进的内在驱动力量。

另一方面，在大秦帝国之后的漫长的历史进程中，一个问题又始终困扰着历朝历代的统治者。这就是大秦人创立的王朝模式为何不能长治久安？王朝为什么总是有兴有亡、有盛有衰？其症结何在？它与大秦帝国的立国模式是否存在着必然的联系？能否永远跳出这个周期律，真的实现秦始皇提出的“万年长久”的万岁目标和长久愿望呢？

正是这些问题，不断地困扰着本人，刺激着本人的好奇心，让本人不惜数年的光阴，徜徉其间，“衣带渐宽终不悔”，“为伊消得人憔悴”，站在历史与当今众多学人的肩上，因而有了这部作品的诞生。

俗话说：九九归真。因为“九”在本人心目中具有至高无上的神圣地位，所以本书的结构凑成九章，力求用材料来讲述历史，用历史来观察人生，用人生来透视心灵，用心灵来感悟家国的兴亡以及国人应该担当的天下责任。

本书不打算为历史而写历史，只是希望透过这段具有根源性意义的史料，发掘出一点中国历史背后的“终极价值”，感悟出一点人性深层面的底蕴，找出一个朝代“其兴也勃焉，其亡也忽焉”的定律与缘由，以轻松的方式奉送给想了解这一段中国历史的读者。

走笔至此，我忽然想起了北宋大文豪苏东坡随意留下的一首哲理诗：

横看成岭侧成峰，
远近高低各不同。

不识庐山真面目，

只缘身在此山中。

事实如此，本书只是作者个人对秦帝国兴亡历史的一点有限的感悟，并且做了不同于一般正史的解读，能否对中国早期历史起到一点学习普及其思考借鉴的作用，还愿读者诸君随缘！

马平安

2017 年于北京西山脚下

目 录

第一章

寻踪：秦人创业七百年

秦人的进取与辉煌

与世界上所有的民族一样，秦人也有自己的特色：尚武、刚猛、不怕困难、积极进取、追求卓越，但也有纯阳纯刚、偏激固执的消极一面。这是由秦人的生存历史所造成，由历史的惯性所铸就的。

司马迁在《史记·秦本纪》中为我们收录了这样一个美丽动人的传说。

司马迁认为，秦的先人，最早可以追溯到传说中的三皇五帝之一的颛顼帝。

据说，颛顼是中华民族的人文始祖黄帝的嫡孙。

那是一个十分遥远的时代。

或许，在那个时代，人们“只知有母，不知有父”，秦人的祖先尚处在天地玄黄的母系氏族公社的漫漫长途中。

传说和史记常常把秦人先祖的图腾崇拜、信仰、事业，乃至体貌特征同玄鸟紧紧联系在一起。

据说，就在这个时期，颛顼帝有了一位名叫女脩的嫡孙女。女脩长得苗条端庄，勤快能干。

一天，女脩正在自家门前翠绿的草地上快活地纺织着。突然，蓝天白云之际飞来了一群黑色的燕子，啾啾鸣叫，展翅低飞，追逐嬉戏，其乐融融。

片刻，有一只玄鸟来到女脩的身旁，产下一枚卵后腾飞而去。女脩感到十分好奇。于是，她放下手中的活儿，捡起了身边这个光泽圆润的鸟卵。端详了一会儿，她忍不住肚中的辘辘肠鸣，就吞吃了这个鸟卵。谁知道，吃下这个鸟卵后，女脩竟然怀孕了。

经过十月怀胎，女脩生下了一个男孩。这个男孩取名大业。

再到后来，大业就成了秦人可以稽查的最早的祖先。

在我国早期的历史上，有一个与秦人族源几乎完全相同的传说，这就是商民族来源说。

《诗经 · 商颂 · 玄鸟》中说 ："天命玄鸟，降而生商。" 在遥远的洪荒时代，一个名叫简狄的美丽少女，也因为误吞玄鸟之卵，殷商的始祖便由此而生。

玄鸟遗卵，女脩吞之而生秦人始祖 ；简狄吞之而生商人始祖。这两个传说何其地相似！

据《左传 · 昭公十七年》，当时的东方有一个"为鸟师而鸟名"的庞大的族群，如凤鸟氏、玄鸟氏、青鸟氏等。这样看来，嬴秦族群很可能来自共同以鸟类为图腾的东夷集团，甚至是与崇拜玄鸟飞燕的殷商先祖同出一脉。

时光荏苒。

弹指间，大业的后代已经繁衍昌盛。

据说：大业娶的是少典氏之女女华。

女华生大费，与禹平水土。

大禹的时代，正是人类所处的大洪水时代。那时，洪水滔滔，民生疾苦。大禹的父亲鲧就因为治水无方，被尧刑戮。大禹子承父业，继续治理洪水，这就是历史上有名的“大禹治水”。

相传，大禹治水，以身作则，苦心劳身，如履薄冰，兢兢业业，腿毛尽脱。他在外十三年，总结父亲治水失败的教训，改堵为疏，让洪水归川，使百川入海。他三过家门而不入，苦尽甘来，大功终于告成。帝舜论功行赏，“帝锡玄圭”。

大禹在受赏时启奏：“赫赫功绩，我一个人不能建立；大费辅佐，功不可没！”

帝舜闻言，十分高兴。他特赏大费一面“皂游”——一面带黑色飘带的大旗。以后秦人崇尚黑色，很可能与此有着很大的关系。大秦帝国崇尚黑色，奉之为帝国政治模式的文化符号；秦始皇与群臣皆穿黑色朝服，帝国民众皆称“黔首”，其历史根据或许源此。

在赏赐大费黑色旌旗的同时，帝舜还给大费赏赐了一名姚氏的玉女为妻。大费拜受后，帝舜又让他为自己驯养鸟兽。

驯养鸟兽，原本就是大费的长项，因为，他从祖上继承下来了驯养鸟兽的丰富的经验。由于事情做得十分出色，奇珍异兽都被他驯养得十分恭顺，帝舜大喜，嘉奖大费，特赐封大费姓氏“嬴”，秦人从此有了自己的姓氏。

夏朝初年，大费因为与启争天下受挫，率族东迁东夷之地。

夏朝末年，大费的后代费昌脱离夏桀，投奔商族，参加了商汤发动的推翻夏桀的战争。

因为出色的驯马经验、惊人的驾车技术，费昌在商、夏的鸣条决战中，辅佐商汤立下了赫赫战功。从此以后，秦人的先祖受到了商王朝的高度重视。

商朝时期，嬴姓氏族代代为商王室做事，社会地位很高。在这个时期，秦族中出了几位驾车高手，“遂世有功，以佐殷国，故嬴姓多显，遂为诸侯”。

商纣王时，蜚廉极善行跑，恶来孔武有力。父子二人，迎来了秦人先祖在殷商时代的辉煌时期。

物极必反，祸福同门。蜚廉、恶来父子二人因为助纣为虐被姜子牙杀掉，秦人的先祖受到了前所未有的打击。

商亡之后，在东方，商纣王的儿子武庚做了最后一次复国的努力。

据说，嬴姓氏族是参与这次叛乱的主力之一。

武庚叛乱平定后，嬴姓氏族被周王室定为战犯与奴隶。

为了自身的生存，嬴姓氏族不得不对周王朝表示顺从和屈服，但是，当时周王室并未给他们以真正的信任。本着“卧榻之旁，岂容他人酣睡”的原则，周公将嬴姓氏族驱逐到了遥远的西方边陲之地。

于是，刀下余生之辈，被迫扶老携幼，肩担手提，离开东方的故乡山水，迁徙到周王室指定的荒凉、偏远、荆棘丛生而又生死莫测的西方。

从此，他们没有了歌声，没有了欢笑，因为前方充满了荆棘与艰辛。

很明显，在周王室的眼中，嬴姓一族是不可悔改的商朝余孽。把他们驱赶到西方边陲之地，一方面可把他们当成周王朝在西方的藩篱围墙，另一方面是想借当地犬戎夷狄之手除去这个不听话的心腹大患。

不过，中国有句老话：艰难困苦，玉汝于成；也同样有句名言，叫作：生于忧患，死于安乐。

周王室把嬴秦一族驱赶到莽莽荒原之地、虎狼出没之所、夷狄往来之处，可是，嬴姓一族，不但没有因此灰飞烟灭，反而在这里顽强地生存了下来，在奋斗中挺直了他们的身躯。在同生存做斗争的年代里，嬴秦一族学会了独立与倔强。

在周穆王时期，嬴姓氏族的首领出了一位叫作造父的人，他有一手高超的驾车本领。在周穆王西游时，诸侯徐偃王乘机作乱。得到消息后，造父驾车日行千里，将周穆王安全、及时地送回了周土，从而为平叛争取到了宝贵的时间，使这场叛乱得以很快地平定。由于造父在这次平乱中的功劳，周穆王就以赵城封造父，造父一族由此称为赵氏。

于此前后，嬴姓氏族中的另一支首领大骆则率领自己的族人西迁至犬丘之地。

到大骆的儿子非子时代，西迁的嬴姓氏族又一分为二,一支留在犬丘，另一支进一步西迁到今日的甘肃境内。

司马迁说：

“非子居犬丘，好马及畜，善养息亡。犬丘人言之周孝王，孝王召使主马汧渭之间，马大蕃息。”

由于为周孝王养马有功，非子被周孝王封为附庸，封于秦地。

周孝王说：

“昔柏翳为舜主畜，畜多息，故有土，赐姓嬴。今其后世亦为朕息马，朕其分土为附庸。邑之秦，使复续嬴氏祀，号曰秦嬴。”

至此，嬴姓氏族才真正被称为秦人，秦人也从此开始有了明确的纪年。

这个秦地，据历史考证，大约在今天的甘肃天水、清水一带。

何为“附庸”？

《礼记》上说：

“天子之田方千里，公、侯田方百里，伯七十里，子、男五十里。不能五十里，不合于天子，附于诸侯曰附庸。”

这就是说，“附庸”只能依附于诸侯，没有资格与天子会面。但是对于秦人来说，这只是从奴隶到将军的第一步，没有这一步，怎么会有后来的称王称霸称帝，直至实现天下一统呢？这一步得来的是那么的不容易，从此，秦人才真正在法律上有了一块自己的地盘。这是他们开国创业史的开端。

当时的秦地，处在周王朝的西部边陲之外，荒凉、空旷，是一片莽莽荒原，渺无人烟，虎狼出没。在这个地区，有一些少数民族的部落，其中比较强大的有戎、狄等部落。

在这个时期，分布在西北地区的戎狄部落正处在富于攻击性、掠夺性的发展阶段。在时机适当、力量强大时，他们不断侵略秦人的土地，掠夺秦人的财物与人口，甚至侵入西周境内进行掠夺。

这样看来，周天子封给秦人的土地，是一个周王室鞭长莫及、充满危险与不安定因素的化外之地。周孝王的所谓分封之举，实际上是一件惠而不费的事情，给秦人的只不过是一个合法居留的名义。

由此不难看出，尽管秦人数世效忠于周王室，但周人在骨子里却没有真正把秦人视为自己人。所谓分封于秦，实际上不过是一个口头上的惠举。你有能力，你就开疆拓土；你没能力，你就自生自灭。但是，即使这样，这一分封对于秦人来说却不是可有可无，而是有着非同寻常的意义。

1. 分封举动使秦人开始摆脱了戎人的身份，使他们与西陲边境的其他戎狄民族从此区别开来，正式成为周王室的一名化外家庭成员。

2. 这一特殊的身份在秦人心理上产生了巨大的影响，它使秦人在与周围戎狄民族的争战中产生了名分感、优越感、归属感和自豪感。

3. 由于附庸毕竟不是正式的诸侯，它也激发了秦人想进一步成为正式封国，屹立于列国诸侯之林的更大愿望，进一步激发了秦人的生存与发展的潜力。

周孝王本来给秦人开的是一张空头支票，但后来事态的变化与发展显然超出了他的意料。在这一空头支票的驱动下，秦人产生了前所未有的拓疆能力。他们不仅在西方拓荒中要建立自己幸福的家园，更是要在本民族自豪感的驱动下，用自己的力量力争把这一空头支票，真正地兑换成现实。

从非子有秦开始，到他的玄孙秦仲时，秦人的政治地位在自己的不断拼博中进一步得到了提升。

周厉王暴虐贪婪，民怨载道。戎狄部落乘机侵入周人的边境，留居犬丘的那支秦族，誓死忠于周王室，整个部族在与西戎的战争中全部被戎人消灭。

周宣王即位后，为了反击西戎，立即任命秦仲为“大夫”，让秦人去为周王室继续诛灭强悍的西戎。秦仲率领部族，与戎人拼死作战二十三年，最后死在了伐戎的战场上。

秦仲对周王室的效忠行为深深地感动了周宣王。周宣王亲自召见了包括秦庄公在内的秦仲的五个儿子，并且交给他们七千兵马，命他们继续征伐西戎，为先人复仇。秦氏兄弟五人同仇敌忾，大破西戎军队，夺回了被戎族占领的犬丘故地。周宣王非常高兴，就将犬丘赏赐给秦庄公，并且封他为西陲大夫，命其镇守边疆，继续讨伐西戎。从此以后，秦人便拥有了甘肃的秦地和陕西的犬丘两块封地。秦人用在战火中的实际行动证明：他们已经成为保障西周王朝西线安全的重要屏障。

秦庄公死后，其首领的位置传给了次子秦襄公。

这时，周王朝正是周幽王统治时期。

世事苍茫，在西周的大多数时间里，秦人还只能默默无闻地游牧激战在边塞之地，不为东方各诸侯国所知，仿佛已被世人所忘记。要不是公元前 771 年发生的那次震惊华夏的大事件，秦人也许就会永久地沉默下去而不为后人所知了。

秦人发展的机缘，就是西周王室在本部地区统治力量的严重削弱。

每个王朝都有盛极而衰的历史轮回。

周王朝走下坡路，从严格意义上讲，是从周幽王开始的。

周幽王为人，暴虐寡恩，动静无常。他迷恋美人褒姒，重用佞臣，堵塞忠贤之路，废嫡立庶，烽火戏诸侯。种种恶行引起了天怒人怨，终于导致了西周国家的内乱与外患。

事情是从周幽王废立太子宜臼开始的。

周幽王因为宠幸美人褒姒，爱屋及乌，决定废除太子宜臼。这件事引起了太子外公、申后父亲申侯的强烈反对。申侯为申国一国之主，拥有强大的军事实力，并与戎狄与秦人有着广泛的联系，其举足动静，都对周王室的安危有着很大的影响。但是，申侯拼死劝谏，引起了周幽王的强烈不满。昏乱的周幽王不顾客观上的利害关系，决定削去申侯的爵位，并准备发兵讨伐申国。

箭在弦上，不得不发。

申侯先发制人，联合犬戎攻破镐京，周幽王被杀。

申侯有引狼入室的本事，却没有驱赶野狼的能力。在无奈的情况下，他只得密书各路诸侯起兵“勤王”，前来搭救周王室。

秦人再一次发迹的机会降临了。

秦襄公抓住机会，及时赶来“勤王”，与晋、卫、郑等其他赶来的诸侯一起驱逐了盘踞镐京的犬戎军队，并与各路诸侯一致拥戴周平王继位。周平王继位后，惧怕犬戎再次入侵，遂决定放弃祖宗龙兴之地，匆匆向东迁都洛邑。

历史，再一次开始了对英雄豪杰的大筛选。

按道理说，申侯既是国戚又是当时在西周最具势力的一个诸侯国家的国君，平王东迁，他应当义不容辞地担起护驾的责任。周王室东迁之后，他本应当利用形势从犬戎手中收复失地，壮大自己的实力。但是，在这一重大的历史机遇面前，申侯却视而不见，畏葸不前，结果任机会白白地从他手中溜走。

相反，秦襄公却审时度势，及时抓住了这个百年不遇的重大时机。秦人投机的过人之处，在这里淋漓尽致地发挥了出来。

1. 早在犬戎入侵镐京、烽火连天的时候，与犬戎做邻居的秦襄公，不可能不知道这个消息。在这个需要抉择的时刻，秦襄公冷静地选择了装聋作哑，静观其变。因为，他知道，他出兵的时机还没有完全成熟。

2. 当犬戎攻破镐京、申侯无法控制局面、密书求救时，早就做好了出兵准备的秦襄公，立刻名正言顺地出师“勤王”，牢牢地抓住了与周王室进一步发展关系的主动权。

3. 在申、郑、卫、秦四路诸侯商讨如何进攻犬戎的时候，秦襄公没有顾虑自己附庸的名分，而是毛遂自荐，充当起出谋划策的角色，不仅如此，他还率军积极作战，真正担负起了驱赶犬戎的实际责任。

4. 周平王东迁之时，各路诸侯国都面露难色，不愿去做这件出力不讨好的事情。秦襄公却从中看到了巨大的机遇。他果断地抛下自己的国家不顾，立即亲自率领他的队伍千里迢迢护驾东行，表现出了只有“附庸”地位的秦人的赤胆忠心。

5. 在“护驾”的整个过程中，秦襄公一定表现得尽心尽力、尽职尽责，周平王也一定被照顾得处处满意。秦襄公的忠心与攻心之术，终于快到了收获的季节。

其实，秦襄公心中明白，按国家礼制，自己这个附庸身份很可能终其一生都没有机会一睹天颜，更没有名分护王伴驾。现在，你周平王虽拥有天子的名位，但却处于弱势的地位。弱势的人一般都是很难忘记患难之情的。“勤王”与“护驾”，很可能就会突破周平王的心理防线，让他对自己有所回报。总之，现在是一个机会，一个千古未有的机会。秦襄公要紧紧地抓住这个机会。

果然，秦襄公的赤胆忠心得到了丰厚的回馈。

东迁成功之日，周平王立刻封赐秦襄公为诸侯，并且“赐之岐以西之地”。

周平王说：

“戎无道，侵夺我岐、丰之地，秦能攻逐戎，即有其地。”

从公元前 11 世纪开始，到公元前 771 年，经过三百多年前赴后继的接力棒式的奋斗，秦人终于又从奴隶做上了将军。在两周之际的政治变局中，秦襄公由于应对合理，获得了重大的政治利益。

秦襄公凭借远见智慧与实干，终于让秦在法律意义上从一个附庸身份正式变成一个国家的实体，从此跻身诸侯之列，取得了与中原各国诸侯平起平坐的地位。

秦襄公封侯是秦人在春秋时期政治上的一次最重大的收获。这一点集中表现在下列几个方面：

1. 获得了重要的政治名分资源。

在中国古代社会，名分是一个非常重要的政治资源。在周礼通行的时代，"名"与"器"的作用尤为突出。孔子所谓"名不正则言不顺，言不顺则事不成"的论断就是根据春秋时期的政治状况的正确观察而得出的。嬴秦获得封侯本身就是一个莫大的政治实惠。它使嬴秦获得了独立的国家实体，取得了"与诸侯通使聘享之礼"，标志着嬴秦的政治地位有了一次质的飞跃。

2. 获得了西周旧地的经营权与所有权。

周平王将西岐之地送给秦襄公，从表面上看似乎只是一张空头的支票。但实际上，春秋时期，秦国正是高举这面大旗，成为以合法性为由从戎狄的手中夺取土地最多的国家。

3. 获得了华夏先民与西周王朝遗留下来的各种政治、经济、文化的丰富而重要的遗产。这使得秦国迅速从一个偏僻落后的附庸之地一跃而成为一个西方的大国。

如果说，"勤王"和"护驾"显示出了秦襄公的过人的胆识的话，那么，在下列三件事情上就更显示出了秦襄公比其他诸侯国君的远见之处。

1. 从洛邑回到西陲之地后，秦襄公并没有陶醉在取得诸侯名分的喜悦中。他清楚地看到了秦人落后的危险性，立刻用周天子将岐、丰之地赐封给他的口头许诺，将还没有来得及迁走的周室遗民全部笼络在自己的旗帜之下。

秦襄公鼓励秦人积极学习周人先进的文化与生产技术，促进秦人将游牧与农业生产结合起来，让秦国迅速向东方各国文明靠近。秦襄公的拿来主义的胸怀与气魄，给他的后代立下了值得效法的榜样与标尺。

2. 既然周天子允许了秦人建国，还把周王朝的龙兴之地岐、丰一同出让给了秦国，那么，秦襄公就有理由认为，自己是受命于天。既然周王朝在岐、丰兴起，那么，如今秦国也将拥有这块天赐的富饶宝地，秦国也应当从此兴起，直至最后统一天下。

据《史记·六国年表》记载：

“至犬戎败幽王，周东徙洛邑，秦襄公始封为诸侯，作西畤用事上帝，僭端见矣。礼曰：‘天子祭天地，诸侯祭其域内名山大川。’今秦杂犬翟之俗，先暴戾，后仁义，位在藩臣而胪于郊祀，君子惧焉。”

可见，秦襄公在开始建国时，就把天地作为自己的祭祀对象。这说明，通过“勤王”和“护驾”，秦襄公已经看透了周天子纸老虎的虚弱实质。他虽然因为实力不足，在名分上仍然尊奉周室，实际上，代周而起的愿望已经在他的内心深处深深扎下根来。从秦襄公开始，秦人的受命于天，代周而起的意识越来越强烈，所祭天地的次数也在相应地增加。

3. 整军经马，通过刀剑赶走戎狄，夺回岐、丰之地，将周天子的空头支票变为实有并加以兑现。

秦襄公刚建国时，只有秦地尺寸之土。周围是一片莽莽荒原，间有戎狄出没、骚扰和掠夺。周平王感秦襄公忠心护驾东迁之功，给秦人开了一张空头支票。所谓将西岐之地赐封于秦，所给的仅仅是一个合法的名义，实际上得到得不到那是你秦人自己的事情。

周王室东迁，就是因为抵挡不住戎狄的烽火侵扰。东迁之后，岐、丰之地也已经为戎狄占领。在客观上，东迁后的周室根本就没有能力收回祖宗的这片龙兴之地。

在这种情况下，周平王赐地于秦，意思本是：岐、丰之地我是收不回来了，留给戎狄又实在咽不下这口恶气。秦襄公你有这个能力，你就去夺回；你没有这个能力，对不起，我也爱莫能助。实际上，周王室认为秦国没有收复岐、丰故地的能力。如此分封，实际上是激发秦人自己去与戎狄拼杀，把秦人真正地推到抗击戎狄的第一线，希望通过秦人之手来报复犬戎。

周平王没有想到，数百年的苦难与艰辛，早已经将秦人锤炼成为强悍尚武、坚忍不拔、从来就不会把希望与命运寄托在别人身上的充满生机的民族。他们需要的，不是依赖别人的帮助，而是一个实惠的政策与光明正大的名分。秦人成为正式诸侯，极大地激发了秦人的民族生存潜力，极大地提高了他们的民族自信心与自豪感。

经过多年的浴血奋战，秦襄公率领大军从根据地西陲一直打到岐下，取得了对戎人战争的巨大胜利。

戎主远遁西荒。岐丰一片，尽为秦有，辟地千里，遂成大国。

秦襄公终于把当年周平王的口头封赏给自己的土地变成了实有。

在中国历史上，周平王东迁与秦襄公建国是两个具有划时代意义的标志性事件。

多年以来，许多历史学家都把这两个事件作为划分中国早期历史阶段的界标。巧合的是，这也正是周王朝由盛到衰与大秦帝国逐渐兴起的开始。一个至大至尊泱泱数百年的王朝正在渐渐褪去昔日的华彩，一个并不起眼、坐落在西陲之地的蕞尔小国却一步一步正在成长壮大。

这是因为，周平王舍弃的这一方土地，并非寻常之地。它是周人的发祥地，又是西周的王畿腹地。经过战乱，昔日繁华宏伟的镐京变成了一片废墟。望着"彼黍离离，彼稷之苗"，令人遥想宗周当年的昌盛气象，不禁有怆然涕下之感。

事实证明，秦襄公获得这一方土地的经营权与使用权，是嬴秦民族的大幸。后来，经过秦国数代的开拓与经营，秦国拥有了整个关中地区的土地，拥有了得天独厚的帝王之基。

从历史上看，"秦中自古帝王州"。西周、秦、汉、隋、唐的兴起都是首先据有关中、站稳脚跟，然后杀向中原，进而一统全国的。西周、秦、两汉、西晋、前赵、前秦、后秦、西魏、北周、隋、唐、明末的大顺等政权，都曾经把政治中心设在关中。完全可以说，关中王气冲天，是历代帝王的龙兴之地。

中国历史上存在着一个奇怪的现象，这就是凡是王朝兴起并取得天下者，大凡都必占有一个"北"字。不是西北、正北，就是东北。凡是占有这些地方的王朝，几乎是虽微必大，虽弱必强。

根据这种情况，司马迁在《史记·六国年表》中说：

夫作事者必于东南，收功实者常于西北。故禹兴于西羌，汤起于亳，周之王也以丰镐伐殷，秦之帝用雍州兴，汉之兴自蜀汉。

顾炎武甚至把据天下之上游则必制天下之命视为必然规律。他在《历代宅京记》中干脆一语道破：

> 天下之势，自西而东，自北而南，建瓴之喻，据古如兹。

具体而言，关中地区所以能够成为大秦帝国的“帝业之基”，主要还在于：

1. 关中地区沃野千里，自然资源丰富。

《禹贡》将古代中国分为九州，其中，关中地区属于“雍州”。“九州”之中，雍州的土地最宜农耕，是中国农业生产发展最早、物产最丰富的地区之一。渭河流域、黄土高原，气候温暖，土质肥沃，适宜耕作。

2. 关中为四塞之地，地势险阻。

关中平原是一个大盆地，东临滔滔黄河，四面有高山峻岭环峙。东面只有一个函谷关可通。战国时期，秦国进可攻，退可守，而六国军队打到函谷关下便一筹莫展。

3. 关中地区经济发达，人文荟萃，长期保持着较高的文明发展程度，可谓当时全国的首善之区。关中地区是华夏文明的发祥地之一。长期以来，四方民族皆荟萃于此，经济文化交流频繁。尤其是西周时期，丰镐及其周边地区数百年来一直是全国的政治、经济、文化中心。秦国兴起于宗周废墟之上，其秉承西周的因素，反较关东六国为多，这是嬴秦通过封侯立国所得到的最丰厚的社会政治资源，使得秦国缩短了数百年追赶关东各国的时间。

当然，上述的几个条件还只是为帝王之业提供了一个重要的基础，能不能确实占有它、支配它，能不能把优势发展为胜势，能不能最终夺取胜利，还是要靠人为的因素。几千年的历史发展表明，优越的客观条件并不意味着必然就能成就帝业。成就帝业是一系列政治、经济、社会、文化、军事等因素共同作用的结果。但是，拥有山河之险、资源丰富、文明程度高的关中地区，毕竟占据着地利。如果时机成熟，合有“天时、地利、人和”，“八百里秦川”毫无疑问就会成为帝业的张本。

在秦人的开国历史上，秦穆公是继秦襄公之后另外一位了不起的创业型国君。

在秦穆公的身上，始终洋溢着一种活力，这是集秦民族的质朴、尚战、无畏、智慧、粗犷、坚韧、进取于一身的活力。这种活力，让他在春秋历史的舞台上永垂青史。

大秦帝国的丞相李斯说过：

> 昔穆公求士，西取由余于戎，东得百里奚于宛，迎蹇叔于宋，来丕豹、公孙枝于晋。此五子者，不产于秦，而穆公用之，并国十二，遂霸西戎。

其实，这位帝国的宰辅，只是揭示出了秦穆公为人性格中的冰山一角。

秦穆公自有他的雄心，他的襟怀。这种雄心与襟怀，是秦民族数百年积累的结果，绝不是一般庸主可望其项背的。

在秦穆公的身上，流淌着作为一位雄主的血液。这种血液，滚烫、滚烫，让他拥有雄才大略，不停地去为秦国扩疆拓土，拓展实力。

首先，任贤用能，极力从国内外求取人才，这是秦穆公急于作为的必然结果，反映出了秦穆公的眼光与识人、用人的能力。

司马迁在《史记·孔子世家》中写道：

“齐景公与晏婴来适鲁，景公问孔子曰：‘昔秦穆公国小处辟，其霸何也？’对曰：‘秦，国虽小，其志大；处虽辟，性中正。身举五羖，爵之大夫，起累绁之中，与语三日，授之以政。以此取之，虽王可也，其霸小矣。’”

孔夫子可不是个一般的人物，在他的眼中，能容得下的英雄豪杰凤毛麟角。但是，对于这位出生在戎狄之域的偏僻之邦的国君，孔夫子却是赞赏有加。对于秦穆公敢于打破贵贱界限，唯才德是用的举动，孔圣人十分欣赏。在孔子的眼中，秦穆公“行中正”，善用人，其气度足以成王者大业，何况霸业呢？

秦穆公继位后，继承着祖先开拓宏业的传统，决心与列国一争雌雄。

但是，环顾四野，严酷的现实是：

1. 秦的建国始于平王东迁，与当时的大国齐、鲁、晋等相比，秦的历史比人家短了整整一个西周的时代，已经落后了四百余年。

2. 秦处西陲，“始小国僻远，诸夏宾之，比于夷狄。”（《史记·六国年表》）长期处在中原文化圈的外围，中原人士一般都不太愿意前往，因而人才显得格外奇缺。

3. 严酷恶劣的生存环境，把秦人培养成为了敢于在疆场上任意驰骋的民族，但文化、文明程度则远逊东方各国。马上得之，不能马上治之，寻找富于远大目标的策划人才显得十分迫切。

4. 秦虽然立国，与东方各国平起平坐，但东方诸国对秦始终抱有偏见，打心眼里瞧不起这个西方边境的所谓的“蛮夷之邦”。他们采取冷漠、排斥、贬低的态度来对待秦国，这使秦人在长期同戎狄的斗争中建立起来的自信心受到了前所未有的严重的打击，认为这是莫大的耻辱。为了超越这种自卑，秦穆公更添具了以通过奋斗来显示自己实力的愿望。你们不是瞧不起我这个落后之邦吗？好吧，我要以实际行动，让你们认识到，你们的这一举动是多么的错误！多么的荒谬！各国卑秦使秦人产生的巨大的逆反心理，是自秦穆公继位以来急于招揽人才、大举图兴的一个重要因素。

春秋时期，秦穆公的霸业，多赖于下列几个人的辅佐与支持。

1. 公孙枝——公孙枝，字子桑，岐人。年少时游宦于晋，秦穆公闻其贤，想方设法招他入秦。公孙枝入秦后，在秦国与晋国的外交事务的决策上发挥了无可替代的作用，秦穆公以他为师，不离左右，言听计从。

据《吕氏春秋·慎人》中的记载，公孙枝奉秦穆公之命以五张羊皮从楚人手中将百里奚赎回时，发现百里奚是一个王佐之才。于是，他不仅郑重地将百里奚推荐给秦穆公，要求秦穆公大用之，而且将自己的上卿位置让给百里奚，甘居其次。这件事表明：公孙枝不仅有王佐之才，更有王佐之德。

2. 百里奚——百里奚，虞人，虞国大臣。晋灭虞时，将他抓获为战俘。后来，晋献公嫁女给秦穆公做夫人时，逼他去做陪嫁，他认为是莫大的耻辱，于是出走逃亡到宛地，偏又时运不佳被楚国鄙人抓个正着，被迫替他们从事放牧的生计。后来，秦穆公发现少了一名陪嫁，又听说他是一名有才德的老者，现在正流落在楚国乡间为奴，于是就派公孙枝拿了五张羊皮将他赎了回来。百里奚到秦后，与秦穆公“语三日，公大悦，授之政，且以为师。号曰‘五羖大夫’”（王蘧常撰：《秦史·二老传》)。这个时候，百里奚已经是七十多岁的老人了。秦人赵良形容秦穆公对百里奚的信任与重用，是“举之牛口之下，而加之百姓之上”(《史记·商君列传》)。秦穆公爱才、识才、用才，于此可见。

3. 蹇叔——蹇叔，原本是宋国人，早年流落齐国，不为齐君所用，遂在齐国一个小部落中做了个酋长。当年，百里奚中年来到齐国，因无人引荐囊中羞涩而流落街头，盘缠用光后做了讨饭的乞丐。后来，蹇、百二人相遇，经交谈后互相倾服对方之才，大有相见恨晚之慨，遂为至友。后经蹇叔托人举荐，百里奚得以在虞国被拜为中大夫，蹇叔对百里奚说：“虞君眼光短浅，只见眼前小利，并且刚愎自用，并非有为之主，我打算隐居在宋国的鸣鹿村，他日有事可来找我。”百里奚到秦国后，向秦穆公强烈推荐蹇叔。

百里奚说：

“臣不及臣友蹇叔，蹇叔贤而世莫知。臣常游困于齐而乞食于人，蹇叔收臣。臣因而欲事齐君无知，蹇叔止臣，臣得脱齐难，遂之周。周王子颓好牛，臣以养牛干之。及颓欲用臣，蹇叔止臣，臣去，得不诛。事虞君，蹇叔止臣。臣知虞君不用臣，臣诚私利禄爵，且留。再用其言，得脱；一不用，及虞君难，是以知其贤。”(《史记·秦本纪》)

于是，穆公使人厚币迎蹇叔入秦，用为上大夫。

4. 由余——由余的先人是晋人，他因家族关系会说晋语。逃亡入戎后被戎王所用。后来，“戎王闻穆公贤，使余观秦”。秦穆公不过跟他见过一面，谈过一席话，就看出了他是一个非凡的人才，开始想方设法地笼络他。最后，秦穆公甚至不惜手段，采用内史廖的计策，用反间计迫使由余弃戎归秦。

“公出迎，拜之上卿。”（王遽常撰：《秦史·由余传》）

5. 丕豹——丕豹是晋国大臣丕郑之子。晋惠公为丕郑等大臣所立。晋惠公继位不久，杀丕郑。丕豹乃出奔秦国，并仕于秦。秦穆公白白得了一大帮手，其欢喜之情，不言而见。丕豹是晋国大臣，非常了解晋国情况。秦穆公要想在东进扩张的事业上有所作为，就必须任用深通晋国事务的人才，丕豹用于秦，正合了穆公的意。司马迁在《史记·秦本纪》上说，秦穆公在对晋国政策上，“阴用豹”，这是合乎历史事实的。

6. 孟明视、西乞术、白乙丙——孟明视、西乞术、白乙丙三人分别是百里奚、蹇叔之子。王蘧常在其所撰的《秦史·三帅传》中认为，孟明视“知人”、西乞术“赡辞”，“皆不愧其父，岂仅知兵而已哉！”三帅皆得到秦穆公的信任与重用。他们帮助秦穆公“增修国政，重施于民”，在三次伐晋、出使鲁国等内政外交方面取得了重大的成果，可以算得上秦国继百里奚、蹇叔之后的外籍集团领袖的第二代人物。

以上八人，都不是秦国人，但是，为了霸业的需要，秦穆公只要闻其贤，就不计一切将他们罗致到秦，不计身世、年龄，一概破格重用。这是秦穆公能够最终称霸西戎、东进中原、声震寰宇的重要秘诀之一。

在上述八子之中，秦穆公的分工是：公孙枝、丕豹用在对付晋国上面，由余用在吞西戎诸国上面，孟明视、西乞术、白乙丙主要用在军事指挥上面，而百里奚、蹇叔二人则为秦国全盘规划发展战略。事实说明，能够驾驭群才，是秦穆公能够成为春秋五霸的一个重要因素。

据史料记载：

1. 秦穆公请教百里奚：“我们秦国僻居西方的岐雍间，不能参与中原的会盟，请您教导我该怎么做，才不致落后于中原诸侯国？”

百里奚回答："其实，岐雍之地地势险要，是周王朝建国的发源地，如今周王室不能守而送给了秦国，这是个非常了不起的礼物啊！处在戎狄的威胁下，可以使秦国永远保持强大的军事战斗力；不能参与中原的会盟，正可使我们不必分神，全心全力建设国家。西戎地区，总共不过十余国，各自独立、组织松懈，很容易并吞它们。最重要的是如何开发这些土地，以提升秦国的综合实力。如何组织这些人民，以加强我们的武装力量，这种有利条件是其他诸侯国所没有的。我建议主公应先好好地经营这块地方，服从我们的，以德抚之；不服我们的，以力征之。完全掌握这块西陲之地后，再利用这块进可攻、退可守的土地向东方中原地区发展，一有机会，便可发动攻势，则霸业可成。"

百里奚的这种战略为秦穆公先西后东、先内后外的发展规划出了方向，深得秦穆公的赞许，以后秦国数百年发展方向基本上没有超出这个范围。

2. 秦穆公请教蹇叔："百里奚非常推崇先生的才能，请问先生对我秦国未来的霸业有何赐教之处？"

蹇叔回答："秦国僻居西土，和戎狄为邻，地势险要，军队强盛，进可以战，退可以守，条件比别人好，但却无法跻于中华大国之列，这是因为威德不及的缘故啊！没有威势，别国自然不怕；没有恩德，别国自然也不服。既不怕又不服，自然就成不了霸业了。"

秦穆公问："威与德哪一个应当排在首位？"

蹇叔回答："德为本，威济之。德而不威，其国外削；威而不德，其民内溃。"

秦穆公又问："寡人欲布德而立威，何道而可？"

蹇叔回答："秦杂戎俗，民鲜礼教，等威不辨，贵贱不明，臣请为君先教化而后刑罚。教化既行，民其尊敬其上，然后恩施而知感，刑用而知惧，上下之间，如手足头目之相为。管夷吾节制之师，所以号令天下而无敌也。"

秦穆公问："有了威德，便可以称霸天下吗？"

蹇叔回答："没有那么简单。想称霸天下的雄主必须有三戒：毋贪、毋忿、毋急。贪则多失，忿则多难，急则多蹶。对目标的大小早有规划，便不必贪；衡量自己和别人的力量再行动，就不会有气急败坏的灾难；一切有计划，轻重缓急分得清楚，就不会急功近利，造成缺失。主公若能有此三戒，便有资格争霸天下了。"

秦穆公说："您说得很好。请先生先为寡人指明眼下就应当做的事情。"

蹇叔回答："秦国立国西戎，这是主公的祸福之本。现在齐桓公年纪已老，霸业将衰。主公应当用心安抚雍、渭民众，并号召诸戎。不服者，讨之。诸戎既服，然后再敛兵以俟中原之变，在齐国霸业的基础上，广布德义。届时，主公即使不欲称霸，形势也不允许你这样做了！"

从上面的君臣问答中可以看出，蹇叔的建策其实与百里奚如出一辙，只是对百里奚提出的战略方策的进一步深化。如果说，百里奚从纵向发展上为秦穆公全面地规划了称霸西戎、参与中原大国事务的蓝图的话，那么，蹇叔则是从横向发展上规劝秦穆公戒贪、戒忿、戒急，饭要一口口地吃，路要一步步地走，要秦穆公脚踏实地地去具体落实百里奚制定出来的西取东进的战略目标。

百里奚与蹇叔，一左一右，为秦穆公规划出了百年蓝图，为秦国的霸业撑起了腾飞的双翼。难怪秦穆公听了他们的建策后高兴地说："我得到的两位先生，真是秦国人最好的长老了。”

在秦穆公的身上，始终洋溢着一种无尽的进取精神。这股异于同时代别国诸侯的精神，在很大程度上，应当归功于他的先人们在为了生存的斗争中所激发出来的坚强毅力和不畏艰难的巨大勇气。这种精神是秦人存在的意义，是秦民族不断发展壮大的原动力。

秦穆公继位时，已经三十余岁，正是壮年鼎盛、身心舒发时期。由于父兄打下的基础，他在国内的统治地位已经相当稳固。他为人强悍勇武、胸襟开阔、耿直诚恳、志向高大。列祖列宗们开辟蓁莽的事业经常让他心驰神往。他要效法祖宗的开创精神，弘父兄之基业，让秦国的国势发展到一个新的高峰。

目标：东进中原，西并诸戎。

今天看来，秦穆公毕生的功业，应当说最集中地表现在他率领秦军东进中原，独霸西戎的军事行动上面。

百里奚、蹇叔虽然为秦穆公规划了先整顿好内部再东图中原大业、先吞并西戎诸国然后再向东挺进的战略，但四百余年来秦人一直受到东方各诸侯国的轻视而产生的急于起而表现自己的激进心理一直困挠着秦穆公。虽然蹇叔反复提醒他“戒贪、戒忿、戒急”，踏踏实实地先增强秦国的综合国力，但秦穆公认为，“一万年太久”，他要在有生之年“只争朝夕”。因此，秦穆公早期，秦国的跃进战略实际是先东后西，先急于让世界真正承认自己的能力而后再整顿扩大自己的内部版图实力的一套思路。

秦穆公在位前期，正值晋献公执掌晋国政权。

当时，晋国正处在强盛势头，先后吞并耿、霍、魏、虢、虞等一批小国，版图急剧扩大，地理位置上，虢据崤函，虞扼茅津，正好挡住了秦国东出的要道。晋国占了先机，秦国毫无办法。为了称霸中原，参与“国际事务”，秦穆公转而施展军事外交双管齐下的手段，以和晋为主的方式与强晋周旋，以等待时机，向东挺进。

秦穆公的成就主要表现在：

1. 秦晋联姻

公元前 659 年，秦穆公即位伊始，就立即率兵东进，进攻茅津之戎，取得了初战告捷的成果，将秦国的势力范围由西向东推进到黄河一带。但继续东进则为晋所扼，不得已，秦穆公班师回国，然后向晋国求取婚姻。公元前 655 年，秦晋联姻，秦穆公迎娶晋献公的女儿为夫人。今天，我们将新婚夫妻称为缔结秦晋之好，这个成语源出此处。

秦穆公娶得晋献公的女儿，对于秦国具有重大的象征意义。晋国在当时为东方大国，秦晋联姻，标志着秦国与晋国一样，具有了大国的身份，在名分上进入了中原诸国的行列。

2. 三定晋乱，三立晋君

公元前 651 年，晋献公死。晋献公生前宠爱骊姬，听信骊姬谗言，逼死太子申生，赶走公子夷吾、重耳，欲立骊姬之子奚齐为君。这样，晋国在晋献公死后立即大乱。

晋献公刚死，晋国大臣里克、丕郑就接连两弑幼主——奚齐、卓子。公子夷吾乘机以“割晋之河西八城与秦”为条件，许诺秦穆公“苟假君之宠，入主社稷，惟是河外西城，所以便君之东游者，东尽虢地，南及华山，内以解梁为界，愿入之于君，以报君德于万一”，请求秦国协助他夺取晋国君位。于是，秦穆公命令百里奚率领秦军护送夷吾回国即位，是为晋惠公。

这是秦国一定晋乱，一立晋君。

晋惠公继位后，立即失信，拒绝兑现当初答应秦穆公的割地条件。秦穆公基于对形势的判断，压制心中的怒火，没有立即发兵付伐。

公元前 647 年，晋国国内大荒，仓廪空虚，民间绝食。晋惠公向秦国乞粮。秦穆公采纳百里奚、蹇叔的意见，输粟于晋，救济灾荒。秦穆公大度地认为："负我者，晋君也。饥者，晋民也。吾不忍以君故，迁祸于民。"于是运粟万斛于渭水，直达河、汾、雍、绛之间，舳舻相接，命曰"泛舟之役"，以救晋国的饥荒。

第二年冬，秦国年荒，晋反大熟，秦请粮于晋。晋惠公不仅不给秦国粮食，反而乘机兴兵伐秦。于是，秦穆公亲率三军，与晋惠公在韩原展开大战。这一战，秦军大获全胜，晋惠公被俘，史称"韩原大战"。

三个月后，晋惠公被迫"献其河西地，使太子子圉为质于秦"（《史记 · 秦本纪》）后，获释回国。秦穆公立即在河西设置政权机构，秦国的东方国境首次到达黄河的岸边。

几年后，晋惠公死，此前从秦国逃回晋国的子圉即位为君，是为晋怀公。

为了控制晋国，秦穆公"怨圉亡去，乃迎晋公子重耳于楚，而妻以故子圉妻"（《史记 · 秦本纪》）。公元前 636 年，秦穆公亲自统兵护送重耳回晋，夺取君位，杀死子圉，是为晋文公。

这是秦国二定晋乱，二立晋君。

晋文公当国后不久，惠公、怀公时的重臣吕省、郤芮蓄谋发动兵变，焚烧公宫，杀害重耳。晋文公得到消息后，潜走秦国。赖秦穆公之力再次平乱，除掉吕省、郤芮，再次送重耳回国主政。

这是秦国三平晋乱，三立晋君。

晋国国内大乱时，齐、楚等国都想趁火打劫，但却为秦穆公审时度势走在了各国的前面。通过三平晋乱，三立晋君，秦国不但将领土向东扩展到了黄河边上，而且在外交上纵横捭阖，彻底登上了当时的“国际大舞台”，这部分地满足了秦穆公的称雄之心，也进一步提高了秦国的政治地位与秦人的民族自信心。

3. 灭梁

梁国是邻近秦国的一个东方小国。长期以来，晋、梁同盟，对付秦国。公元前 637 年，梁君无道，大兴土木，引起民怨，秦穆公乘晋惠公病重不能视朝、晋国无力出援、梁国民心浮动的时机，命百里奚率军袭梁，一举灭掉梁国，吞并了东方又一块宝地。

4. 千里袭郑，兵败崤山

晋文公主政晋国后，由于他多年流浪在外，积累了丰富的政治、外交经验与人脉关系，很快，就使晋国由乱变治，而且在伐王、破曹、败楚、会盟诸侯等重大行动上建立了业绩，最终成就了在中原的霸业。秦穆公本欲弱晋、图晋，不料晋国在晋文公的统治下很快强大起来。于是，作为一个极具现实感的政治家，秦穆公决定改变策略，转而采取联晋的方针，在外交上紧紧追随晋国。此后，他协助晋国平定了周王室的内乱，又与晋国联手制楚，使秦国在东方各国中建立了大国实力的名声。但是，得陇望蜀是人之常情。很快，秦穆公即不以此为喜，他要进一步东进扩展自己的领土，进一步加强在东方大国国际舞台上的地位，在此基础上建立自己的霸业，而不是追随晋文公之后，为他人做嫁衣裳，空讨一个美滋滋的虚名而已。

公元前 628 年，晋文公病死，秦穆公认为自己进一步东进的时机已经来到。公元前 627 年，秦穆公为东出中原争霸的野心所驱使，不顾蹇叔、百里奚等人的苦苦劝告，固执地派遣孟明视、白乙丙、西乞术三将率兵偷越晋国，千里袭郑。计划流产后，又攻灭晋的边邑滑国。终于，秦晋反目，发生崤山大战，秦国落了个全军覆没、三将被俘的糟糕下场。

公元前 625 年，秦军再次伐晋，欲报崤山之仇，结果再次败北。这年冬，晋国纠合宋、陈、郑等国伐秦，夺取江及彭衙二邑而还。

秦军的接连挫折，使秦穆公急于东进中原、建立霸业的热情降下温来。他从失败的教训中认识到了秦国综合国力的不足、后方的不稳。在这种情况下，他又重新估量蹇叔、百里奚多年前为他提出的吞并西戎、夯实综合国力的正确性。

但是，崤山之仇不报，无法对国人、对各国诸侯交待，争强好胜的秦穆公不能咽下这口恶气。

公元前 624 年，经过精心的准备，孟明视与秦穆公第三次伐晋。孟明视立誓：“若今次不能雪耻，誓不生还。”秦穆公也说：“寡人凡三见败于晋矣。若再无功，寡人亦无面目返国也。”他们“渡河焚船，大败晋人，取王官及鄗”。面对秦起倾国之兵、破釜沉舟的拼命劲头，晋襄公传谕四境坚守，勿与秦战。“晋人皆城守不敢出。”于是，秦穆公自茅津渡河，“收崤山死士之骨，可以盖之耻”。“为发丧，哭之三日。”（《史记·秦本纪》）并收江及彭衙二邑失地，秦凯歌班师。

崤山之战对秦国政治、军事、外交等方略产生了重大的影响。秦穆公虽说趁晋献公之死取得了河西之地，但多次出兵函谷关、图霸中原的行动都没有成功。主要原因在于秦国的东邻晋国十分强大。秦晋长期争斗，秦国势力始终不能在河东立足。鉴于晋国扼住了秦国东进的道路，秦穆公决定改变外交方针，由联晋制楚向联楚制晋转变，后世的远交近攻谋略在此已端倪初露。此后，由于秦穆公的努力，秦楚结盟有力地遏制了晋国向西发展的锋芒，减轻了晋国对秦国的压力，最重要的是，秦穆公从此决心改变秦国的战略发展方向，将多年前百里奚、蹇叔为他制定的吞并西戎诸国、增强秦国实力的战略目标真正开始付诸实施。

5. 并国十二，称霸西戎

四百多年来，秦人在开拓西部历史中，无时无刻不在与戎狄进行着斗争。可以确定地说，长时期的刀光剑影，早把秦人培养成了一个不怕作战，勇于作战的军事团体。

公元前 623 年，秦穆公采纳由余的谋略，利用西方诸戎各自为政、互不统领的现状，分化瓦解，集中优势兵力，各个击破。

通过大规模的军事征戎，秦穆公“益国十二，开地千里，遂霸西戎”。

通过吞并诸戎、开疆拓土，秦穆公终于把秦国的领土西展至今陕甘边境，北拓至今陕西北部，不仅消除了后方戎狄侵扰的顾虑，而且将周王室“龙兴之地”真正变成了自己的巩固的后方基地。秦国在后方稳定、军团力量日益壮大的同时，又把目光投向了东方。

秦康公时，开始倾全力进攻东进道路上的拦路虎——晋国。他一败晋军于令狐，再败晋军于武城，三败晋军于羁马，四败晋军于河曲。此后，秦国与晋国之间互有攻守、胜负。战国初年，三家分晋，秦国利用这个机会，迅速征服了山西全境的诸戎，又接连征服了甘肃东北及汉中一带的诸戎。到秦孝公时，秦国已经具备了进一步攻打东方中原各国的力量。

人间正道是沧桑。

秦国自厉公以来，内部危机迭出，发展的步伐又大大减弱下来，与正在轰轰烈烈变法改革的中原各主要国家相比，秦国因宗室贵族的力量强大、君位继承权争斗不已等问题，而逐渐失去了先辈秦穆公时那样的雄风，退出了当时的"国际政治"大舞台。在那样一个争战激烈的年代里，落后本身就意味着挨打甚至灭亡。

自秦躁公即位以后，秦国的宗室贵族操纵了国家的政权，少数庶长甚至可以任意决定国君的废立，争夺君位的斗争也时有发生，造成了国君更替不迭、君臣乖乱的局面。

秦怀公在位不到四年就被庶长鼂逼死，于是，秦国大臣又立了秦灵公。

秦灵公死后，灵公的叔父发动宫廷政变，废太子公子连，篡夺了君位，这就是秦简公。公子连被迫在国外流亡了二十一年。

在秦简公统治时期，秦国经常受到魏国的进攻。结果是丢城失地，放弃河西。因此，史称"秦以往者数易君，君臣乖乱，故晋复强，夺秦河西地"（《史记·秦本纪》）。政治腐败、经济落后的秦国，已经无法同变法后的魏国相匹敌。面对这种"国内多忧、未遑外事"的局面，秦国的统治者迫于形势，也开始了社会变革。

公元前 408 年，秦简公宣布实行"初租禾"，国家根据土地面积向田主征收租税。尽管这个变革比鲁国实行的"初税亩"晚了近三百年，但是，它毕竟标志着土地私有制的合法确立，为秦国生产力的发展打下了坚实的基础。

秦简公在位十六年卒，其子惠公立，惠公励精图治，收回了南郑等领土。

秦惠公在位十三年卒，国内权臣再度发动政变，并结合诸侯的力量攻陷都城，太子及其母后均遇害。早年被废的公子连被拥立，是为秦献公，秦国此时的内乱已经达到了高峰。

公元前 385 年，秦献公正式即位。为了改变秦国长期内忧外患、贫弱落后的局面，秦献公决心仿效中原各国，发愤图强，积极进行社会变革。

公元前 384 年，秦献公宣布了“止从死”，废除了在秦国实行了三百多年的杀人殉葬的旧制度。

公元前 383 年，秦献公建都栎阳，把政治中心进一步东移，从战略上把秦国的东进事业向前又推进了一大步。

公元前 379 年，秦献公在蒲、蓝田、善名氏等地设县。县是直属于国君的地方行政组织，县令也由国君直接任免。县的增设，有利于实行中央集权，这对于加强王权与巩固国防，都起到了十分重要的作用。

公元前 375 年，秦献公又初步制定了户籍制度，把全国人口编入国家户籍，五家编为一伍，称为“户籍相伍”。户籍制度的实行不仅确认了以一家一户为基础的个体封建经济的合法性，破坏了旧有的宗法关系，保证并增加了国家的财政收入，而且大大加强了国君的权力。国君从此不仅直接掌握了全国的劳动人手，而且掌握了征发兵员、组织军队的权力，这样，就打击与削弱了宗室贵族的利益，限制了他们的私人武装。

秦献公时期，由于实行了上述改革，秦国宗室贵族和少数庶长操纵国家政权的局面基本结束，秦国也开始逐渐地由弱变强，这为接下来秦孝公任用公孙鞅变法打下了良好的基础。

公元前 361 年，秦孝公即位，时年二十一岁。

二十一岁的秦孝公正充满着青春与理想、热血与激情。

但是，摆在他面前的形势却明显地不乐观。

一方面，秦献公在临终时留下了遗言：没有收复河西之地是为父的耻辱。他要继任者子继父业，实现强秦的大业。

另一方面，秦国已经在一个相当长的时期内，在内外交困的谷底痛苦地挣扎着。

司马迁在《史记·秦本纪》中描写到：

> 孝公元年，河山以东强国六，与齐威、楚宣、魏惠、韩哀、赵成侯并。淮、泗之间小国十余。楚、魏与秦接界。魏筑长城，自郑滨洛以北，有上郡。楚自汉中，南有巴、黔中。周室微，诸侯力政，争相并，秦僻在雍州，不与中国诸侯之会盟，夷翟遇之。

这就是说，秦孝公即位初期，他所面临的“国际政治”大舞台已经是一个全新的局面。东迁后的周王室，经过数百年的苟延残喘，已经形同虚设。黄河及太行山脉以东、长江流域，六国争雄的政治局面业已形成。夹杂在其间的，还有淮水及泗水中的十余个不足道的小国。秦国南有楚国，东有魏国，又受到中原各国的轻视，在大国竞争中处于十分不利的地位。

正是在这样的情况下，年轻气盛的秦孝公在秦民族复兴的一片呐喊声中，登上了秦国的政治舞台。

成为秦国国君的秦孝公，其心情与其说是兴奋，倒不如说是激愤。

秦孝公回顾了先祖秦穆公的历史功绩，总结了秦国强弱兴衰的经验教训，肯定了先父秦献公勇于变革、收复失地的雄心壮志，汲取了秦献公改革过程中暴露出来的错误与教训。

秦孝公认为，战国以来，秦国内忧外患，各诸侯国瞧不起秦国，这是莫大的耻辱。他说，每当他想到秦献公的遗志还没有实现时，便非常痛心。为了继承父亲的未竟之业，秦孝公一即位就马上颁布了招贤令，号召群臣宾客献计献策，只要能使秦国富强，便封赏他高官，封给他土地。

招贤令中说：

> 昔我穆公，自岐、雍之间，修德行武，东平晋乱，以河为界，西霸戎翟，广地千里，天子致伯，诸侯毕贺，为后世开业，甚光美。会往者厉、躁、简公、出子之不宁，国家内忧，未遑外事，三晋攻夺我先君河西地，诸侯卑秦，丑莫大焉。献公继位，镇抚边境，徙治栎阳，且欲东伐，复穆公之故地，修穆公之政令。寡人思念先君之意，常痛于心。宾客群臣有能出奇计强秦者，吾且尊官，与之分土。

从《史记·秦本纪》记载的这个招贤令中，可以看出，秦孝公最为关心的还是王权的重建。他认为这是秦国国势衰退，被各国轻视的主要原因。为此，秦孝公要以秦穆公为榜样，进一步强化王室的权威，集权中央，变法革新，决心为秦国开创一个新的辉煌时代。

在秦孝公的招贤令鼓舞下，公孙鞅来到了秦国。在秦孝公的支持下，展开了一场对于中国历史具有划时代意义的变法活动。

司马迁说："商鞅相孝公，为秦开帝业。"

经过二十多年的变法实践，秦国国富民强，彻底改变了战国七雄原有的力量格局。秦国，已经具备实力问鼎帝业。

李斯在《谏逐客书》中写道：

> 惠王用张仪之计，拔三川之地，西并巴、蜀，北收上郡，南取汉中，包九夷。制鄢、郢，东据成皋之险，割膏腴之壤，遂散六国之纵，使之西面事秦，功施至今。

上文中提到的惠王，就是秦孝公之子秦惠文王嬴驷。

公元前 338 年，秦孝公去世，秦惠文王即位。

秦惠文王是秦国第一位称王的国君。他在位二十七年，继续子承父业，推行新政。

他在位期间，继续秦孝公的任人唯贤的方针，发展经济，推行法治，东征西讨，不断扩展秦国的疆土。

秦惠文王五年，即公元前 333 年，秦惠文王任用魏人公孙衍为大良造，积极谋划攻魏。

秦惠文王七年，秦国攻打魏国，斩敌首八万。

秦惠文王八年，秦国再次夺回了河西之地。

这时，著名的纵横家张仪来到秦国，向秦惠文王献上"远交近攻"的"连横"战略。

所谓"合纵"，是"合众弱以攻一强"，这是张仪的同学苏秦发明的联合六国共同对付秦国的战略。

所谓“连横”，则是张仪针对苏秦的“合纵”，想出来的“事一强以攻众弱”的策略，主要内容就是秦国根据自己的实际情况，随时调整策略，联合一两个国家来攻打其他的国家。这是破坏“合纵”的最好的办法。

公元前 328 年，即秦惠文王十年，张仪乘秦讨魏胜利之机，以外交手腕迫使魏襄王将上郡、少梁等十五个县献给秦国，至此，全部河西之地重新归入秦国版图。中原诸国震惊，秦惠文王为此大喜。

就在这一年，秦惠文王终于做出了选择，任命张仪为秦国国相。张仪以前，秦国没有相位，只有将相合一的大良造。大良造不仅拥有行政权力，而且还拥有着秦国的军事大权。大良造的设立，对于秦国的君主无形中构成了一种威胁。秦惠文王设立相位，隐含着削弱权臣的权力，集权于国君的意图。

在秦惠文王的支持下，张仪频频出手，运用“连横”策略，先后破坏了楚齐联盟、魏齐联盟，出兵伐魏、伐韩，占据了函谷关，秦国历代君主东进中原的梦想，在秦惠文王的手中终于变成了现实。

公元前 316 年，秦惠文王又派大将司马错率军灭蜀、灭巴、灭苴，设立了巴郡，从此，秦国完全拥有了巴蜀之地。

公元前 312 年，秦惠文王派军攻打楚国，夺取汉中六百里的土地，设置汉中郡。这样，秦国就占据了关中、巴蜀两个“天府之国”，控制了黄河、长江中上游地区，关中、汉中、巴蜀，连成了一片，对六国形成了虎踞鹰视之战略态势，为秦后来统一六国奠定了坚实的基础。

公元前 311 年，秦惠文王病死。

公元前 310 年，太子荡在他的父亲秦惠文王的灵柩前即位，这就是历史上有名的秦武王。

秦武王当政之初，秦国的形势一片大好。

当时，东方大国赵、魏、齐、楚、韩都因惧怕而连横于秦。

在这种有利的形势下，秦武王首先致力于整顿内政和巩固后方。

在秦惠文王统治时期，任命张仪为相，从事破坏各国合纵抗秦的活动，秦惠文王对张仪的游说成果也十分欣赏，曾封张仪五邑，号曰武信君。但是，武王即位后，对张仪的做法很不满意，秦国的许多大臣也十分讨厌他。于是，逞勇好武的秦武王将张仪放归魏国，并于公元前309年初置丞相，任命樗里疾、甘茂为左右丞相。秦武王这样做，主要是因为张仪的做法不符合他的政策。他是一个绝对奉行通过军事扩张来达到目的的大国君王。

这位在位只有四年，死时年仅二十二岁的秦国国王，在如此短促的人生中却有着不同凡响的表现。

传说，在武王荡为太子时，一日，他突然问他的老师："九鼎有多重？"老师一时被问得惊慌失措，脸色大变。这不仅因为九鼎的重量他们也不知道，更重要的是，九鼎只归天子所有，"问鼎"之罪，可谓十恶不赦。有此念头便会小到夷灭三族、大到灭亡社稷国业。

"我能举得起来吗？"少年太子不待师傅回答，便又进一步追问起来。

许久，见到老师吃惊无措的样子，少年太子大笑而又自信地回答了自己的问话："我能，我一定能举得起来。"

现在，眼看着秦国一天天强大，秦武王的雄心也一天天膨胀起来，他已不满足做各诸侯国的盟主，而是十分向往周天子的宝座。他要取代周天子，最终成为天下实至名归的共主。

恰好，在此期间，东方的齐国和北方的燕国发生了长期的你死我活的战争，许多国家也卷了进去，这就给西方的秦国提供了东进的有利机会。

于是，秦武王公开宣言：

寡人欲容车通三川，窥周室，死不恨矣。

秦武王说："若让我的车子到三川（在黄河及伊、洛水之间，韩国有三川郡，周王畿也在郡内），让我亲眼观看周王室的详情，死了我也不遗憾。"

这等于向世界发出了宣言：周王室能做天子，我为什么就不能做天子？！

这等于向本国发出总动员：向天子地位出发，用血与剑实现我的这个伟大目标。

然而，要"窥周室"，问鼎中原，就必须经过韩国的最重要的战略之地——宜阳。这难不倒秦武王。公元前 308 年，秦武王急不可待地派左丞相甘茂率兵进攻宜阳。公元前 307 年，宜阳被秦军攻下，韩军被斩首六万有余，通往周王室的门户已经打开，前进道路上的障碍已经清除干净。

公元前 304 年，秦武王在秦军的簇拥下耀武扬威地来"窥周室"。心情激动的秦武王，偏要与大力士孟说比赛，要力举九鼎，这也是要实现他少时的理想。结果，他不幸被鼎砸断胫骨，8 月，在痛苦中死去。

秦武王虽然在秦国的王位上只待了短短的四年，但在秦国统一大业上，却留下了不可磨灭的痕迹：

1. 他向秦国人发出了动员令：明确地把消灭各国、吞并天下的统一大业提上了议事日程，给他身后的继承者提出了“做天子”的目标。

2. 因为他的雄心与个性，秦国军队再一次得到了前所未有的重视与加强。秦国无敌军团再次呼之欲出。这种形势，使几年后的秦国大军中终于出现了一位战神式的人物——白起。

3. 自他开始，中国历史上才真正创立了丞相制度。

4. 宜阳的攻取与永久的占领，揭开了秦国统一天下的序幕。早在秦惠文王时代，张仪就曾经说过：“秦攻新城、宜阳，以临二周之郊；据九鼎，索图籍，挟天子以令天下，天下莫敢不听。”（马非白：《秦史集》，中华书局 1982 年版，第 61 页）一场大规模的伏尸百万、流血漂橹的残酷战争就要开始了。

秦武王死后，其弟秦昭襄王即位。

李斯在《谏逐客令》中说：

> 昭王得范雎，废穰侯，逐华阳，强宫室，杜私门，蚕食诸侯，使秦成帝业。

秦昭襄王在位五十六年，是一位能礼贤下士、知人善任的君王。他在位期间，重用范雎、白起二人主持内外军政大事，为秦国的统一打开了大门。

秦昭襄王采纳范雎之计，驱逐穰侯四贵，将秦国大权重新集中到国君的手中。

秦昭襄王采纳范雎之计，实行远交近攻的蚕食政策，为秦国的统一运动明确了策略与方向。

秦昭襄王时代，是秦国大打翻身仗的时代。秦昭襄王重用战神白起吹响了对六国的冲锋的号角。

白起为岐州郿县人，其家族原属秦部族的一个小领袖。商鞅变法后，白起一族被并入秦国武装部队的系统。有史料说，他是秦穆公时的猛将白乙丙的后人。穰侯当政秦国宰相后，继续注重秦武王时期通过实力东进扩张的政策，为了重振秦国军队的威名，他非常重视实战将领的培养，在他初任秦相的那一年，即公元前 295 年发现并起用了在秦国统一行动中起过重大作用的军事人才——白起。

据《太平御览》（卷三百六十六）引晋孔衍《春秋后语》中说，白起“为人小头而锐面，瞳子白黑分明，而视瞻不转”。

据说，与白起同时代的赵国平原君赵胜，曾见过白起并对他的长相与性格有如下评价：

> 小头面锐者，敢决也。瞳子分明者，见事明也。视瞻不转者，执政强也。

用我们今天的话说，就是白起有三大特点：

1. 敢于决断，拍板；

2. 看问题、分析问题正确、清楚；

3. 性格倔犟、想好的事情不会去轻易改变。

秦昭襄王十三年，白起在穰侯举荐下被秦昭襄王封为左庶长，一开始就当上了类似商鞅初到秦国时的官职，自然深受鼓舞。他受秦昭襄王的命令，率领着秦国的军队，一举拿下韩国的新城，初建军威，这时候的他，才二十五岁。

白起外表斯文，秦昭襄王起初召见他时，几乎不敢相信他是位智勇双全的勇猛悍将。

白起擅长冲锋陷阵的突击战术。他在军伍中时常研究琢磨，认为传统的马车方阵及重步兵为主的作战方式已经不能再适应秦国军团的大规模的战争需要。他主张用铁甲骑兵队为先锋及中军，以迅雷不及掩耳的速度冲击，在第一次进攻时就给敌人以致命性的打击。他认为，对付缺乏马匹且长于步战、车战的东方诸侯，这种战术最容易奏效。他遵循孙武子的"疾如风"的兵法准则，设计发明出他的轻骑兵闪电攻击战术，并从西胡及北狄境内购买大量的军马，配合马上的准确的快速箭术训练，终于组成了在秦国统一大业中发挥了重要作用的快速攻击兵团，使秦国军团再一次成为战必胜、攻必克，能够以少胜多、完成大规模战役的无敌军团。

凭着冷酷、果断、干练、锋锐的个性，凭着他的快速进攻的闪电战术，凭着穰侯对他的信赖，凭着秦昭襄王对他的无以复加的宠爱，青年的白起把他的智慧和热血与秦国一系列大规模的开疆拓土的战争完美而又高度地结合了起来，终于找到了他的生命中永久性的闪光点，从而为秦国的统一大业快速奠定了坚实的军事上的基础，也为他自己留下了当之无愧的战神的荣誉。

请看白起在下列诸多战役中的杰出表现：

公元前 294 年，率领秦国军团进攻韩国，拔下新城，初露锋芒。

公元前 293 年，率领秦国军团在伊阙（今河南洛阳龙门），大败韩、魏联军，杀犀武，拔五城，斩敌首二十四万，并俘获了魏国将军公孙喜。

公元前 292 年，攻魏，旋又攻韩。

公元前 291 年，攻韩取宛。

公元前 290 年，攻占韩国垣城。

公元前 289 年，先后攻取魏国六十一城。魏国被迫向秦国割献河东之地四百里；韩国向秦国献武遂地二百里。

公元前 284 年，率军伐赵，攻下光狼城。

公元前 280 年，率军攻伐楚国，占领黔中，楚国被迫献汉北及其上庸地方，与秦求和。

公元前 279 年，率兵伐楚，攻取鄢、郢、邓、西陵等五城。

公元前 278 年，继续进攻楚国，攻取楚地安陆、楚国首都郢城。烧夷陵，取竟陵，一直打到洞庭湖边，楚王逃亡到陈，郢成为秦国的南郡。楚国从此元气大伤，变得一蹶不振。

公元前 277 年，再次攻取楚国的黔中、巫郡。

公元前 273 年，率领秦国军团伐魏，大败韩、赵、魏三国联军，夺取华阳，魏国被迫献出南阳。这一役，秦军斩敌首十三万。与赵将贾偃战，又沉赵兵两万人于河中。

公元前 264 年，率秦军攻取韩国的陉城，拔五城，斩首韩军五万。

公元前 263 年，率领秦军攻占南阳太行道，切断韩国本土与上党的联系通路。

公元前 262 年至公元前 260 年，率领秦国军团在长平与赵军展开决战，杀死赵将赵括，活埋赵军降卒四十余万。在三晋中至赵武灵王以来唯一能与秦国相抗衡的赵国军事力量几乎全部被消灭。

据历史记载，战国后期，能与秦相抗衡的只剩下了东方的齐、赵两国与南方的楚国。

经过公元前 314 年齐宣王几乎灭燕，到公元前 284 年燕与韩、赵、魏、秦五国联军共同伐齐，不仅燕国从此无力顾秦，东方的齐国也从此国力大损，彻底衰落下去，再也不能与秦国争雄了。战国后期，经过赵武灵王的胡服骑射，赵国成为三晋中唯一能与秦国抗衡的国家。但是，经过白起横空出世，率领秦国无敌军团先后对楚、赵两国横扫千军如卷席后，楚赵两国有生的军事力量几乎被消灭殆尽，两国的国力也迅速衰落下去。

据史料统计，战国时期，七国人口大致在两千万左右，以男子一千万左右计。成年能够征战的男子也就在五百万左右。除了农业生产必须的劳动力及老弱病残外，能够参加战争的成年男子估计还应当大大小于这个数目。经过白起连续数年的进攻与杀戮，单有明确记载的诸侯国军队被杀的就在百万以上，这种恐怖的战争屠杀行动，不仅使东方六国的军事力量从此衰落下去，无法再与秦国的虎狼军团进行抗衡，而且从心理上也使各诸侯国为之心惊胆战，从此彻底绝望起来，几乎只剩下苟延残喘的份了。秦国灭亡六国的条件，在白起率领无敌军团的不断造势中，已经成熟了。

在秦国统一天下的条件即将成熟的情况下，秦昭襄王不满足于“王”的称号，他要为自己加上“帝”号。为了弱化各国的抵抗，秦昭襄王拉拢齐缗王共同称帝。公元前 288 年，秦昭襄王自称“西帝”，并派使节尊齐缗王为“东帝”。谁知齐国另有所图，为了邀买人心，齐缗王竟然背叛盟约，与诸侯会盟，出兵迫使秦国取消帝号。由于此时秦国还未取得压倒一切的优势，秦国的帝业尚需时日，秦昭襄王被迫取消帝号。但是，秦昭襄王称帝是一个标志性的历史事件。它标志着秦国已经正式迈开了谋求统一天下的步伐。秦武王、秦昭襄王的行动充分说明，秦人在数百年历史惯性的推动下，已经将自己身上的野性与智慧高度地结合在了一起。秦人逐鹿中原的时间日趋迫近了。

社会大背景：周秦之变

从秦襄公建国、秦穆公称霸，秦孝公变法，秦惠文君称王，秦昭襄王称帝，直到秦王嬴政一统天下，草创大秦帝国，五百年间，以秦国的统一运动为主线，中国历史上发生了一次千年未有的王朝更替。史学家将这次不同寻常的王朝更替称作“周秦之变”。

按常理说，在中国古代社会，王朝更替是一种常见的政治现象。然而具体到周秦王朝的更替，它从形式、内容、动因直到性质、意义，却与中国历史上的其他王朝的更替现象有着本质的不同。不弄清这一问题，后面关于大秦帝国的本质问题的探讨就将无法展开下去。

其一，王朝更迭的形式不同。

中国国家的历史，应当从夏王朝开始算起。

从公元前 21 世纪，到公元前 221 年近两千年的历史长河中，商王朝代替夏王朝，周王朝代替商王朝，其政权的更替基本上属于同一的模式，即一个属国逐渐崛起，通过发动战争，以一场决战的方式来实现改朝换代。

秦王朝取代周王朝则不一样。它是在数百年的金戈铁马、刀枪剑戟中逐渐由小到大，由弱到强发展起来，最后在同周的封国作战的过程中，以兼并的形式最终实现天下一统的。

秦汉以后的王朝更替则大致上存在着三种模式：

1. 以秦汉之际、两汉之际、隋唐之际的中央政权更迭最为典型。其特点是：因为王朝存在着不可克服的矛盾，最终引起了大规模的民众起义。这些王朝被民众力量推翻在先，然后是群雄角逐，最后打拼出一个新的王朝在后。

2. 以西晋取代曹魏、隋朝取代北周，北宋取代后周为代表。其特点是：当君臣关系的平衡最终被打破时，以权臣发动政变的方式完成最高权力的过渡，从而比较顺利地实现王朝的更替。

3. 以元朝替代宋朝、清朝替代明朝为代表。其特点是：由一个边疆地区的少数民族政权以武力征服的形式消灭中原的汉族王朝，进而达到改朝换代的目标。

周秦之变却是一次非同寻常的王朝更替。自平王东迁以来，周天子的天下共主的实际地位逐渐衰落，到战国时期已经变得徒有虚名，只剩下了个政治意义上的空头名分。如果说，在春秋时期，由于旧有的政治模式、政治机制以及相关的政治观念、政治规范还在一定程度上发挥着作用，政治格局还只能局限在大国争霸、尊王攘夷的形式中的话，那么，历史发展到战国时期，经过几百年的兼并战争，周天子分封的大大小小的众多诸侯国家已经被“力”的竞争所削减，只剩下了齐、楚、燕、韩、赵、魏、秦七个强势国家，周王朝早已经礼崩乐坏，周天子的天下共主的地位实际上已经不被人们所认可了。

历史发展表明，新的形势需要出现新的“天下共主”。经过数百年的激烈角逐，秦王朝终于力克群雄，最终代周一跃而成为了天下的“新的主人”，中国的历史也因此进入了一个新的时代。

其二，王朝更替所需要的时间有着明显的差别。

商代替夏，通过鸣条一战胜负即已决定。周代替商，也只是以牧野一战即定乾坤。秦汉以后的历代王朝的更替，都没有花费太久的时间。秦代替周则不同，整整耗费了春秋战国五百多年。换句话说，它经历了一个漫长的历史阶段。孟子说的“五百年必有王者兴”，就是根据春秋战国的社会变化所做出的一种历史性的判断。

其三，王朝更替的历史动因不同。

回顾中国的历史，除了西晋替代曹魏、隋朝替代北周、宋朝替代后周、元朝替代宋朝外，中国古代的封建王朝的更替，基本上都是由于阶级矛盾、统治者与民众矛盾发展到不可调和的地步，最终由农民大起义来推翻旧的王朝完成的。

周秦之变则不同，它是生产力的飞跃发展，铁器的广泛使用以及由此引发的经济上、文化上的革命所驱动的结果。张分田在《秦始皇传》中说：“在中国，铁制工具产生于春秋，到战国秦汉逐步普及。中国帝国化过程的开始与最终完成恰恰和铁器的出现与大体普及相呼应。在这方面，中国古典文明发展进程的基本特征与欧亚大陆古典文明的共性相符合。铁铸造了犁，也锻造了剑，为耕与战提供了武器。耕，创造了财富；战，必然血腥。欧亚大陆这个时期的大帝国都带有铁的色彩：以铁血的手段构建帝国，以铁血的手段拓展疆土，以铁血的手段维系王权。在血风腥雨中，这些大帝国开辟了人类文明史的新篇章，也不可避免地铸就了历史性的暴虐。”此言得矢矣。

其四，王朝更替的实质内容不同。

在秦以前，商代替夏、周代替商；在秦之后，汉、三国、两晋南北朝、隋、唐、五代十国、宋、元、明、清的历朝更替从一定意义上讲都不过是一场改朝换代而已，社会性质与政治制度并没有发生实质性的改变。

但是，周秦之变却有着非同寻常的内容。以秦统一六国为契机，大秦王朝用郡县制度取代了周代的诸侯分封制度；用皇帝集权制度取代了周天子分权的政治体制；用法治国家取代了传统意义上的以德、礼治国的模式；用皇帝、丞相分工制代替了周王朝的诸侯交替入朝服务制等。这在中国政治体制的历史上是一次巨大的飞跃。它不是寻常的修修补补，而是一次伤筋动骨的改造，最终由“王制”上升转变成“帝制”。

唯才是举之双刃剑

在我国历史上，有许多君王“唯才是举”的故事。三国时期，曹操就以“唯才是举”闻名于世。曹操曾经明言：只要一个人有才能并且投奔他，他就可以不管其人的品德如何而根据其才能委以要任。在一定意义上说，曹操是做到了这一点。但是，曹操真的就放心这些人吗？翻开一部《三国志》，充斥眼帘的是曹操如何费尽心机地招降忠肝义胆的关羽、庞德、张辽等人；是他如何杀掉无信无义，贪财贪禄之辈的。例如，吕布虽然武艺冠绝群伦，但却因为不讲信义，被曹操拒降杀掉。事实说明，唯才是举是一柄双刃剑。它在成就一个人、一个团体事业的时候，同样也会毁掉一个人、一个团体。秦国历史上的用人制度的教训就充分证明了这一点。

秦帝国所以短命而亡，实际上从他们的奋斗进程中就可以看到隐藏其间的许多危机。一个鲜明的实例，就是秦国自公孙鞅变法以来，在用人方面存在着只看重其能够给秦国的眼下带来多少实际的利益，而根本不去考察其人的品格道德对国家可能带来多少潜在的长远危害。

秦穆公时期的用人制度无疑是秦国历史上最完美的。秦穆公用人，虽然不分国籍，但是却有一个明显的标准，这就是所用人才必须是德才兼备。秦国的将相，如百里奚、蹇叔、公孙枝等人无不是德才兼备之人。他们虽然也注重功利，但更多考虑的是为臣良好的道德形象。秦穆公以后各代，秦国在用人上虽然继续贯彻秦穆公制定的唯才是举的政策，但对所用之人的道德品行的考察却是明显缺少了秦穆公的眼光与标准。用一代不如一代之言来形容这种情况似乎并不过分。

商鞅无疑是中国历史上一位少有的大政治家。他在战国时期的变法活动中为中国后两千年的政治体制探寻出了一种比较合理的运作模式。但纵观其为人品行，确实也有瑕疵。为了达到他的军事与政治目的，他不惜去透支朋友之间的珍贵友情，用骗术抓住了曾经在他危难时帮助过他的朋友公子卬。

《史记 · 商君列传》中这么记载：

"军既相距，卫鞅将公子卬书曰：'吾始与公子欢，今俱为两国将，不忍相攻，可与公子面相见，盟，乐饮而罢兵，以安秦魏。'魏公子卬以为然。会盟已，饮，而卫鞅伏甲士而袭虏魏公子卬，因其军，尽破之以归秦。"

根据司马迁的记载，足见商鞅这次战胜魏军使用的是"兵不厌诈"的计策。在军事战争中，这无疑是一个有价值的成功范例。

但是，问题出在，公子卬与商鞅虽为两国对敌的将帅，昔日却是志同道合的密友。当初公子卬为了让魏惠王重用商鞅，在魏王面前没少下劝说功夫。两人的友情，为当时秦魏人所熟知。商鞅以朋友的信用作担保，来欺骗公子卬，虽然取得了一时重大的军事胜利，达到了他多年来处心积虑的军事目的。但是，从长远上看，这一做法却未必高明。出卖旧时的朋友以换取功名，这实际上是在降低自己的做人标准，破坏自黄帝以来中国人逐渐探索出的一种处理人与人之间关系的游戏规则。这当然为秦、魏两国皆不容。以此为转折，他不仅从此没有了真正的朋友，而且也让秦国君臣上下产生了防范之心。“害人之心不可有，防人之心不可无”。以道德与朋友信用来透支功名，日后证明，商鞅付出的代价太大了。秦孝公死后，没有人再敢信任他；当秦惠文王要抓他时，他跑到魏国边境，但却没有人再敢收留他。最后，他无处可逃、无地可容，只能以付出生命的代价去补偿他因为道德缺失而造成的罪愆。

再以张仪、范雎为例，这两个人充其量不过是有舌辩之才、唯利是图的政客而已。在治国安邦上，他们不可能为秦国谋划出一个长远的久安之策。他们因为品行不端在东方六国无法发展而置身秦国，但是，靠才智、口舌、机巧、哄骗，却先后在秦国猎取到了他们梦寐以求的财富与权位。司马迁说，范雎是一个“一饭之德必偿，睚眦之怨必报”，心胸狭窄，又过分看重个人恩怨的人。他虽然因为向秦昭襄王献上了远交近攻、集权王室等切中肯綮的计策而为秦国所重用，但是，他因为嫉妒白起而出谗言让秦昭襄王在灭赵的最佳时机退兵；在借秦昭襄王之手除掉白起后又假公济私，将对他有恩的昔日旧友郑安平、王稽等人推上了他们力所不逮的秦国重要的岗位之上。范雎这种假公济私的短视的做法，不仅坑害了秦国，而且最后也必然会连累到自身。

还有吕不韦，他在运作秦国王室让在赵国做人质的嬴异人归国即位一事上立下了很大功劳。但是，在秦国的相位上，他却不顾影响、与太后长期保持着通奸的关系，并且，为了满足太后的淫欲，不惜秽乱宫禁，将性欲极强的嫪毐献于太后。吕不韦的这种轻率的举动，差一点就让少年秦王嬴政日后成为宫廷内部斗争的牺牲品。要不是秦王嬴政果断强毅，先下手为强，差一点就为嫪毐的军事政变所害。从一定意义上讲，吕不韦骨子里还洗不干净商人追逐利益的本性，距离一个德才兼备的政治家，他显然还相差甚远。

秦始皇时，大秦帝国的丞相李斯竟然将自己的理想追求与昔日上蔡的厕中鼠相比，公开追逐与猎取功名富贵，将自己做人的道德底线降到了一种低级动物生存级别的标准。他虽然自恃其才，能够写出《谏逐客书》那样的经典名篇，留下小篆精美的字迹，但作为一个正常的人，他显然有自卑、嫉妒、嗜欲等表面上看不出来的毛病。在决定帝国发展与转折的重大命运关头，他不是去尽一个大臣本应该担负的劝谏责任，反而窥探、揣摩极峰的心理，以讨主人欢心而沾沾自喜。他不是去利用手中的权力为帝国铲除邪恶，反而为了保全自己的荣华富贵，不惜辜负故主秦始皇的知遇之恩，与赵高、胡亥沆瀣一气，助纣为虐，篡改诏书，发动夺嫡之变，将好不容易建立起来的大秦帝国又投入到腥风血雨、人人自危之中。从某种意义上讲，是他一手断送了大秦帝国的命脉。对于这种贪图利禄之辈，仅仅因为其有才就加以重用能行吗？

再说赵高，他本是沙丘政变的主谋，也是毁灭大秦帝国的主要人物。但是，就是这样的危险人物，却一直为始皇大帝所欣赏、重用。

赵高本是一个没有理想、没有抱负的阴险小人，只因为精明强干，书法高超，娴熟律例，行事大胆果断，就一直得到了秦始皇的重用，甚至让他做了自己宝贝儿子胡亥的授业老师。赵高胆大妄为是出了名的。当初，他因为知法犯法，被大臣蒙毅判为死刑，秦始皇却因欣赏其才，下令赦免。秦始皇一生刻薄猜忌，但对于身边的这一颗定时炸弹却熟视无睹。这样看来，大秦帝国的夭亡，冥冥之中好像是天意所为，岂是人事所能干预得了的。

种种事实证明，秦国政府自孝公后的这种只求实用、不求品德的用人政策，一方面让一些有才无德在东方六国无法谋求发展的人在秦国有了施展其才能的空间，另一方面，因为这些急功近利之人毕竟不是有远见的政治家，他们虽然占据了秦国的政治舞台的中心，也提供了一些符合实际的有利于秦国发展的具体的建议与措施，但因为他们的目的是猎取自身的荣华富贵，不是心中有崇高的理想去献身秦国的统一大业，所以，从长远上看，他们的得势与执政，多多少少也为秦国长远的发展埋下了祸根，李斯、赵高的联合祸秦就是一个谁也改变不了的铁证。单从这个意义上讲，录用官员的标准，“唯才是举”并不全面；德才兼备，才是上选。

秦人性格的优与劣

由于特定的生活环境与历史发展的特殊性，五百年中，秦人形成了自己颇具特色的独特性格。这种性格，一方面使秦人充满了蓬勃朝气与竞争力；另一方面，也使得秦人的进取成果最终因为其偏激过度而归于抵消。

1. 秦民族在早期的发展中，为了生存，不断地向荒凉、空旷、荆棘丛生、虎狼出没的西北地区迁徙。当时，布满西北地区的是尚处于游牧阶段、充满野蛮攻击性的戎狄部落。在这样的环境下，要想获得生存与发展的空间，站稳脚跟，开创基业，就必须依靠武力，在刀光剑影中去争取自己的生存与发展空间。

据史料记载，秦人在西北高原的早期，基本上处在游牧民生活阶段。他们逐水草迁徙，孩子很小时就能骑羊奔跑，弯弓引箭射猎天上的飞鸟、地上奔跑的鼹鼠，等稍微长大后即能射猎疾奔的狐狸、狡兔。他们以战死为荣，病终为不祥，堪耐寒苦，同之禽兽。妇女产子，亦不避风雪。

长期的战争环境，锻造了秦人的刚猛强毅、尚武重力、不怕困难的性格。这种性格，在秦人几百年的发展中与后来统一中国的战争中淋漓尽致地表现了出来，发挥了重要的作用。

2. 严酷的生存条件以及不断的战争，使得秦人无暇顾及自己内心道德水平的修养与提高。用力量说话，用刀剑发言，用全力去争取自身需要的生活必需品，变成了他们日常的行为习惯。他们头顶蓝天白云，脚踏荆棘荒野，整日忙碌于追逐羊群、与前来突袭的敌人与狼虫虎豹奋战。这样的生存的客观自然环境，必然造就秦人崇尚功利、轻视道德修养的性格。向外征服与索取，是他们每日必做的功课；向内充实道德修养，他们似乎没有这样的时间与闲情逸致。这样的性格，使得秦人的进取长期滞留在对外索取物质利益的水平上，从长远看，这种性格的养成，对一个民族、国家来说，未必全是好事。

3. 由于长期处在战争的环境之下，生存与发展始终是秦人时刻面对的问题，因而，盛行于东方六国的宗法制度在秦人这里根本就没有市场。危机公关需要有能力、有魄力，多谋善断、具有领袖气质的人才主持才能成功。这样，领袖集团的组成，就决不能让庸人置身其间。在秦人的社会风俗中，讲究实际，注重利益，不重亲情。秦人没有形成严格的传子制度，更没有确立嫡长子继承制度。有能者为之，有力者为之，是秦人日常生活中铁定的原则。这样的环境，不至于让真正有能力的人才被埋没浪费，但实用主义的讲究却是秦人长远发展道路上的一大障碍。

4. 由于秦一开始国小僻远，诸侯各国将之比为夷狄，关东诸侯各国更是对它采取了排斥、贬低、瞧不起的态度，这就使得秦人感到莫大的耻辱，隐约间心中不自觉地积淀出了一种自卑感。为了超越这种自卑，他们更注重用扩张的方式来显示自己的实力。因为，内心深处的自卑心理，必须找到发泄的出口。六国卑秦使秦人产生了巨大的逆反心理，刺激了秦人超越的动力，这对秦民族最后征服六国、一统天下产生了巨大而又积极的影响。

5. 从五百年的秦人创业史来看，他们可以说是进取与奋斗的化身，是至阳至刚的代表。但另一方面，秦人又是失败的代表，他们只知道不停地追求、不停地索取，但得到手后该如何保护好这些来之不易的成果，他们却不去深加研究与总结，也没有有效的方法。这样，大秦帝国先是如一颗新星高高耀眼于天空，之后便又像一颗彗星那样转瞬即逝。这样的事实，给后人后世留下了永远的遗憾与取之不竭的深刻的教训。

秦民族这种纯刚缺柔的气质和性格，一方面使他们在建立大秦帝国的过程中起到了很大的作用，另一方面也决定了这种巨大的成就不可能持久。

几千年来，中国人强调天人合一，阴阳和谐的统一；强调“极高明而道中庸”。从伏羲到尧、舜、禹时代，再到夏商周三代，武力、刑法一直与怀柔及倡导道德并用。但是，大秦帝国的统治者却只用法家的学说来治理国家，只看到了人们对物质利益的贪欲，却忽视了人们对精神层面的需求；只注重阳刚之气却忽视了阴柔之美。他们不明白“万物负阴而抱阳，冲气以为和”的深刻道理，不懂得刚柔兼有的重要性。在创造出以郡县制为体制的中央集权大帝国时，却对博大精深的周文化进行了全盘的否定。偏执至极必然是过犹不及。大秦帝国以法家学说治国而对其他各家之说一概拒用的结果，破坏了事物存在的阴阳平衡原理。这种只能外方，不能内圆的特点是导致大秦帝国不能久存的一个根本原因。

第二章

实情：天下并非真一统

幼年嬴政之种种迷雾

萨特说过："人生只有童年，他的所有音键在童年时代都已经按下。"

秦王嬴政的童年生活是不幸的。从心理学的角度来看，嬴政不幸的童年生活与坎坷、凶险的早年经历，对于大秦帝国的兴亡，无疑产生了重大的影响。

秦始皇的名字叫"政"。巧合的是，他的一生果然与凶险的政治结下了不解之缘。

论家世，他出身于秦国的王公世家，是嬴秦宗室根正苗红的后裔。

论遭遇，他出生在敌国之一的赵国都城，在孩提时代，他因为政治原因而不得不伴随父母颠沛流离，早早地饱尝了寄人篱下、东躲西藏、看人眼色的种种痛苦。

论前程，他得益于一位政治投资家的帮助而成为了当时最强势国家的王位继承人。

论地位，幼冲之年他就顺利地登上王位，成为一位万人之上的大国君主。

但是，所有这些光环都不足以掩盖他作为一名不幸少年背后的辛酸与苦辣。

首先，关于他的身世，就是一个说不清道不明的谜团。

不知是司马迁无意粗心犯下的错误，还是他老人家对于含混不清的史料无法忍痛割爱，总而言之，他的模棱两可的记载，让秦王嬴政的身世永远地成为了一桩疑案。

关于秦王嬴政的出身，司马迁在《史记·秦始皇本纪》中记载道：

> 秦始皇者，秦庄襄王子也。庄襄王为秦质子于赵，见吕不韦姬，悦而取之，生始皇。以秦昭王四十八年正月生于邯郸。

秦始皇的父亲名异人，又名子楚，是秦国的第三十三代国王，庄襄王是他死后的谥号。这段记载是说，秦始皇是庄襄王的儿子。庄襄王在赵国做人质的时候，在他的朋友吕不韦家见到赵姬，一见钟情，娶以为妻，一年后生下嬴政。出生的时间是秦昭王四十八年的正月，出生地是邯郸。

不过，司马迁在《史记·吕不韦列传》中又是另外的一种说法了。

司马迁说：

> 吕不韦取邯郸诸姬绝好善舞者与居，知有身。子楚从不韦饮，见而说之，因起为寿，请之。吕不韦怒，念业已破家为子楚，欲以

钓奇，乃遂献其姬。姬自匿有身，至大期时，生子政。子楚遂立姬为夫人。

这段纪事说，吕不韦与绝色善舞的邯郸美人赵姬同居，知道赵姬怀了孕。就在这期间，子楚到吕不韦家做客宴饮，见到赵姬而一见钟情，起身敬酒，请求吕不韦将赵姬送与自己。吕不韦开始非常生气，后来考虑到自己已经为子楚的政治前途投入了全部财产，为了“钓奇”获取投资的最终成功，他不得不顺水推舟，将赵姬送与了子楚。赵姬隐瞒了自己已经怀孕的事情，嫁与子楚，如期生下了儿子嬴政。于是，子楚立赵姬为自己的夫人。

这段纪事，生动详细，通过讲述一段历史故事，明言嬴政实际上是吕不韦的儿子。

同一本史书，同一个作者，在不同的篇章当中，对于同一件事情记载了不同的说法，这就是秦王嬴政出生之谜这桩历史疑案的由来。

那么，这两种不同的纪事，究竟哪一个对，哪一个错？哪一个是历史的真相，哪一个可以认为是虚构的呢？这就需要我们运用历史的知识与自己的智慧来破解这个历史疑案了。

这里，我们暂且不论秦王嬴政的生身父亲究竟是谁，也许这是一个永远解不开的谜。但有一点可以肯定，秦王嬴政的母亲与吕不韦之间有特殊关系，特别是在秦王嬴政的父亲、她的丈夫庄襄王死后，她与吕不韦之间长期保持着通奸的关系。由此不难推断，一个曾是吕不韦的爱妾，后又长期与吕氏具有暧昧关系的女人，她所生的孩子的父亲，人们自然是会和吕不韦联系起来的。也就是说，无论秦王嬴政的生身父亲到底是谁，从他出生那天起，就可能有了关于他的身世的种种议论和猜测。

《汉书 · 王商传》记载了汉成帝时期，太中大夫张匡在指责王商时说的一段话："臣闻秦丞相吕不韦见王无子，意欲有秦国，即求好女以为妻，阴知其有身孕而献之王，产始皇帝。"东汉班固在给汉明帝的上书中，有这样的一段话："周历已移，仁不代母。秦直其位，吕政残虐。"唐朝司马贞在《史记索隐》中对"吕政"所作的解释是："吕政者，始皇名政。是吕不韦幸姬有娠，献庄襄王而生始皇，故云吕政。"这些史料充分说明，在秦以后的各个时期，关于秦王嬴政出身之谜的议论和猜测一直是在不断继续着的。

近代以来，关于秦王嬴政的出身一事，史学界一直争论很大。据郭沫若考证，西汉吕后的父亲吕公与吕不韦是同乡关系。汉初，为了政治上的宣传和舆论需要，吕后党人很可能以秦始皇是吕不韦之子为借口来说明天下本是吕家的，想以此来达到吕氏取代刘氏改朝换代的目的。近来，社会上一些作家的畅销书中更是出现了为秦始皇翻案的现象，认定秦始皇就是秦庄襄王之子，指责那种认为嬴政是吕不韦之子的说法纯粹是一种故事的编造。对错与否，本书不加臧否，在此录入，聊作一说。

其次，他的身体健康状况不是很好。

嬴政的父亲秦庄襄王很早就被当作人质送往赵国，长年心中的压抑与不快大大侵耗着他的健康。很可能，在他同赵姬结婚的时候，就已经出现了虚弱的症状，如果从遗传学与生理学的角度讲，秦王嬴政身体的羸弱很可能与他父亲的遗传有着一定的关系。

我们从秦始皇嬴政的长相中或许能够窥探出一点蛛丝马迹。

关于秦始皇的身体状况，郭沫若在《十批判书 · 吕不韦与秦王政的批判》一文中有一段精彩的分析，我们不妨引录如下：

秦始皇诛除嫪毐的时候已经二十二岁，不再是孩子了。这位未来的大独裁者，据《史记·秦始皇本纪》所载，精神和肉体两方面显然都很有缺陷。以下是尉缭所说的话：

> 秦王为人蜂准，长目，挚鸟膺，豺声，少恩而虎狼心。居约易出人下，得志亦轻食人。

这里所说的前四项都是生理上的残缺，特别是"挚鸟膺"，现今医学上所说的鸡胸，是软骨症的一种特征。"蜂准"应该就是马鞍鼻，"豺声"是表明有气管炎。软骨症患者，骨的发育反常，故尔胸形鼻形都呈变异，而气管炎或支气管炎是经常并发的。有这三种征候，可以下出软骨症的诊断。因为有这种生理上的缺陷，秦始皇在幼时一定是一位可怜的孩子，受人轻视。看他母亲的肆无忌惮，又看嫪毐与太后谋，"王即薨，以子为后"(《史记·吕不韦传》)，可见他还那么年轻的时候便有人说他快死了，在企图篡他的王位了。身体既不健康，又受人轻视，精神发育自难正常。为了图谋报复，建立自己的威严，很容易走向残忍。"少恩而虎狼心"，便是这种精神发展的表征。

郭沫若曾经学过医学，他的分析应当有着一定的道理。

心理学认为，一个人的童年生活与经历，对他的性格的形成至关重要，在每一个人的性格中，都能从童年往事中找到它的底蕴和心理潜影。特别是童年美好的事物和悲惨的遭遇，以及摧残压抑自己按照个人的天性及天赋潜能，自由健康地成长的东西——不论是快乐的、永恒的、正常的，还是伤心的、瞬间的、病态的——都会对一个人人格的形成起到决定性的影响，或潜移默化的感染。所以，对于一个政治家来说，大权在握的表现固然重要，但童年生活对其执政的影响也不可小觑。

秦始皇于秦昭王四十八年（前259年）出生在赵国首都邯郸。如前所述，这时虽然吕不韦正在积极地为他的父亲嬴异人活动储君之位，但嬴异人的身份仍然是敌对国的人质，母亲则经历了由能歌善舞的女伎到吕不韦的小妾再到嬴异人夫人的身份与地位的变化。在吕不韦的帮助下，父母的地位都有提高，但仍存在着因为秦赵两国交战而带来生死考验、周围人对母亲身份的议论和对嬴政出身的猜测等方面的压力。在他三岁时，秦国攻打赵国首都邯郸，作为人质的嬴政的父亲嬴异人及其全家人的生命都受到严重威胁。这时吕不韦为了不使自己的投资泡汤，通过贿赂守城官吏的办法，与嬴异人两人逃回秦国，却把嬴政母子丢在了赵国。从此，他们母子二人在赵国过着东躲西藏、心惊胆战的亡命生活，直到嬴政九岁时，秦昭王去世，安国君继承王位，是为秦孝文王，嬴政的父亲子楚被立为太子，赵国为了讨好秦国，才主动将嬴政母子送回秦国。在嬴政的最初记忆中，有的便是被父亲无情地抛弃和被敌国追杀的可怕的经历。在这期间，任何人的告密和揭发，都可能导致母子俩命丧敌国，致使他们对任何人都不得不心存戒备。这无疑在嬴政幼小的心灵深处留下了一片黑暗、恐慌和不敢见人的自卑阴影。这种“早期记忆”或称“孩提印痕”，对于他来说应该是十分强烈的，否则就解释不通他在攻陷邯郸后，为何立即赶去对昔日的仇人无情坑杀了。

最后，亲情的缺乏，导致他对任何人都加以猜忌与防范。

嬴政从三岁时就和母亲在赵国过着逃难的生活，直到九岁回到秦国。在这期间，嬴政感觉到的是父亲的遗弃。回到秦国后，刚刚享受父亲之爱不到三年，十三岁时父亲嬴异人便又去世弃他而去。而母亲赵姬先后与吕不韦和嫪毐保持着通奸的关系，至于儿子的苦楚，她是不会去用心体会与加以帮助的，嬴政从母亲那里也同样难以得到长辈的慈爱。这样，在嬴政童年的情感世界里，感受到的始终是一种被父母遗弃的状态。心理学认为，从小感受不到父母之爱的孩子，常常会呈现出性格的抑郁、内向、冷酷、无情和早熟，从而对任何人都抱有一种不信任、防范和猜忌的心理。他们渴望报复社会、报复他人。美国心理学家卡伦·荷妮在《神经症与人的成长》一书中指出："这种报复心理来源何在？它的强度由何产生？与其他神经症发展一样，这也始于童年时代——那时有极为恶劣的人生经历，但补偿性因素却缺乏和少有。粗暴的待遇、羞辱、嘲弄、忽视，以及昭然若揭的伪善，都会对一个高度敏感的孩子造成极大打击。"这样的人会产生一种对报复和胜利的更为强烈的需求，在他们看来，同情、信任、友谊、爱情等一切积极的情感都是欺骗。"对胜利的需要与对否定积极情感的需要，都源自不幸的童年生活环境，因此两者从一开始就是紧密相连的。又因为两者彼此加强，所以一直都存在着密切的联系。硬化情感原是出自生存的需要，但也使这种要胜利地主宰生活的驱力得以无碍地发展起来。这种驱力伴随着一种无法满足的骄傲，会最终成为一个怪兽，慢慢吞并所有的情感。在通往一种不祥荣誉的途中，他会觉得一切人类关系——爱情、同情、体恤——都是束缚。"显然，秦始皇童年时期畸形的生活经历，是造成他病态心理与性格的主要因素。

当然，嬴政性格的形成，除了他的童年经历外，还与当时秦赵文化传统的影响，法家思想的浸染，以及对父母性格的传承等有关。种种复杂的因素错综交织在一起，最终形成了他的独特的性格特征。一般来说，特殊政治人物的性格特征会对历史的发展起到影响作用，“个人因性格的某些特点而能影响到社会的命运”，这一点在嬴政身上表现得非常充分。嬴政自卑与超越的心理，崇尚与迷信权力的心理，刚愎自用与惧怕议论的心理，确实对秦王朝政治的发展在不同时期都产生了不同的影响。

一个优化方案的遗弃

公元前 251 年，在秦国王位长达五十六年的秦昭襄王寿终正寝。太子安国君继承王位，是为秦孝文王。嬴异人在这场王位变更过程中因为吕不韦的竭力赞襄，顺利地得到了太子之位。

三天后，久病孱弱的秦孝文王还没有在王位上暖热屁股，便突然死去。嬴异人又名正言顺地继承了王位，成为秦庄襄王。

很快，吕不韦当上了丞相，并被封为文信侯，食洛阳十万户。

庄襄王在秦国的王位上驻足了短暂的三年便也撒手而去。吕不韦与朝臣拥立庄襄王的长子嬴政为秦王。因为嬴政年幼，吕不韦暂时主持了秦国的内政外交。

在秦王嬴政主政前的岁月里，秦国的大政方针基本上都是由吕不韦主持。

吕不韦治秦的政绩，主要表现在以下几方面：

1. 宽政待民。

据《史记·秦本纪》记载，吕不韦当政后的第一件事，就是通过秦庄襄王发布诏令："大赦罪人，修先王功臣，施德厚骨肉而布施于民。"意思就是释放罪人，表彰先王的功臣，厚待王室宗亲，对老百姓广施德惠。自商鞅变法以来，秦国素以严刑峻法出名，人们动辄得咎。吕不韦以宽济猛、宽猛兼用的治国之策，确实在一定程度上起到了招揽民心、缓和社会矛盾的积极效果。

2. 灭亡东周。

进入春秋战国时期，周王朝已经名存实亡。公元前 250 年，秦昭襄王发兵灭掉了周朝最后一个国君——周赧王的统治地区，周王朝实际上已经不复存在。但是，在河南巩地，仍然还存在着一个小国东周。它的统治者称周公。周公虽然不称为"天子"，然而毕竟是周王室的残余，因此，它的存在，自然而然就被秦国统治者视为统一天下的一大障碍。

公元前 249 年，小东周竟乘秦国接连发生国丧之机，自不量力地联合各诸侯国图谋进攻秦国。于是，吕不韦瞅准机会，出兵一举灭亡东周，将其领地并入秦国的版图。

对待末代周公，吕不韦并没有取其性命，而是下令将其迁往阳人（今河南临汝西），让他奉其祭祀，供其香火。吕不韦的这一举措，明显地反映出了他不同于秦国往昔的战争观。他既消灭东周国的实体，却又不绝其宗祀。这种形象，对于改变天下人对秦国以往"凶残暴虐"的看法、赢得天下士人的好感，无疑具有很大的政治意义。

3. 继续东进。

在灭亡小东周的同一年，吕不韦又派将军蒙骜率军进攻韩国，迫使韩国将成皋、荥阳割让给秦国。秦在那里随即设立三川郡。成皋和荥阳历来是兵家必争之地，是秦东进道路上的咽喉所在，秦国得到它们，便打通了通往关东各诸侯国的通道。至此，秦国的东部边界已经逼近魏国都城大梁。

公元前 248 年，乘赵、魏进攻燕国，后方空虚的机会，又派蒙骜大举进攻赵、魏，先后夺得太原、高都、汲县、榆次、新城、狼孟等三十七座城池。

公元前 247 年，派王龁占领韩国上党，建立上党郡。同时，又在赵国故地太原及附近一大块土地上，置太原郡。

公元前 244 年至公元前 243 年，派秦军接连攻破韩国十三座城池及魏国两座城池。

公元前 242 年，派秦军伐魏，攻取二十余座城池，并在此地设立东郡。

公元前 241 年，派秦军灭掉卫国，并夺取魏国的朝歌。

公元前 240 年，派秦军攻取赵国的龙、孤、庆都等地区。

公元前 238 年，秦军又向魏国发动多路进攻，占领了桓、蒲阳、衍等重要地方。

昔日兵强地广的赵、魏、韩三国，现在连苟延残喘的能力也快要丧失了。

吕不韦的远交近攻、连续东进的政策与行动，为秦王嬴政亲政后最后灭亡六国，一统天下，奠定了坚实的基础。

4. 兴修水利。

面对秦国虎视东雄的态势，韩国想出了一条自保之计。这条计策就是派当时著名水利专家郑国到秦国，帮助秦国修建一条能够灌溉关中土地的水利工程，以此来消耗秦国的人力、物力、财力，达到其阻止或延缓秦国东征的目的。

水利是农业的命脉。既然郑国有这样的建议，吕不韦自然高兴与批准。郑国渠修成以后，“关中为沃野，无凶年”。充足的水利资源，保障了三秦地区的农业生产和百姓的生活，为秦国的统一奠定了更坚实的物质基础。

5. 构建天下统一后的治国理论。

在秦国统一天下已经成为定局的情况下，吕不韦开始思考天下统一后，应该如何才能得到有效治理的问题。于是，他广泛地从东方各国吸收、引进各类人才，采取兼收并蓄的方法，来构建他的治国主张与理论体系。

司马迁说：

> 当是时，魏有信陵君，楚有春申君，赵有平原君，齐有孟尝君，皆下士喜宾客以相倾。吕不韦以秦之强，羞不如，亦招致士，厚遇之，至食客三千人。是时，诸侯多辩士，如荀卿之徒，著书布天下。吕不韦乃使其客人人著所闻，集论以为八览、六论、十二纪，二十余万言，以为备天地万物古今之事，号曰《吕氏春秋》。

《吕氏春秋》全书分为“十二纪”“八览”“六论”三大部分，共一百六十一篇。它是中国第一部有主编、有宗旨、有计划、集体编写的政治论著。这本书吸取儒、道、名、法、墨、兵、农、阴阳等诸家之说，内容涵盖政治、经济、军事、农业、外交、伦理、道德、修身等各个方面，同时涉及天文、历法、地理、乐律、数术等，综合诸子，采精录异，自成一家。这本书的编纂与问世，实乃是中国政治、思想、文化史上的一次大创举。

《吕氏春秋》比较详细系统地记述了吕不韦的治国思想及其主张。

吕不韦认为：“一则治，异则乱；一则安，异则危。”

他认为，只有天下统一、思想统一，社会才能安定，国家才能太平。他推崇王者执一以一众，圣人“能齐万不同”的政治模式，主张建立中央集权，实现国家的统一。

他主张无为为本，德化为主，法术为辅的治国方略。

他赞成儒家的治国理论，却又摒弃了儒家的繁文缛礼、迂腐之论，兼论王霸，重视耕战、法制，比儒家更富有求实的精神。

他同意法家治国，但是却摒弃了法家专任刑法、轻罪重罚的偏弊，主张以无为、德治为主，比法家的代表人物更富有政治上的理性。

他欣赏以自然为本，以无为为宗的道家思想，主张将它作为帝王之学的哲学基础。但是，他又摒弃老庄独任清虚，去礼法、薄仁义之弊，主张综合运用各种政治手段，积极求治。

郭沫若认为，吕不韦的政治主张主要表现在如下四个方面：

他是反对家天下制的。

他是尊重民意的。

他是赞成修齐治平的哲人政治的。

他讴歌禅让。

应当说，《吕氏春秋》代表着吕不韦这样一种治国方略与文化政策：以变法与法制为核心，将法家的法治与耕战、儒家的礼治与仁政、道家的无为而治与权术、墨家的义治与节俭以及阴阳家的时政、各家的正名等，融冶于一炉，形成一种相当完备的适应“大一统”需要的新的政治理论体系，在有利于君主政治的前提下，不尊奉一家一派，力图超越诸子、融通百家，包纳一切有用的思路、方略与治术。

《吕氏春秋》集中了吕不韦的政治主张与施政纲领。可惜，由于他与秦王嬴政之间存在着不可和解的权力之争的过节，这本书还没有来得及发挥作用，就被嬴政打进了冷宫。

现代史学家郭沫若在《十批判书 · 吕不韦与秦王政的批判》一文的开头说过：“吕不韦在中国历史上应该是一位有数的大政治家，但他在生前不幸被迫害而自杀，在他死后又为一些莫须有的事迹所掩盖。他的存在的影子已经十分稀薄，而且呈现着一个相当歪曲了的轮廓。这是吕氏的不幸，然而在两千多年后的今日，吕氏的真面目要想被人认识恐怕也是不可能的事吧。”这是一种正面的评价。他在该文的结尾部分又说：“假如沿着吕不韦的路线下去，秦国依然是统一中国的，而且统一了之后断不会仅仅十五年便迅速地彻底崩溃。”这固然是一种推测，但从当时及以后中国历史发展变化的史实来看，还是具有一定见地的。

秦王嬴政对吕不韦治国方案的完全遗弃，对于大秦帝国的命运与前途来说，不能不说是一种遗憾。

政流暗涌

公元前 246 年，嬴政登上了秦国的王位。

当时，他还不过是一个小孩子，年龄还不到十三周岁。

依照秦国制度，在举行成人礼之前，他不得亲政，而由他的母亲赵姬以太后和监护人的身份代行王权。

这说明，在秦王嬴政亲政之前，赵姬是秦国法定的最高统治者，她拥有对国事的最终裁判权，其他人均无最后决定权。

从历史文献的记载来看，当时调动军队的文件不仅要盖上秦王之玺，还要加盖太后的印玺。这表明，年幼的嬴政在法律意义上还没有完全的行为能力，许多政务虽以嬴政的身份发号施令，但显然是经过太后启示甚至指令的，属于补助行为能力。

母后代行王权，大臣代理政务，这种权力体制虽然属于君主制度权力结构的一种非正常状态，但是，它并不一定必然要伴随权力腐败或者必然导致政治危机。只要太后有治国能力，能够严格、谨慎地使用手中的权力，全心全意、真诚地辅佐幼主，大臣尽心尽力，一样可以把国家治理好。

按照正常的情况，母后的监护权力因夫死子幼而产生，也必将随着幼君长大而取消。到了幼君长大亲政之日，太后就要归还权力，届时国家的权力结构就又可以恢复到正常的状态。

但是，在专制集权的权力结构重新恢复常态之前，王权只能处在某种变异状态。而王权的变态，往往是诱发各种权力危机、政治危机的重要原因之一。代行王权的母后，任何不慎，都可能招致严重的政治后果，甚至引发动乱，危及幼主的生命与地位。秦王嬴政的母亲就因为自己的私欲差一点断送其子的大好前程。这是秦王嬴政在亲政前最头痛也是最无奈的一件事情。

国王身处幼龄，太后又不懂政治，必然要委政于有威望、有权力、有资格、自己又信得过的大臣。吕不韦早就与太后有着剪不断、理还乱的关系，而且又有连立两主之功，特殊的身份与地位，足以使他大权在握。

吕不韦的权力来源于三个方面：

1. 制度化的权力，即相权。他是秦国的相邦（相国）。作为百官之长，他位极人臣，堪称“一人之下，万人之上”。

2. 特殊的授权。吕不韦是秦庄襄王的老师，又有定国立君之功。君臣之间亲密的私交，使吕不韦自然而然地成为托孤大臣，加上太后的授权，被秦王嬴政尊为“仲父”。“仲父”称号不是官名，也不是爵位。从字面上看“仲父”称号就是叔父的意思。或许，吕不韦用这种称号来暗示自己与秦王嬴政之间有着一种非同寻常的关系，以使秦国上下臣民及幼主对自己的地位不要去怀疑或者挑战。或许，作为政治家的吕不韦并没有如此下作，“仲父”的称号是太后授权，嬴政认可的，他并没有什么别的意思。总之，“仲父”的称誉并不能代表任何实质性的事情。

在春秋历史上，管仲曾经也有过“仲父”这个称号。他辅佐齐桓公成为春秋五霸的霸主之一，让齐国走上富国强兵、威震诸侯的道路。齐桓公则对管仲绝对信任，放手使用，将齐国的国政全部交由他来处理，自己不加干涉。

吕不韦号称“仲父”，或许在他的心中，他认为自己就是秦国眼下的管仲。一方面他决心用自己的才智将秦国的事业发展到一个新的顶点，另一方面则暗示臣民，他将像管仲相齐那样处理秦国的政务，无需得到秦王嬴政的授权。

3. 窃取的权力。吕不韦是太后赵姬的前夫和情人。庄襄王死后，他们旧情重叙，吕不韦利用职务之便，随意进入宫廷，与太后幽会。

司马迁说：

“秦王年少，太后时时窃私通吕不韦。”

这种男女之间的特殊关系，使得吕不韦可以通过影响代行王权的太后赵姬而操纵秦国的最高权力。

当上述三种权力叠加在一起的时候，吕不韦在秦国权力结构中所处的地位就非比寻常了。他实际上是掌握了秦国的大政。事实上，从庄襄王登位到秦王嬴政十年，是吕不韦操纵秦国政权的时代。

从秦王嬴政后来表现出来的性格特点来看，他是一个有着极强的权力欲和控制欲，绝对不甘人下的王者。但在他十三岁到二十一岁之间，也就是吕不韦专政秦国的时期，他是无法按照自己的意愿来行事的。为了保全自己，他只能压抑与苦闷自己。但这种埋藏于内心深处的长期不满的种子，年代愈旧，破坏力就愈强，一旦破土吐芽，其爆发力之大、破坏力之强，就可想而知了。

吕不韦在掌握着秦国的最高权力，把秦国统一大业继续向前推进的时候，有意无意地犯了一个重大的政治错误，从而成为他垮台的引线。

这个重大的政治错误就是不顾秦王嬴政及国家的重大利益，为了太后的淫欲，把嫪毐引入秦国的中枢权力结构中。

嫪毐原是吕不韦的舍人，因为性能力极强，经吕不韦推荐，得到太后的宠幸，遂野心顿生，逐渐开始染指国家的最高权力。这种情况，就使得秦国的最高权力结构更加变态、异化，并且引发了不正常的权力之争。它使幼年秦王嬴政处在更加危险与尴尬的境地，为最高权力的平稳过渡和顺利交接设置了更大的障碍。

至此，秦国同时有四个人有条件直接操纵最高权力。

法定的暂时最高统治者太后赵姬；名分上的最高统治者秦王嬴政；实际分享最高权力的相国吕不韦；获得太后绝对宠幸与授权的嫪毐。

秦国内乱由此而起。

吕不韦推荐嫪毐实属出于无奈。

当时，“始皇帝益壮，太后淫不止”。吕不韦担心两人的奸情最终败露而灾祸降临，最终，他想出了一个金蝉脱壳的馊主意，即找一个性欲极强的人送给太后以替代自己。最终，他发现并找到了“大阴人”嫪毐，制造了一个假“宫刑”游戏后，将他送进宫中。谁知，“太后与私通，绝爱之”。嫪毐不仅由此得宠，“赏赐甚厚，事皆决于嫪毐”，而且在太后的支持下，嫪毐的权势迅速发展到与吕不韦不相上下，以至于秦国人们常把嫪毐、吕不韦并提：“与嫪氏乎？与吕氏乎？”这种情况，严重地破坏了秦国中枢权力结构的稳定，将幼主嬴政置于了更加凶险的境地。

太后赵姬自恃位极权重，夫丧子幼，纵欲无度，淫乱宫闱，在当时的秦国，实际上不算是什么不得了的大事。如果她不让供她恣意淫欢的嫪毐参与军国大事，而只让他以宦官身份随侍左右，后来秦国最高政治权力结构出现的动荡，很可能就会避免。可惜的是，太后不是一个真正懂得运用权力的女人。她为让嫪毐高兴，竟然利用手中的权力，打破秦国无功不受禄的传统，封嫪毐为长信侯，先后赏赐山阳、太原郡等大片土地。不仅如此，为了讨嫪毐欢心，她还让嫪毐享有王室的种种特权，甚至与嫪毐暗地里生下了两个儿子。

据说，太后与嫪毐有一个秘密的协定：一旦秦王嬴政不幸而亡，就拥立两人的私生子之一为秦王。

也许，正是出于这个见不得人的动机，太后才极力扶植嫪毐，让他拥有巨大的权力、很高的政治地位以便应对各种意外之事可能导致的政治危机。

事实上，太后赵姬的这种安排，并不是有意针对自己的亲生儿子嬴政，她也未必能有这种眼光与权术。或许，她意在防止嬴政因为健康问题万一突然死去而危及自己的既得利益。这种假想更符合这个女人的秉性与做法。当初吕不韦先娶后弃，为了政治目的将她送给秦公子异人。异人回国后，她与儿子又在赵国东躲西藏，长期过着非人的生活。这种经历，将她塑造成为了一个极没有安全感的女人。后来虽然夫贵妻荣，做了秦国的王后，但不久丈夫就撒手人寰，弃她而去。吕不韦有家有室，她也不能当作真正的依靠。现在，嫪毐这个她喜欢的男人就在自己的身旁，她想找一个长期的依靠。但她不会想到，她的这种安排却是在助长嫪毐进一步染指秦国最高权力的欲望，大大增加了幼年秦王嬴政的生理生命与政治生命的风险系数。

对于嫪毐来说，他既无能力又无威望来长期保持自己因为太后宠幸而轻而易举得到的荣华富贵。随着嬴政一天天长大，亲政之日已经不远。一旦太后归政，自己的奸情暴露，后果自然可想而知。利用太后的糊涂与其手中的最高权力，寻找时机除掉幼主嬴政，为自己的亲生儿子谋取最高的权力，就成为嫪毐唯一的生存与保全富贵的办法。除了这条路，难道他还有别的办法吗？后来发生的事实证明，嫪毐确实已经在谋划如何除掉秦王嬴政的计划与行动了。

有了太后的支持与默许，嫪毐开始着手准备叛乱。

他利用自己手中的权势与地位，打着太后的旗号，以功名利禄和荣华富贵为诱饵，把都城咸阳与宫中一些掌握兵权和机要的人物，逐渐培植成自己的势力。掌握宫廷保卫与巡视的卫尉竭、首都附近地区的最高行政和军事长官内史肆、在宫廷内统领射箭卫士的佐弋竭、在宫殿中侍奉国王咨询政事并参与议论朝政的中大夫令齐等，都成为嫪毐企图夺取最高权力的死党。不仅如此，嫪毐还积极发展并控制属于自己的军事力量，把自己在地方上培植的县兵、忠实的门客、宫廷的卫兵、骑兵以及拉拢收买的少数民族的军队，都作为了他将要发动一场流血政变的主要力量。

情况表明，秦国政局将要发生一场大的变动，幼年秦王嬴政的生命处在极度的危险之中。所有这一切，吕不韦不仅在送嫪毐进宫前没有想到，而且他更是脱不了干系。

权出四门，使秦国的政局增加了许多的变数。这让广大臣民在面对当权者的争斗时不知应该何去何从。臣民们的犹豫不决与延迟观望，本身就孕育着巨大的政治危机。“今御骊马者，使四人人操一策，则不可以出于门间者，不一也。”（《吕氏春秋 · 审分览 · 执一》）秦国的政治形势，正好符合这个比喻：太后赵姬、相国吕不韦、幸臣嫪毐、秦王嬴政，“人操一策”，一起驾驭驱使着秦国这驾马车。四股力量几近分庭抗礼，又彼此形成错综复杂的关系。

在这种情况下，太后赵姬左右为难，因为其余三股势力都与她有着千丝万缕的关系：幸臣嫪毐别无退路，他只有选择时机发动宫廷政变，杀掉秦王嬴政以求一逞；相国吕不韦的处境更是难堪，他既是推出嫪毐的祸首，又与嫪毐及秦王存在着权力上的斗争，无论嫪毐与秦王生死安危、结局如何，他都无法彻底解脱干系、消除忧患；秦王嬴政也有为难之处，他与嫪毐集团已经你死我活，但解决这个集团的问题又必定会牵涉母后与仲父吕不韦。

在当时的条件下，解决这种政治困境的唯一方式，就是重新恢复最高权力出于一门。而能够光明正大的、最符合秦国国家利益的、最顺理成章的、能将政治动荡危机降到最低限度的，只有秦王嬴政的亲政与太后及相国的还政了。

但是，权力这东西，就像一剂迷魂药，一旦沾手，放手可就难了。太后、吕不韦、嫪毐、秦王嬴政等，任何一方都不愿放弃已经到手的一切。

四驾马车彻底摊牌与翻脸，已经不可避免。

公元前 238 年，秦王嬴政已经二十二岁。

按秦国的礼制规定，四月，嬴政来到宗庙所在地——秦国旧都雍，行加冠礼，完成成年仪式，正式主持国政。

与此同时，围绕最高权力而展开的政治斗争，也从暗斗转向明争，一场你死我活的厮杀已经无法避免。

按照秦国的制度，秦王嬴政亲政就是一次最高权力的交接。一旦嬴政行冠礼、佩宝剑、完成成年的仪式，他就可以名正言顺地全部收回由母亲和吕不韦所代管的一切权力。太后、吕不韦和嫪毐都要退出最高权力中心，交出他们曾以不同名分、不同形式实际掌握或分享的那一部分最高权力。

公元前 238 年，嫪毐集团趁嬴政到旧都雍城举行加冠礼的时机，在咸阳发动了军事政变。嫪毐矫用秦王玺及太后玺，征调“县卒及卫卒、官骑、戎翟君公、舍人，将欲攻蕲年宫”。不得人心的嫪毐集团的叛乱很快就被镇压，其所有成员被一举清洗。秦王嬴政一举从太后手中接收过最高权力，并把太后软禁在雍的贡阳宫。

嫪毐集团的反叛及其被清除，也恰好为嬴政处理吕不韦集团提供了机会。

查处嫪毐之事必然牵连到吕不韦。嫪毐获得太后宠幸，起因得力于吕不韦的举荐。此前就有人揭发“嫪毐实非宦者，常与太后私乱，生子二人，皆匿之”。于是秦王嬴政下令调查，“具得情实，事连相国吕不韦”。但是，吕不韦集团并非嫪毐集团那样简单。吕不韦并没有公开反叛，其能力、资望又深服人心，因此，对于处理吕不韦，秦王嬴政不得不谨慎小心。

第一步，秦王嬴政十年（公元前 237 年）十月，秦王嬴政根据众人的请求，没有立刻杀掉吕不韦，而是以吕不韦与嫪毐之乱有牵连的罪名，免去其相国的职务，收回其手中掌握的一切实际权力。

第二步，逐出咸阳，“就国河南”。将他赶出都城，让他到远离政治中心的封地河南洛阳去居住。

第三步，进一步将吕不韦及其家族戍迁到地广人稀、消息闭塞的蜀地居住。

第四步，在政权交接的危机渡过后，嬴政下了谕旨：

“君何功于秦？秦封君河南食十万户。君何亲于秦？号称仲父，其与家属徙处蜀！”

这话的意思很明白：吕不韦你对秦国有什么功劳？秦国封你享受河南十万户的租税？吕不韦你与我秦王有什么亲缘关系，竟敢号称“仲父”！现在我命令你与你的家属都迁到人迹罕至的蜀地去！

读过秦王派人送来的谕旨，吕不韦知道自己已经到了人生的终点。

于是，他草草安排好家事，然后举起了斟满鸩酒的酒樽。

吕不韦死后，嬴政仍然没有放过他的全家及其门客故友。对于前来哭吊吕不韦的人，一律给予严厉的处置：

> 其舍人临者，晋人也逐出之；秦人六百石以上夺爵，迁；五百石以下不临，迁，勿夺爵。

秦王嬴政还明令宣布：

“自今以来，操国事不道如嫪毐、不韦者籍其门，视此。”

这也就是说：以后再有敢与秦王争权者，就把全家登记造册，重者处死，轻者收为官奴。至此，秦国的军政大权完全为嬴政所掌握。

逐客事件

公元前 237 年，相国吕不韦因嫪毐事件被免职，归食邑洛阳赋闲。

就在这一年，秦王嬴政突然下令，驱逐所有在秦国的六国人士。嬴政此举，差一点铸成了千古大错。

秦王嬴政的逐客令来势凶猛，一时间，在秦国的六国人士不知所措。

秦国自穆公以来，一直注重网罗天下人才，为什么刚刚掌权的秦王嬴政突然下令驱逐六国人士呢？

原来，秦王嬴政的逐客令和一个国家的阴谋有关。

这个国家就是韩国。

韩国和秦国相邻，位置在今山西南部、河南西部，因此，它注定成为阻挡秦国东进的第一道防线。所以，秦国东进，韩国首当其冲，不断遭到秦国的蚕食，国土面积不断减少。

濒临绝境的韩国终于想到了一个对付秦国的方法，这就是根据秦国经常因雨水不足导致农业歉收的客观情况，以帮助秦国兴修水利为名来达到消耗秦国的国力的目的，让秦国无力东进。

据班固在《汉书·沟洫志》一书中记载，韩国的这一条疲秦之计，不但没有达到消耗秦国的国力、使其无法东进的目的，反而让秦国从中大受益处，为最终灭亡六国奠定了经济上的基础。

班固说：

韩闻秦之好兴事，欲罢之，无令东伐。及使水工郑国间说秦，令凿泾水，自中山西邸瓠口为渠，并北山，东注洛，三百余里，欲以溉田。

中作而觉，秦欲杀郑国。

郑国曰："始臣为间，然渠成亦秦之利也。臣为韩延数岁之命，而为秦建万世之功。"

秦以为然，卒使就渠。

渠成而用溉，注填阏之水，溉舄卤之地四万余顷，收皆亩一钟。

于是关中为沃野，无凶年，秦以富强，卒并诸侯，因名曰郑国渠。

战国后期，虽然铁器已经广泛应用到各国的农业生产之中，但是和今天相比，生产工具仍然显得十分简陋，生产力水平也很低下，兴修大型水利工程就要耗费大量的人力、物力、财力。为了疲敝秦国，达到救韩的目的，韩王派出水利专家郑国，到秦国劝说秦王兴修大型水利工程。

在郑国的劝说下，秦王嬴政与当时还在辅政的吕不韦为同意修建长达三百多里的郑国渠。这项工程由西向东，横跨渭北高原，一旦修好，可以灌溉关中四百多万亩土地。特别是这条水渠含有大量泥沙，用泥沙淤灌盐碱地，可以彻底变盐碱地为万顷良田。因此，这项水利工程可以大大加强关中地区的抗旱能力，大面积地改造关中的盐碱地，增加耕地面积，使关中成为秦国最富庶的粮仓。

但是，就在郑国渠修建得如火如荼时，郑国的间谍身份暴露了。秦王嬴政听说郑国是个韩国间谍，勃然大怒，要杀掉郑国。可是，郑国非常坦然地对嬴政摆明了孰利孰害的道理。他说：我开始确实是作为韩国间谍来秦国的，但是，现在我已经改变了主意，全身心花在这项水利工程上。杀我并不难，但这项已经修建了多年的工程就会搁浅。请允许我把这项水利工程修好，因为它的确能给秦国农业带来巨大的效益，这对秦国是有益无害的。

秦王嬴政听了郑国的解释，觉得郑国的话讲得有道理，就恢复了他的修渠工作，让郑国把渠修完，并把这条渠命名为郑国渠。

郑国渠的工程虽然继续，但是，郑国间谍案在秦国却引发了一场轩然大波。

原来，秦国自穆公、孝公以来，一直唯才是举，只要是人才，不论国籍，唯才是用，论功行赏。这种政策虽然富强了秦国，却严重伤害了秦国旧贵族的特权。贵族如果没有军功，就不能享受种种特权；六国之士却因军功在秦国进入高层，这使得秦国旧贵族们积怨甚深。

秦国旧贵族希望利用郑国间谍案首先赶走在秦国官居高位的客卿，让本土籍利益集团恢复昔日的权势。于是，他们便抓住郑国间谍案，大造舆论：秦王重用的郑国竟然是个间谍，嫪毐、吕不韦也都不是秦国人，其他六国之人是否也别有用心呢？六国之人都不可靠，不值得信任，他们全都是为他们自己国家效力的人，他们在秦国是别有用心，应当全部驱逐出境。

可是，所谓的逐客，就是驱逐所有到秦国来的六国人，并不仅仅是身居高位的客卿。仔细想来，这样的计划实施起来确实困难太大。身居高位的客卿还好说清，但是，百年前，商鞅变法时从六国招募而来的开垦土地、现在已经是居住秦国几代的农民，到底应该算秦国人，还是应该划到六国之人的行列中去呢？

秦王嬴政正被嫪毐与吕不韦事件闹得心烦意乱，又发现郑国是韩国间谍；同意郑国继续修渠以后，秦国旧贵族又借郑国间谍案发难。一连串的政治风波令他大为恼火，一怒之下，悍然下令，驱逐所有在秦国的六国人士。

秦国上下一片混乱。很快，秦王嬴政接到了一封奏书，这就是出自客卿李斯之手的著名的《谏逐客书》。

李斯上书，自有他的原因。

原来，来自楚国的李斯在秦国刚刚被任命为客卿，还没有来得及大展宏图，就要被迫离开秦国，离开好不容易得到的客卿之位，胸中自然愤愤不平。因此，被迫离秦的李斯压抑不住内心的激愤，奋笔疾书，向秦王嬴政呈上了他的反对意见。

李斯一开始就不客气：

臣闻吏议逐客，窃以为过矣。

接着，他分析原因，指出逐客的危害：

昔穆公求士，西取由余于戎，东得百里奚于宛，迎蹇叔于宋，求丕豹、公孙支于晋，此五子者，不产于秦，而穆公用之，并国二十，遂霸西戎。孝公用商鞅之法，移风易俗，民以殷盛，国以富强，百姓乐用，诸侯亲服，获楚、魏之师，举地千里，至今治强。惠王用张仪之计，拔三川之地，西并巴、蜀，北收上郡，南取汉中，包九夷，制鄢、郢，东据成皋之险，割膏腴之壤，遂散六国之纵，使之西面事秦，功施到今。昭王得范雎，废穰侯，逐华阳，强公室，杜私门，蚕食诸侯，使秦成帝业。此四君者，皆以客之功。由此观之，客何负于秦哉！向使四君却客而不纳，疏士而不用，是使国无富利之实，而秦无强大之名也。

今陛下致昆山之玉，有随、和之宝，垂明月之珠，服太阿之剑，乘纤离之马，建翠凤之旗，树灵鼍之鼓。此数宝者，秦不生一焉，而陛下悦之，何也？必秦国之所生而然后可，则是夜光之璧不饰朝廷，犀象之器不为玩好，郑、卫之女不充后宫，而骏马抉提、不实外厩，江南金锡不为用，西蜀丹青不为采。所以饰后宫、充下陈、娱心意、悦耳目者，必出于秦然后可，则是宛珠之簪、傅玑之珥、阿缟之衣、锦绣之饰不进于前，而随俗雅化、佳冶窈窕赵女不立于侧也。夫击瓮叩缶、弹筝搏髀而歌呼呜呜快耳者，真秦之声也。郑、卫、桑间，韶虞、武象者，异国之乐也。今弃击瓮而就郑、卫，退弹筝而取韶虞，若是者何也？快意当前，适观而已矣。今取人则不然，不问可否，不论曲直，非秦者去，为客者逐。然则是所重者在乎色乐珠玉，而所轻者在乎人民也。此非所以跨海内、制诸侯之术也。

臣闻地广者粟多，国大者人众，兵强则士勇。是以泰山不让土壤，故能成其大；河海不择细流，故能就其深；王者不却众庶，故能明其德。是以地无四方，民无异国，四时充美，鬼神降福，此五帝、三王之所以无敌也。今乃弃黔首以资敌国，却宾客以业诸侯，使天下之士，退而不敢向西，裹足不入秦，此所谓借寇兵而赍盗粮者也。

夫物不产于秦，可宝者多；士不产于秦，而愿忠者众。今逐客以资敌国，损民以仇，内自虚而外树怨于诸侯，求国之无危，不可得也。

如果用今天的语言来讲，李斯就是说：

我听说官员们在商议驱逐客卿的事，臣私下认为这样做错了。

过去秦穆公求士，在西边戎狄那里得到了由余，东边从宛地得到百里奚，在宋国迎来蹇叔，在晋国招来丕豹、公孙支。这五个人，并不生长在秦国，可穆公重用他们，结果吞并了二十个小国，使秦称霸西戎。孝公推行商鞅的变法之策，改变了秦国落后的风俗，人民因此殷盛，国家因此富强，百姓甘心为国效力，诸侯各国归附听命；又大败楚魏两国的军队，攻取了千里土地，至今还稳固地统治着。秦惠王采用张仪的连横之计，攻占了洛阳一带的地方；往西吞并了巴、蜀，往北获取了上郡，往南夺取了汉中，并吞了九夷的土地，控制住楚地鄢、郢；往东占据险要的虎牢关，占领了肥沃的土地。于是瓦解了六国的合纵，使他们都向西事奉秦国，功效一直延续到今天。昭王得到范雎，废掉了穰侯，驱逐了华阳君，增强、巩固了王室的权力，堵塞了权贵垄断政治的局面，逐步侵吞诸侯，使秦成就帝业。这四位国君，都是由于任用客卿而获得成功的。由此看来，客卿们没有什么对不起秦国的地方。假使这四位国君拒绝客卿、闭门不纳，疏远外来之士而不用，就不会使秦得到富强，秦国也不会有强大的威名。

现在陛下罗致昆山的美玉，宫中有随侯之珠，和氏之璧，衣饰上缀着光如明月的宝珠，身上佩带着太阿宝剑，乘坐的是名贵的纤离宝马，树立的是以翠凤羽毛为饰的旗子，陈设的是蒙着灵鼍之皮的好鼓。这些宝贵之物，没有一种是秦国产的，而陛下却很喜欢它们，这是为什么呢？如果一定要是秦国出产的才许可采用，那么这种夜光宝玉，绝不会成为秦廷的装饰；犀角、象牙雕成的器物，也不会成为陛下的玩好之物；郑、卫二地能歌善舞的女子，也不会填满陛下的后宫；北方的名骥良马，绝不会充实到陛下的马厩；江南的金锡不会为陛下所用，西蜀的丹青也不会作为彩饰。用以装饰后宫、广充侍妾、爽心快意、悦人耳目的所有这些都要是秦国生长、生产的然后才可用的话，那么点缀有珠宝的簪子，耳上的玉坠，丝织的衣服，锦绣的装饰，就都不会进献到陛下面前；那些闲雅变化而能随俗推移的妖冶美好的佳丽，也不会侧身于陛下的身旁。那敲击瓦器，拍髀弹筝，乌呀歌唱，能快人耳目的，确真是秦国的地道音乐了；那郑、卫桑间的歌声，《昭虞》《武象》等乐曲，可算是外国的音乐了。如今陛下却抛弃了秦国地道的敲击瓦器的音乐，而取用郑、卫淫靡悦耳的美乐，不要秦筝而要《昭虞》，这是为什么呢？难道不是因为外国音乐可以快意，可以满足耳目官能的需要么？可现在陛下对用人却不是这样，不问是否可用，不管是非曲直，凡不是秦国的就要离开，凡是客卿都要驱逐。这样做就说明，陛下所看重的，只在珠玉声色方面；而所轻视的，却是士人才俊。这不是能用来驾驭天下，制服诸侯的方法啊！

我听说，地域广的，粮食必多；国家大的，人民必众；武器锋利的，兵士一定勇敢。所以泰山不拒绝土壤，方能成其大；河海不遗弃溪流，方能成其深；王者不抛弃民众，才能表现出他的德行。所以，地不分东西，民不论国籍，一年四季都富裕丰足，鬼神也会前来降福。这正是五帝、三王之所以无敌的原因啊！现在陛下却抛弃人才以帮助敌国，拒绝宾客以壮大诸侯，使天下之士退出秦国而不敢往西，裹足不敢入秦，这正是人们所说的把粮食送给强盗，把武器借给敌人啊！

许多东西并不产于秦，然而可当作宝物的却很多；许多士人都不出生在秦国，可是愿意对秦尽忠心的却不少。现在驱逐客卿而帮助敌国，减少本国人口而增加仇人的实力，结果在内使自己虚弱，在外又和各国诸侯结怨，像这样做而想使国家不陷于危境，这是办不到的啊！

李斯的这封奏书，最终打动了嬴政。

简单说，李斯这封奏书击中了秦王嬴政的三根软肋。

1. 李斯认为，客卿对秦有大功。

穆公时的百里奚、蹇叔、由余，孝公时的商鞅，惠文王时的张仪，昭襄王时的范雎，都是对秦国有大功的客卿。秦穆公、秦孝公、秦惠文王、秦昭襄王都是因为有了六国客卿的辅佐，才成为秦国崛起道路上的一座座丰碑。没有客卿，就没有秦国的崛起；没有客卿，就没有四位政绩卓著的秦君。

2. 李斯认为，逐客是在重物轻人。

秦王对产于六国的宝物无不宠爱有加，比如说隋侯珠，比如说和氏璧，都不是秦国出产的，可是秦王那么想得到它们；对于六国的美女，秦王更是不分国籍，照单全收，个个宠幸。唯独对于人才，秦王却要讲国籍，讲内外之别，这岂不太糊涂了吗？秦王对六国之物如此喜爱，对六国人才却要驱逐，这不是重物轻人吗？

3. 李斯认为，逐客是在帮助六国。

任何时代的人才都是稀缺资源。如果秦国驱逐天下人才，就是主动削弱自己，实际上是帮助壮大了敌国。一纸逐客令将使六国的杰出人才不敢再到秦国来为秦国大业服务，这和日常生活中帮助强盗有什么区别？这叫"内自虚而外树怨于诸侯"，让秦国变得虚弱了，反而使对手强大了。人才决定成败。秦国把非秦国的人才都驱逐了，秦国的人才肯定会大大萎缩，这些人才在秦国得不到施展才华的机会，肯定会到六国去施展才华。如果人才都聚集到六国去，六国人才济济，实力大大加强，秦国肯定会受到重大的损失。因此，非秦国人一律不用的做法肯定不是统一天下的正确之道。

秦王嬴政读完李斯的这篇理足词胜、雄辩滔滔的上书，很快就认识到了自己的错误，于是，他拍案而起，立即撤销了逐客令。

秦王乃除逐客之令，复李斯官。

至此，秦王嬴政挽回了他亲政以来所犯的第一个大错。

横扫六合

秦王嬴政亲政之初，六国皆弱而秦独强，天下一统已经呈现出不可逆转之势。

只要秦国的政治、军事、外交的重大方略不出现失误，只要各国得不到休养生息、重振旗鼓的机会，只要六国不能结成同心协力的抗秦联盟，就必然会被秦国一一吞掉。

战国七雄的兼并战争就要进入尾声。

不过，历史上有太多的教训启迪人们：优势并不等于胜势，胜势并不等于胜利，胜利并不等于成功。

在中国历史上，国与国之间，军队与军队之间，以少胜多、以弱胜强、反败为胜、化弱为强的事例多不胜数。在一定条件下，众多弱国只要众志成城、团结一心，完全有可能共同战胜霸权。在秦之前，殷商亡于以西岐周人为首的“八百诸侯”；智伯亡于韩、赵、魏三家；夫差亡于勾践有例在先。在秦之后，西汉末年的昆阳之战，东汉末年的官渡之战、赤壁之战，东晋时期的淝水之战等，都是弱者通过一战而扭转整个局面的著名范例。

秦王嬴政亲政之后，的确手握胜算。然而，他的对手又皆非等闲之辈。秦国一招不慎就可能导致全盘皆输。要获得最后的成功，秦王还必须运用智慧，进行充分的“庙算”与准备。

修明内政。

中国历来有“七分政治，三分军事”的说法。统一战争的胜利之本在于成功的政治制度和政治策略。

在内政方面，秦王嬴政首先贯彻既定的各项法律制度和勋爵制度，做到了令行禁止，赏罚分明。

他从谏如流，采纳李斯的建议而废止逐客令，听从茅焦的诤谏而改善与太后的关系，落实尉缭的意见而对占领地实行安抚政策，同时又减轻了对嫪毐、吕不韦仆从的处罚，令一些流放者回归。嬴政的这些积极政策，在一定程度上缓和了统治集团内部的矛盾，改善了秦国的政治形象。其次，秦王嬴政竭力勤政。他重视各种利国利民的基础建设，兴修水利，发展生产，致力安定民生、富国强兵。

历史表明，在统一战争期间，秦国内部的君臣、君民关系基本上是融洽的。内政修明，是秦国统一战争能够取得最后胜利的保障。

战略正确。

在军事战略上，秦王嬴政在谋臣们的帮助下制定了由近及远、中间突破，先灭韩亡魏，拦腰斩断南北之间的联系，然后南灭强楚，北扫燕国，最后再灭亡齐国的战略方针。

在正式发动统一战争之前，秦王嬴政派遣大军大举进攻三晋，通过占领韩魏城池，将国土推到了齐国的边境，完成了中央突破、分割南北，切断六国“合纵”之脊的战略任务。

具体而言：

在统一战争的第一阶段，秦军的主要战略目的是灭亡韩、魏。韩、魏地处中原，邻近秦国，本着由近及远的战略构思，从吞并韩、魏入手，自然是高明正确之策。

在统一战争的第二阶段，秦军以三晋为腹地，展开两翼进攻，向南征服楚国，向北攻灭燕、赵。

在东进、南征、北战的任务完成后，最后乘势将统一战争推进到最后一个阶段：大兵压境，争取不战而让齐国投降。

后来统一战争的进程，充分证明了秦王嬴政这一战略决策的英明。

在敌国内部开辟第二战场。

在注重军事打击的同时，秦王嬴政也十分重视破坏敌国内部的君臣团结，运用外交、金钱等手段，从敌国内部进行分化、瓦解。据史料记载，尉缭向嬴政献策说：“愿大王毋爱财物，赂其豪臣，以乱其谋，不过亡三十万金，则诸侯可尽。”（《史记 · 秦始皇本纪》）嬴政从其计策，指派姚贾、顿弱等人专门负责这方面的工作。他们携带重金珠宝，贿赂诸侯，收买大臣，发展奸细，铲除对手。

这些手段主要包括：（1）用离间计破坏敌国的君臣关系，使其贤能之士得不到信任与重用；（2）用重金收买敌国的权臣、名士，让他们为了自己狭隘的私人利益去进谗言、害忠臣；（3）用行刺手段消灭那些坚决反对秦国统一战争的敌国内部的能臣猛将。

司马迁说：嬴政“阴遣谋士赍持金玉以游说诸侯。诸侯名士可下以财者，厚以结之。不肯者，利剑刺之。离其君臣之计，秦王乃使其良将随其后”。(《史记 · 李斯列传》) 秦王嬴政的这个谋略在统一六国的战争中发挥了重要的作用。例如，王翦强攻邯郸不下，秦国就改用反间计，促使赵王错杀良将李牧。秦国在大军压境的同时，用重金收买齐相后胜，最终让秦国兵不血刃地灭掉了齐国。

致力连横、孤立对手。

在外交上，秦王嬴政君臣继续贯彻破坏六国合纵的方针，运用外交手段破坏各国之间的邦交。东方六国最大的弱点在于各国之间存在着利益矛盾，难于齐心，而且目光短浅，意在苟安，容易分化。秦国正是抓住了这个弱点，以连横破合纵，或利诱，或威胁，屡屡得手。

抓住时机，及时决战。

在经过七八年的战争之后，秦国统一天下的时机已经成熟，秦王嬴政抓住时机，及时启动了统一战争。秦国君臣上下齐心，决策果断，兵锋如风。他们紧锣密鼓调兵遣将，行兵布阵如雷霆万钧，连年征战，马不停蹄，速战速决，夺地、拔城、虏王、灭国一个接着一个，没有一招缓棋，不给对手留下任何喘息的机会。

在秦王嬴政的指令下，

公元前 230 年，秦国灭韩，转年就会师攻赵；

公元前 228 年，秦国灭赵，转年就进军燕国；

公元前 226 年，在歼灭燕国的主力军后，转年就进攻楚国；

公元前 225 年，秦国战胜楚国后立即以得胜之师回兵灭魏；

公元前 224 年，发兵六十万与楚国决战，转年就灭亡楚国；

公元前 222 年，在平定江南后，立即发兵北上，消灭燕赵残余势力；

公元前 221 年，覆燕灭赵之师南下，齐国不战而降。

至此，自西周以来的分崩离析的分裂局面宣告结束，天下重新归一，大秦帝国诞生于世。不过，这还只是军事上、政治上的统一，天下人心并未归附秦国。大秦帝国的最高统治者能否做到让天下人归心，从内心中认可这个新统一的政权，还需要时间与政策来考验。

为万世开基业

公元前 221 年，大秦帝国在文臣武将的万岁声中正式挂牌成立。

作为这个帝国独一无二的主人，秦始皇又做了几件即使今人也没能够超越的大事。

皇帝制度的创立便是他的一大杰作。

大秦帝国建立后，秦王嬴政立刻发布了议立帝号的诏谕：今名号不更，无以称成功，传后世。其议帝号。

这个明确的指示，说明嬴政对这个新生的帝国核心制度已经成竹在胸。

很明显，1.“称成功”，就是说他的尊号与权力，要与他前无古人的功业相匹称；2.“传后世”，就是要让个这个新创立的帝国制度规范，能够代代相传下去。

众大臣经过一番搜肠刮肚，冥思苦想，纷纷提出了自己的意见与办法。他们的意见是：

“昔者五帝地方千里，其外侯服夷服，诸侯或朝或否，天子不能制。今陛下兴义兵，诛残贼，平定天下，海内为郡县，法令由一统，自上古以来未尝有，五帝所不及。臣等谨与博士议曰：‘古有天皇，有地皇，有泰皇，泰皇最贵。’臣等昧死上尊号，王为‘泰皇’。命为‘制’，令为‘诏’，天子自称曰‘朕’。”（《史记·秦始皇本纪》）

然而，秦王嬴政并没有完全赞同他们的建议，因为他觉得群臣还没有完全领会他的心意，于是，他一语定乾坤：

取三皇之“皇”，五帝之“帝”，号曰皇帝。

司马迁说：“始皇自以为功过五帝，地广三王，而羞与之侔。”

一个羞与三皇五帝相提并论的人，一个把自己的功业看得高于任何前人的人，他的志向与心胸，该是多么的阔大，这是何等的气概！

皇帝尊号与制度，无疑是秦始皇的一大创举，是他根据当时国人的心理，做出的一个空前绝后的大创造。

莫秀瑺在他著的《大秦帝国》中说：“嬴政创造这一尊号，主观上可能只是为了满足他那迅速膨胀起来的极端自大欲望。客观上却是对长期以来潜藏于人们内心的一种美好愿望的巧妙利用。”

翻开中国的历史，满目可见到人们对圣君明主的声声呼唤。这种呼唤就像人们祈求佛祖降福一样，充满了虔诚与由衷的神圣。

既然人们把三皇五帝视作统治者的美好化身，那么，秦始皇将这顶桂冠用法律的形式戴在了自己的头上后，就为后世的君主们立下了一个高高的标杆，这就是理政能力、教化能力完美结合，是完美的道德与人格、人性与纯熟的治国能力集于一身的最高权力象征。

皇帝制度开两千年来中国封建专制制度之先河。

皇帝高居塔顶，文武百官与天下百姓构成塔基和塔身。

皇帝操纵中央政府，地方政府必须服从中央政府。

从秦始皇开始，三王时期的分封制度，逐渐被郡县制所替代。

这是一个政治上的大智慧，这是大一统中国的雏形。至此以后，中国大势，虽然合合分分，分分合合，但统一与复兴始终成为中华民族历史的主流。

纵观历史，中华民族对大一统制度的抉择，是在一个动态的制度变迁中实现的。

中国历史发展表明，一个君主集权之下的全国统一局面，是古代中国社会历史发展过程中再三重复出现的态势。这种发展势头在大禹治水以后，随着各地经济交流的增加而得到了强化。如果说大禹治水时的夏代，还有数万个部落称自己为国家的话，那么在一两千年的兼并战争中，无数的小国逐渐被吞并了。到商代有三千多个，到周代剩一千八百多个，春秋之初尚有一千二百个，其中见于记录的约有一百七十个，再经过三百多年的激烈兼并，到战国时代就只剩下十多个了。在长期的兼并战争中，中国社会发展中逐步走向统一的趋势越来越强劲。

历史发展到战国末年，华夏大地上就只剩下七个诸侯国了。它们在对小国的兼并战争中不断壮大，而且在扩大统治区域的过程中，往往将所并小国及封邑改为郡县，直属国君，这样就使郡县制逐渐取代分封制，成为基本的行政区划，形成一种有别于旧诸侯国的新型统一王国。这说明，大一统不仅成为了广大人民从混乱和战争的痛苦中解脱出来的唯一出路，而且也是各诸侯国君主争相追求实现的根本目标，并已在行政制度、思想理论上开始有所探索了。

从公元前 230 年到公元前 221 年，秦始皇只用了十年时间，就完成了“六王毕，四海一”的宏大伟业。从此，一个广袤数百万平方公里的统一帝国就在中国历史上诞生了。秦始皇所开拓的广袤疆域，是在他当时所知道的天下范围内，实现的空前的政治统一，奠定了中国版图的基本轮廓。

然而，秦始皇虽然在军事上统一了中国，但由原来各个国家演变而来的郡县，还保留着各国原先的政治、经济和文化、社会生活的基础。除了因田亩大小不一和车轨不同所造成的各地区经济发展的困难以外，更为严重的是，在政治管理制度上还存在不同的律法条文，在文化上还有不同的文字和语言。尤其是，六国原先的思想文化及人们早已形成的社会风俗文化等，并不会随着军事上的统一而统一。这种情况，将会成为不久以后诸侯割据和分裂的潜在因素和条件。

为了防止再次分裂，顺应历史和政治对大一统制度的抉择，正式建立了大一统帝国的秦始皇，从加强中央集权的统治目的出发，以其恢弘的气魄，依托其史无前例的国力和权威，将原来各个诸侯国的政治权力全部集中到了自己的手中，采用郡县制牢牢地掌握了中央对地方政府的控制权。他通过在中央和地方各级行政机构中实行的官僚制度，形成了一整套高度发达的中央管理体系，并以古今第一帝的始皇帝身份将自己凌驾于政府之上，最终为大一统制度的实现奠定了君主集权和官僚制度统治的组织保证。

杨松华在《大一统制度与中国兴衰》一书中认为：在新制度经济学看来，国家是一种“制度”结构，它的职能就是生产和出售一种确定的社会“产品”，即安全、公正和秩序。因此，秦统一中国的意义，并不仅仅在于当时消除了国家分裂的局面，使整个中国达到了空前的统一，关键在于它找到了一套今后在遇到矛盾冲突时，以安全、公正和秩序来调解矛盾的大一统制度，并使其成为中国古代社会长期有效的一整套规则。它使中国古代的国家政治经济生活有了长期稳定和发展的基础与保障。尽管大一统制度的国家政治规则并没有像西方国家那样把其称为宪法秩序，但在实际运行中，它对国家日常生活的权威一点也不比宪法小。大一统制度给中国传统社会提供的一套关于解决冲突的基本价值和程序，使中国传统社会具有了稳定而有活力的类似西方现代宪法秩序那样的文明秩序，从而大大降低了大一统制度的运作成本和风险，节约了大量的制度费用，产生了巨大的制度效益。

建立起统一国家行政管理制度的秦始皇，是用铁血手段铸成大一统制度的雏形的。

他的智慧与手段主要体现在：

建立中央集权的郡县制。

县制在春秋初年就已有。秦、晋、楚等大国往往在新兼并的地方设县，一般在国家边境，带有国防的性质。后来，随着国境的扩大，国内也开始设县。据《左传 · 庄公十八年》中记载，中国最早设县出现在楚武王时。秦国在秦武公时，也开始推行县制。经过商鞅变法，秦国的县制模式已初步成熟。

郡制则是秦国兼并战争的产物。从公元前 324 年秦攻占汉中，设立汉中郡开始，秦每攻下六国一地，就在该地设立一郡。可见，郡制的推行，起初是同秦国军事的推进密切联系在一起的。

大秦帝国建立后，秦始皇在原来七个诸侯国家的基础上实行郡县制，将全国分为三十六个郡。此后，秦又征服百越，增设包括今广东、广西和福建许多地区在内的四个郡，全国共有四十个郡。郡守、县令皆由朝廷任命，中央政府可以随时对他们进行调动和罢黜。在中央政府，秦始皇也把在朝廷任职的官员按专门的官僚制度组织起来，形成了一套从中央到地方的适合中央集权要求的机构和官吏制度。秦始皇在中央政府中设立丞相、太尉、御史大夫“三公”制度，分掌国家的行政、军事、司法权力，具体向皇帝负责。三公之下，又设立“九卿”制度，具体负责执行落实三公的要求。在地方政权中，设立“令”“尉”“监”等官吏制度。从此，上至朝廷，下至乡、亭（十里一亭，亭长管抓捕盗贼等），各地各事都有专人负责，从而保证了皇帝对全国的有效统治与管理。秦朝用官制度规定，各级官员的职位不能世袭。这一官僚制度不但为汉所沿袭，而且成为了此后两千多年里中国各个王朝管理制度的共同蓝本。

推行“行同伦”“书同文”。

为了从文字和伦理上统一全国，秦始皇依照韩非子在《韩非子·五蠹》中宣称的“明主之国，无书简之文，以法为教；无先王之语，以吏为师”的文化统一主张，通过一系列强制手段，推行“行同伦”政策，迫使人们将法家思想作为行动的指南。然而秦始皇所崇拜的这种由道家派生出来的法家思想，与当时在东方六国地区适应家族制度的孔孟正统派儒家学说相去甚远。也就是说，这种建立在文化专制主义基础上的“行同伦”政策并不可能真正统一人们的伦理行为，中国人在伦理行为上的真正统一还得在汉武帝时期才最终得到实现。

文字是思想的物质外壳。要想统一人们的思想，就必须统一语言文字。为了更有效地推行文化统一政策，秦始皇还批准推行一套新汉字的改革方案，把小篆、隶书作为全国通行的字体。这套新汉字是经过李斯、赵高、王次仲、程邈、胡毋敬等人的不断努力，汲取了战国时期各国文字的精华，创造出了笔画相对简单、好学的统一方块字——秦篆与隶书。至此之后，虽然中国广大土地上的方言仍然不同，但是各民族因为有了统一的文字，经济、政治、文化的交流也就变得容易多了。

有关中国的方块字对于国家统一的意义，诺贝尔物理学奖得主杨振宁教授1999年12月3日在香港中文大学"新亚书院"举行的"金禧讲座"上以"中国文化与科学"为题发表的演讲中，进行了精辟的分析。他认为中国的文字与国家统一有着深刻的内在联系。中国的文字是象形文字，有一个很强的统一趋向。它不像拼音文字，容易出现文随音转的情况，并由新文字的产生而增加国家分裂的可能。从杨振宁先生的这番话语中可以看出，秦始皇统一文字对中国国家统一的功绩，具有不可磨灭的意义。

统一货币、度量衡。

秦统一中国以前，各地货币非常复杂，各国货币的形状、大小、轻重、成色都不一样，计算单位也不一致。各国原来流行的不同形制货币，显然已经不利于帝国商品的交换，不利于国家赋税的统一征收，归根到底不利于社会经济的发展。秦统一后，秦始皇首先废除了六国旧有的货币，将货币铸造权收归国家所有，黄金以镒为单位，统一使用秦半两钱。

战国时期因各诸侯国长期割据，度量衡制度也各不相同。秦统一后，秦始皇决定把商鞅在秦国所制定的度量衡制度推行到全国。

公元前221年，秦始皇颁布了统一的度量衡诏书，并规定以后凡制造度量衡器具，都必须刻上这一诏书，以表示采用了新的度量衡制度。

国家还严格了对度量衡器具制造的管理制度，规定度量衡器具必须由官府遵照诏书制造，民间不许私造，从而为全国走向共同的经济生活和交流发展创造了前提条件。

例如，过去由于战国时期各国车轨的宽窄不同，从而影响了同一种尺寸的车辆在全国的通行。自从秦统一规定车轨的宽度为六尺（古时计量单位）后，全国各地同一个标准尺寸的车就可以通行了，这就极大地方便了全国运输的畅通。

颁行“自实田”法令，确定和保护土地产权。

公元前216年，秦始皇颁行“自实田”法令，推行“使黔首自实田”的政策，即允许地主和自耕农向国家申报私人占有的土地，按亩缴纳租税，以此来取得帝国政府承认其所占有的土地并加以法律上的保护。

应该说，“自实田”法令的颁布，在中国土地制度史上是一件划时代的大事。一方面，它对土地占有者是一种奖励和鼓励，对于促进他们更好地利用土地起着很大的积极作用。另一方面，随着这项土地法令的颁布，土地从此可以随意转让和买卖，又为民间的土地兼并创造了新的条件，从长远上看，它顺应与符合了中国经济发展的规律。

从当时情况来看，这些土地大多是因为战争荒芜或是曾被推翻的旧贵族的土地，这时由帝国政府正式给予批准，是大一统政权正式承认土地私有产权的开始。而土地产权的确定，也标志着中国封建制度的基础——地主土地所有制，已经在全国范围内确定，并得到了国家政府的保护。在这个法令下，地主和有田农民纷纷自动陈报所占土地的实际数量，并按照政府规定缴纳赋税，有效地促进了农民的生产积极性，也使国家获得了稳定的赋税来源，迅速增强了国家实力。

修驰道、通水路、去险阻、设邮传、大移民。

修驰道，是指修筑可以行车的大道。秦帝国以京城咸阳为中心，向全国各地修筑发散性的驰道。驰道宽三百尺，用铁锥将土夯实，两旁种植松树并标明路线。驰道中央是皇帝独用的专路，专路两旁允许老百姓行走。驰道的修成，为秦帝国的统治带来了方便，也为社会经济的发展带来了实效，对于古代中国陆路的四通八达具有奠基性的意义。

通水路，是指掘通原来由各国修筑的阻塞水道畅通的堤坝并疏浚地处河南的鸿沟，作为水路中心来连通济、汝、淮、泗等河流。在吴、楚、齐、蜀等地，还大兴水利工程，以便于各地的行船和周边农田的浇灌。水上航道和陆上驰道的同时建成，使秦国各地有了发达的交通网络相联接，改变了战国时期各国经济人为闭塞和交通受阻的状态。

去险阻，是指拆除原来各个诸侯国利用险要地形建筑的城池，毁去原来用来分守各国疆土的长城以及为了便于防守而在交通要道上修筑的障碍物，消除了人为所制造的关隘和屏障。这样不仅方便了各地居民的经济和物资交流，而且真正去掉了各国贵族再次据险关、修城池、割据称雄的地理条件。

设邮传，是指秦政府在交通要道上，每隔三十里所设置的“传舍”，在那里置有车马、厨房、宿舍，专为差官信使的过往、换乘、饮食和住宿所用。这一邮传设施，是在当时只能采取人力或驿马传递信息的条件下，所能达到的最为快捷的一种古代通讯方法。秦王朝正是应用这一以短途接力的方式传递文书的制度，保证了皇帝的指令能够及时地传达到全国各地。这一制度在两千多年前的古代世界也是一个实现高速信息传递和管理的奇迹。

大移民，是指秦始皇初灭六国后，迁徙天下豪富十二万户到秦国都城咸阳和将一部分人分散到巴蜀等南方各地的行动。这些豪富大都是原来的六国贵族和富商大贾。秦朝建国后，他们还继续在原来他们执掌政权的国家，即秦建立后新建的郡县里，凭借经济上与宗法上的实力，不服从秦帝国的政令，兼并土地，横行乡里，成为同中央政府闹分裂的潜在力量。如果不把他们迁出原居地，他们的存在就会影响中央政府号令的实施，有碍国家的统一。在秦始皇的武力威逼下，他们被迫迁徙到了新的地区。在人生地不熟的条件下，他们失去了往日的权势，也失去了再次复国的力量。在新居地，他们最多只能再次成为新土地上的地主、富豪，而他们原先占有的土地则被分派到部分贫民手里。在这次大移民中，还有不少犯人被遣送到了当时还处于蛮荒状态下的一些南方烟瘴地区。他们在那里传播了北方先进的生产技术和文化，对全国经济和文化的统一、各兄弟民族的进一步融合、边远地区的开发等，无疑都起到了积极的作用。但是，由于帝国政府在处置上操之过急，在手段上过于强暴，在很大程度上伤害了被迁移者，这些人无疑又成为大秦帝国最激烈的反对者，成为秦末反秦洪流中的一支强有力的力量。

推行文化专制政策。

秦统一六国以后，原六国的贵族和书生仍然依照各国的价值体系，诽谤时政，操纵舆论，反对郡县制，企图动摇秦帝国的专制统治。

为了从思想上加强专制集权统治，秦始皇依照商鞅在秦国酝酿变法时关于“治世不一道，便国不必法古”（《商君书 · 更法》）的主张，接受丞相李斯的建议，于公元前 213 年发出如下禁令：

史官所藏的《秦纪》以外的史书，民间所藏的有关医药、卜筮、种树书籍以外的《诗》、《书》、百家语，一律限期烧毁；有敢于谈论《诗》《书》的就处死，以古非今的就灭其全家；三十天还不烧毁者，脸上刺字，罚作修筑城墙的苦役。

公元前212年，秦帝国历史上发生了震惊后世的“坑儒”事件。非议时政、诽谤秦始皇以及被认为妖言惑众的四百六十多个方士、学子，其中主要是儒生，被集体活埋，以“天下知之，以惩后”。自此以后，那些未被处罚的学子，除了改习代表皇帝意志的法令和法家学说，为秦帝国政府的大一统政治服务以外，已没有别的诸侯国家可以前去投奔，也没有别的政治理想可以依托了。

从历史上看，秦国自秦孝公以后的历代的统治者是一贯轻儒的。秦孝公就支持商鞅的反对儒生和儒术的建议，他们把儒书看成是侵蚀社会治安的害虫，主张焚诗、书而明法令。秦昭襄王也是一个轻儒的人，他认为“儒无益于人之国”。秦始皇对诗、书与儒生的成见，不过是继承了秦国先王的“轻儒”政策而已。

从秦始皇的焚书坑儒的结果来看，并没有达到巩固大秦帝国统治的目的，反而因此失去了民心。孔子说：“始作俑者，其无后乎？”秦始皇的“焚书坑儒”为我们提供了一个反面的历史教训：思想文化的统一是一个自然发展的过程，不能靠强制，更不能靠暴力。如果强求一律，用简单、粗暴的方式去统一思想，必然会引起民众的不满与反抗。这种结果，司马迁在《史记·儒林列传》中进行了总结。他说：“陈涉之王也，而鲁诸儒持孔氏之礼器往归陈王。于是孔甲为陈涉博士，卒与涉俱死。陈涉起匹夫，驱瓦合适戍，旬月以王楚，不满半岁竟灭亡，其事至微浅，然而缙绅先生之徒负孔子礼器往委质为臣者，何也？以秦焚其业，积怨而发愤于陈王也。”

秦始皇的文化专制措施，中断了自春秋战国以来中国文化百家争鸣的良好局面。它不但严重扭曲了中国文化的正常发展道路，将其硬性纳入为大一统政治服务的轨道，而且它所使用的方式简单而粗暴，激化了秦帝国内部本来就存在的各种矛盾，成为大秦帝国覆亡的原因之一。

以上是秦始皇在政治、经济、文化、思想等方面的制度博弈和铁血手段，正是因为上述各项政策和措施的的实践与贯彻，一个真正保障统一的中华大帝国才最终能在中国扎下根来。

综上所述，我们可以得出结论：秦始皇推行的大一统制度是对春秋战国以来各国政治管理经验的的一次提炼和升华。秦统一中国，不但标志着经过了漫长的酝酿和发展时期的大一统制度的正式诞生，更为重要的是奠定了“百代皆行秦政法”的基础，从此，大一统已经成为中国正统的国家形式和制度体系。大一统制度下的中央政府，通过庞大的官僚体系，对全国履行统一的政治、经济、文化和科技管理功能，从而把传统中国社会结合成一个结构复杂、组织严密的统一整体，在大一统政府的统治下进行着有序的运作。

历史已经证明，秦始皇的统一措施，除了在建立共同的文化伦理方面没有成功以外，其他制度和做法基本上经过汉承秦制已经被以后的各个朝代所继承并发扬光大，成为了中国大一统制度的基本组成部分。

然而，由于秦始皇的严刑急政，也由于一项制度在开创时必然需要一定的学费和一定的探索过程才能成熟，大秦帝国在完成了历史赋予它的军事、政治统一任务后，仅仅存留了十五年便烟消云散了。如果从人类历史的长河来鸟瞰这种现象，这也是先行者需要付出的代价，它作为一面明镜，对后世具有重要的启迪作用。从这个意义上讲，大秦帝国死得悲壮！

形形色色的政治敌手

历史发展表明了这样一条规律：任何一个王朝都会有一批公开的或潜在的政治敌手和敌对势力，新建立的王朝更会面对这样的威胁。

秦始皇虽然用军事手段灭亡了东方六国，然后又用政治强制的手段企图在政治上、经济上、文化上、思想上达到如同军事手段那样的效果，但是秦帝国建立后，它所面对的敌手相当复杂，他们汇聚成一股力量强大的政治反对派，时刻在谋划推翻秦始皇统治的事情。依据这些政治对手和敌对势力形成的原因，张分田在《秦始皇传》中认为，他们大致由以下几类人构成：

第一类是“六国余孽”。

这类敌对力量实际上是由战国时期的老对手转化而来。历史上常常出现这样一种现象：每到改朝换代之际都会产生大批怀恋故国、仇视新朝的遗老遗少，他们虽然在新朝的专政手段下表面上表示服从，但实际上反心不死，时刻想念恢复故国，重新捡回他们过去已经习惯了的生活方式及其物质利益。“六国余孽”就属于这一类。他们本是六国统治集团的成员，或是宗室国戚，或是封君贵族，或是卿相重臣大将，或是其他忠诚宗国旧主的士大夫。这类人虽然人数不多，但是他们拥有象征意义。他们的存在，使得那些失去故国的既得利益者心存一线希望，是大秦帝国统治不稳定的最大因素。

事实表明，秦始皇在完成统一战争的过程中，与六国旧贵族结怨甚深。

秦始皇对六国贵族采取的措施可以概括为：杀戮王族豪杰，迁徙豪强大族，用强制手段剥夺他们既有的政治、经济利益，对他们实行严苛的控制和防范。

秦始皇灭亡韩国，在后来平定韩国贵族叛乱后就杀了韩王安；他灭亡了赵国，为了报复亲自到邯郸坑杀了一批与他昔日有仇怨的贵族；他灭亡了魏国，杀了投诚的魏王假及诸公子，仅仅逃亡一人，他仍穷追不舍，重金悬赏，必欲斩尽杀绝；他灭了楚国，杀了一批贵族，他们的子弟后来都成了反秦的干将；他灭亡了燕国，杀了太子丹，又到处通缉他们的门客；他诱降了齐王建，又背信弃义地将其活活饿死在穷山野林之中，从而招致了齐国臣民的怨恨。家仇国恨使一大批六国贵族成为秦帝国的死敌。这些人的部分家族成员和门客故吏也加入进来。他们人不死，心还在，一有机会便会兴风作浪，甚至组织叛乱，日夜梦想恢复其失去的故国天堂。例如，秦始皇二十一年（公元前 226 年），韩国旧贵族就曾在故都新郑发动较大规模的叛乱。秦军平其乱后，为了根除祸患，杀掉了被软禁的韩王安。

纵观秦帝国初期，这样的“六国余孽”的数量众多。秦灭齐之前，就有数以千百计的楚、赵、韩、魏等国的贵族国戚、卿相将士逃到齐国聚居。据《战国策 · 齐策六》中记载：“三晋大夫皆不便秦，而在阿、鄄之间者百数”，“鄢、郢大夫不欲为秦，而在王城南下者百数”，他们都怀有复国之志，因而被齐国谋士视为一支重要的可以借助的政治、军事力量。与此同时，流散在各地的这种人士可能会更多。秦帝国建立后，他们往往隐姓埋名，蓄志待机，一有风吹草动，便起而推波助澜，以求一逞。其中有些人有较强的主动攻击性，他们甘冒杀身灭族风险，积极寻找时机，不惜铤而走险。张良的博浪沙一击就是一个典型。

这类人胸怀光复宗国、报仇雪恨之心，拥有较大的政治影响力和一定的经济实力，且大多具有政治军事经验，其中不乏将帅之才、谋略之士，因而是最具直接威胁性的政治敌手。后来兴兵反秦的六国诸侯王及其重要助手大多属于此类。其中，最有代表性的是以下几个人：

1. 项梁、项羽叔侄。他们是楚国贵族的后裔。“项氏世世为楚将，封于项，故姓项氏”。项梁是项羽的叔父，项梁父亲即楚将项燕。秦灭楚国时，项燕与王翦决战，兵败自杀。项梁、项羽素有大志，早就蓄志反秦。他们“避仇于吴中”，在当地士大夫中颇有号召力。项梁经常主持当地大规模的徭役和丧事，“阴以兵法部勒宾客及子弟，以是知其能”。项羽“长八尺余，力能扛鼎，才气过人，虽吴中子弟皆已惮籍矣”。他不喜欢学习书法、剑术，认为“书足以记名姓而已。剑一人敌，不足学，学万人敌”。于是项梁乃教项羽兵法。秦始皇巡狩会稽，项梁、项羽亲眼见到皇帝的大驾卤簿，项羽竟脱口而说：“彼可取而代也。”后来叔侄二人趁天下大乱，杀会稽守，率江东子弟精兵八千人起兵反秦，成为灭亡大秦帝国的主力军之一。

2. 张良。张良原是韩国贵族，胸怀韬略，有胆有识，其祖父、父亲为韩国五世君主之相。“韩破，良家僮三百人，弟死不葬，悉以家财求客刺秦王，为韩报仇。”（《史记·留侯世家》）张良对秦始皇怀有亡国之恨、杀父之仇，立志要报仇雪恨。他倾尽家财，收买刺客，甚至弟弟死亡都不去埋葬。最后，张良找到了一位大力士，专门为他制造了一柄一百二十斤重的大铁椎。当秦始皇巡行到博浪沙时，大力士一椎飞去，可惜误撞副车，刺杀未遂。这个刺杀秦始皇的史实说明，秦虽然灭亡了六国，统一了天下，但对东方的控制并不牢固，秦始皇的法令也未得到真正的贯彻与执行。元代陈孚有一首题《博浪沙》诗云："一击中车胆气豪，祖龙社稷已动摇。如何十二金人外，犹有民间铁未销。"秦始皇为了防止天下人的反抗，曾经收缴六国的兵器，将它们铸成十二个大铜人，可未想到仍然遭到了大铁椎的袭击。从这件事情上看，张良本是一位富于豪侠气质的人物，是一位意气昂扬如燕太子丹式的贵公子。在反秦战争中，张良"亦聚少年百余人"起事，后来投到刘邦帐下。他"运筹帷幄之中，决胜千里之外"，帮助刘邦灭亡秦朝、战胜群雄，充分展示了军政之才。

3. 魏咎、魏豹兄弟。魏咎、魏豹兄弟都是"故魏诸公子"。魏咎"故魏时封为宁陵君，秦灭魏，为庶人"。陈胜称王，魏咎投奔到他的帐下。攻占魏地后，陈胜立魏咎为魏王。魏咎兵败自杀，魏豹亡走楚。楚怀王予魏豹数千军队，攻克魏二十余城，立为魏王。

4. 田儋兄弟。田儋及其叔伯兄弟田荣、田横是"故齐王田氏之族"。田氏兄弟"皆豪桀，宗强，能得人"。天下动乱之际，他们起兵反秦，率兵略定齐地。田儋、田荣、田横先后自立为王。

5. 韩成、韩信。韩成是"故韩襄王孽孙"。项梁"立韩公子横阳君成为韩王"，韩成后被项羽所杀。刘邦的得力战将韩信也是原韩国韩襄王之孙。几年后刘邦灭项羽，正式与韩信剖符为信，立"信为韩王"，后为吕后所害。

第二类是仇秦的"侠义之士"。

他们是一批对秦帝国统治者深恶痛绝的侠义志士。广义而言，他们也可以归入“六国余孽”的类别。但是与前一类略有不同的是，他们出身平民。仇秦的缘由主要是基于一种“义”。尽管也有政治理念或政治情感因素夹杂其中，却主要是出于某种个人因素。他们的仇秦主要表现为对秦朝皇帝个人的仇恨。一个“义”字，也使他们敢于采取非常之举，不惜杀身成仁，以报仇雪恨。这类人的主要代表秦帝国成立前有荆轲等人，秦帝国成立后有高渐离等人。

高渐离，燕国人，与荆轲有莫逆之交。两人一个善于击筑，一个慷慨悲歌，可谓知音知己。易水河畔，高渐离与荆轲曾经一弹一唱，悲歌一曲：“风萧萧兮易水寒，壮士一去兮不复还。”众人和之，因而千古留名。荆轲刺秦失败，高渐离受到牵连。秦帝国建立后，秦始皇下令缉捕“太子丹、荆轲之客”。高渐离改名换姓，以打工为生，藏匿于宋。高渐离是一位音乐家。主人知其才，“召使前击筑，一坐称善，赐酒”，遂尊其为上客。他经常“击筑而歌”，当地人都知道他是一位才艺出众的乐师。久而久之，这个讯息传到秦始皇耳中。秦始皇任高渐离以宫廷乐师之职，并十分欣赏他的演奏。不久，一位熟人认出并告发了他。“秦始皇惜其善击筑，重赦之”。死罪赦免，改为弄瞎双眼，从此高渐离成为盲人。秦始皇每次令高渐离击筑，“未尝不称善”。高渐离决心为国家、朋友和自己报仇雪恨，于是暗地把铅块塞进筑中，寻机刺杀秦始皇。有一次，秦始皇沉浸在动人的乐曲声中，不自觉地将身体靠近高渐离。高渐离趁机举乐器向秦始皇猛击，可惜没有击中，高渐离因此被杀。从此以后，秦始皇“终身不复近诸侯之人”。

张分田说：“高渐离与其说是仇视秦朝统治的人，不如说是侠义刚肠的人。对朋友的‘义’永远高于其他人的‘恩’，只要有机会，他就会履行与知己故交的心理契约，从不计较个人得失。”我同意他的这种看法。

仇秦的“侠义之士”常常以刺客的面目出现，以奋不顾身、拼命一搏的个人行为做出令人意外的突发性的举动。对于秦始皇个人而言，这一类人也是最危险的对手。这类危险有时会令人有无处不在的感觉，必须时刻防范。由于刺客不断出现的缘故，秦始皇后来甚至发展到不敢接触任何可疑的人。

第三类是怀念故国的广大臣民。

他们已经成为大秦帝国的臣民，而在情感上却依然对故国旧君埋藏着怀恋之心，这类人有很大的离心倾向。项梁、项羽的谋士范增在分析政治局势的时候曾经讲了这样一种现象：“夫秦灭六国，楚最无罪。自怀王入秦不返，楚人怜之至今，故楚南公曰：‘楚虽三户，亡秦必楚。’今陈胜首事，不立楚后而自立，其势不长。今君起江东，楚蜂午之将皆争附君者，以君世世楚将，为能复立楚之后也。”项梁认为他讲得很有道理，于是找到在民间为人牧羊的楚怀王的孙子心，“立以为楚怀王，从民所望也”。从当时的社会状况来看，六国各地估计都会有类似情况的存在。这一类群众即使对现统治者不满，通常也未必会对新朝有所反抗，如果新朝政策得当，他们得到物质实惠和政策上的修养生息，心理上得到补偿和安抚，会逐渐从心理上认可新朝并转化成为驯服的臣民。他们不能算作“六国余孽”，然而极有可能成为“六国余孽”的群众基础。由于大秦帝国统治者的严刑峻法与过激的治国手段，六国故民皆心怀不满，一旦有人以光复故国为号召，兴兵举事，他们就会盲从响应，成为反秦帝国统治的群众力量。

第四类是啸聚山林的“草莽英雄”。

在古代文献中通常称这类人是“盗”“盗贼”“江湖豪杰”。他们因为各种原因流落江湖、啸聚山林，属于后世所谓笑傲江湖的“绿林好汉”。春秋时期的盗跖就是这类人的先辈，据说他们“万人必死，横行天下”。在秦朝，法繁刑苛，动辄得咎、赀物、谪戍，“黥为隶臣”，“刑为城旦”。许多人为了逃避苦役与苦刑而逃亡山林湖泊，靠打家劫舍为生，其中就有不少豪杰之士。这些人的行为本身就直接威胁着秦王朝的统治秩序和地方安定。一遇风吹草动，他们就会抓住机会大干一场，甚至“席卷千里，南面称孤”。英布、彭越是这类人的典型代表。

据《史记·黥布列传》记载：

> 黥布者，六人也，姓英氏。秦时为布衣。少年，有客相之曰：“当刑而王。”及壮，坐法黥。布欣然笑曰：“人相我当刑而王，几是乎？”人有闻者，共俳笑之。布已论输骊山，骊山之徒数十万人，布皆与其徒长豪杰交通，乃率其曹偶，亡之江中为群盗。陈胜之起也，布乃见番君，与其众叛秦，聚兵数千人。

黥布先后在项羽、刘邦帐下为将，后被刘邦封为淮南王。

另据《史记·彭越列传》记载：

> 彭越者，昌邑人也，字仲。常渔巨野泽中，为群盗。陈胜、项梁之起，少年或谓越曰：“诸豪杰相立畔秦，仲可以来，亦效之。”

> 彭越曰："两龙方斗，且待之。"居岁余，泽间少年相聚百余人，往从彭越。……乃行略地，收诸侯散卒，得千余人。……沛公引兵西，彭越亦将其众居巨野中，收魏散卒。……众万余人毋所属。

后来，彭越成为一员骁勇的战将，被刘邦封为梁王。

第五类是持有不同政见的士人。

在通常情况下，这类人大多或隐身朝市，或避难山野。有的是具有反秦倾向的"天下豪俊"。著名代表人物有张耳、陈馀、陈平、张苍、郦食其等人。

张耳、陈馀都是大梁人。张耳"其少时，及魏公子无忌为客"，后来"乃宦魏为外黄令"。陈馀好儒术，他"父事张耳，两人相与为刎颈交"。"秦灭魏数岁，已闻此两人魏之名士也，购求有得张耳千金，陈馀五百金。张耳、陈馀乃变名姓，俱之陈，为里监门以自食"。秦始皇屡下诏书，"购求两人，两人亦反用门者以令里中"。他们宁愿做隐士也始终不愿为秦朝服务。陈胜起兵，张耳、陈馀投奔其帐下，出谋划策，奉命辅佐武臣"北略赵地"。他们知人善任，富于谋略，在反秦战争中发挥了重大作用，据说"其宾客厮役，莫非天下俊桀，所居国无不取卿相者"。后因"据国争权"，两人反目为仇。

陈平、张苍更是人所熟知，他们均因为不满意秦始皇父子的统治而参加了秦末起义军的队伍。刘邦兴汉后，二人先后曾出任过汉帝国的丞相。

至于郦食其，他本是陈留高阳人，平日里非常喜欢读书，有"狂生"之名。在反秦运动高涨之机，他看准刘邦能成功大事，就以高阳酒徒之名求见刘邦，二人一谈倾心相交。之后，他帮助刘邦在攻下陈留、进军咸阳、游说齐王等方面起到了很大的作用。唐代诗人李白有一首《梁甫吟》，其中写道：“君不见高阳酒徒起草中，长揖山东隆准公。入门不拜骋雄辩，两女辍洗来趋风。东下齐城七十二，指挥楚汉如旋蓬。”给予了郦食其以很高的评价。

除上述人物之外，还有一部分人出于对秦帝国现行政策的不满而成为持不同政见者。例如，秦始皇焚《诗》《书》，“坑术士”，导致许多士人的不满。他们有的降志屈身，依然在朝为官。大部则迫于弹压，畏与酷刑，隐逸林泉，潜心学术。如汉初传《诗》的浮丘伯、申公、穆生、白生，传《易》的田何，传《礼》的高唐生，传《春秋》的公羊等。其中孔子后裔孔甲等部分儒者甚至还参加了陈胜的反秦的斗争。

第六类是“闾里黔首”。

自人类进入文明时代以来，生活在社会下层的人群就一直是现存统治秩序的天敌。他们属于社会中的弱势群体，在政治结构中处于被统治者的地位，在经济结构中处于被剥削者的地位，在社会结构中处于被歧视者的地位。秦帝国的“闾里黔首”主要由这些人构成。他们没有政治权利，法律地位、社会地位地下，还必须向国家缴纳沉重的赋税，担负繁重的徭役。其中奴隶、奴婢等贱民生活在社会最底层，人的权利、尊严被剥夺殆尽。“闾里黔首”之中也有一些阶层的社会地位、经济地位较高，但是作为被统治阶级或阶层的成员，他们在政治上、经济上也受到当权者的支配、剥夺、压迫甚至奴役。“闾里黔首”与国家（皇帝）之间的矛盾是当时社会的主要矛盾。这就决定了他们是现存秩序天然的政治反对派。由于各种社会原因，“闾里黔首”通常以顺民的方式存在，他们顺从或敬畏皇权，还对圣王明主多有期待。只要还能生存下去，他们大多不会介入政治，更不会起来造反。可是民不欲反而官逼民反，一旦政治腐败，刑罚严苛、赋税沉重，徭役频兴，大灾流行，民众无法生活下去时，“闾里黔首”就可能揭竿起事，从而危及现政权的统治。

其实，“闾里黔首”中不乏各种人才。他们本来就是推动社会发展的真正主角。尽管通常默默无闻，可是一旦有机会他们就会占据历史舞台的中心位置，展现出历史发展主宰者的泱泱风貌。首义反秦的陈胜、吴广就是“闾里黔首”中卓越人才的典型代表。

陈胜，阳城人，字涉。吴广，阳夏人，字叔。陈胜素有大志，年少时曾受雇于人，佣耕于野。有一次，他思绪万千，停止耕地于垄上，对其他佣耕的同伴说：“苟富贵，无相忘。”伙伴们笑而应约：“若为佣耕，何富贵也？”陈胜慨然而长叹，曰：“嗟乎，燕雀安知鸿鹄之志哉。”后来，他和“素爱人，士卒多为用者”的吴广都被推任为戍卒的屯长。事实证明，陈胜、吴广颇有政治头脑，也有很强的组织领导能力。在特定政治情势下，这些“瓮牖绳枢之子，甿隶之人”，揭竿而起，振臂一呼，“率罢散之卒，将数百之众，转而攻秦”。他们祭起扶苏、项燕的大旗，“斩木为兵，揭竿为旗”，于是“天下云会响应，赢粮而景从，山东豪俊并起而亡秦族矣”。

第七类是代表下级官吏和城市贫民的刘邦等一派。

这一类人的代表主要有刘邦、萧何、曹参、王陵、周勃、灌婴、周昌兄弟、任敖、樊哙等人。

汉高祖刘邦出身平民，但他“不事家人生产作业。及壮，试为吏，为泗水亭长”。他常常到咸阳服徭役纵览都城，见到过秦皇帝仪仗，为此，他曾喟然太息曰：“嗟乎，大丈夫当如此也。”有一次，刘邦“以亭长为县送徒骊山，徒多道亡。自度比至皆亡之”，自己很难交差，于是在丰西泽中，干脆将刑徒统统放走。然后，他率领部分刑徒流亡芒砀山，做起草莽英雄来。不久，天下大乱，他趁机回家乡沛县聚众起兵，被众人拥立为沛公。在各路反秦军队中，刘邦这一支率先攻克咸阳。后来刘邦与项羽又经过四年楚汉相争，逐鹿中原，终于大败项羽于垓下，再次统一了中国，建立起了大汉帝国。

“历史一再证明，天下畔秦，能者先立。”一旦天下大乱，许多驯良的官吏、百姓也会加入到抗争者的队伍中来。西汉第一任相国萧何和第二任相国曹参本是秦朝的地方官吏。他们都是刘邦的同乡。萧何“为沛主吏掾”，曹参“为沛狱掾”，都“居县为豪吏”，是干练、称职的官吏。在正常情况下，他们是秦帝国基层统治的骨干力量。继曹参担任丞相的王陵，也是沛县人。他“始为县豪”，是一方豪强。刘邦曾经事之如兄。在正常情况下，他也只是个社会地位较高的百姓，不会参与造反。在动乱年代，萧何、曹参、王陵都与比他们身份低下的刘邦结为君臣，成为反秦实力的骨干。

今天，如果我们能够认真地反思这一段历史，就不难发现，在大秦帝国统治时期，有上述各类“怀有逆心”人群的存在其实并不可怕，只要政策得当，完全可以防范与化解。

这是因为，任何一个新建的王朝都会遇到类似的政治问题，都不得不面对形形色色的政治反对派、阴谋家、野心家及其他敌对势力的挑战。有这一类人存在就必然会有各种各样的麻烦，诸如“叛国”“谋反”“谋逆”“谋篡”“行刺”“诽谤”“惑众”“盗贼”“匪患”之类。这也是迄今为止人类文明史发展过程中的常态。

然而，总结到本质，反对派能不能成气候，归根结底要取决于芸芸众生的政治态度，而芸芸众生的政治态度又直接受国家总体行政状况与政治气候环境所影响。在通常情况下，主动权把握在当权者的手中。

秦始皇在位期间，尽管各地呈现出不平静的现象，但以他的权威与能力足以震慑住四方。只是由于在他的身后没有处理好皇权交接的问题，帝国最高权力让奸臣赵高篡夺，统治者的统治政策出现严重的错误，同时无力镇压、安抚上述七种力量的时候，陈胜、吴广、刘邦、项羽等的反政府力量才最终能够得以逞其技。

鉴于政治治乱兴衰的规律，早在先秦时期，一些思想家就提出了“一言丧邦，一言兴邦”的观点，还发现了庶民“可以载舟，可以覆舟”的现象。在那个统治者“一喜天下春，一怒天下秋”的时代，这些思想不失为真知灼见。

第三章

祸源：成败皆由法家起

早期的法家

中国历史的车轮滚动到战国时代，其速度便明显地加快了。

这个时代，是周王朝宗法制的崩解时期。由于生产和交换的发展，推动了社会的进步。经济基础决定上层建筑，井田制和宗法制的崩解，使许多贵族地位下降，一部分庶人地位上升。在这个巨大的社会变革过程中，逐渐形成了一个新兴的阶级——地主阶级。

这个时代，以血缘关系为基础的家族组织在社会与经济的变动过程中不停地解体，维持这种家族组织的昔日礼制也就逐渐失去了统摄的力量。社会秩序的紊乱，需要新的理论来整合和顺应人们的要求。从春秋末年开始，重建新秩序的呼声就已经不断地高涨起来。根据自己对社会问题的理解，先秦诸子大家们纷纷提出了自己的政治见解与主张，以期能成为挽救这个乱世的工具。

法家在这方面的主张十分明确，十分典型。

法家代表新兴地主阶级的利益，要求建立新的社会秩序，重新分配社会的等级与财富，建立强有力的中央政府。他们共同主张以法治国，用法来规范人们的行为，要求人人遵纪守法，努力实现富国强兵。

在等级森严的阶级社会，要求人人守法，在法律面前人人平等，显然是不可能的一件事情。实际上，这种主张只是新兴地主阶级要求取消世袭贵族特权的一种攻势策略。一旦新兴地主阶级掌握了政权，变成了特权阶级，他们便会对遵法守法的观念同样表示出冷漠的态度。

法家代表人物要求以法治国，重新建立一套政治新秩序，利用贫贱阶层民众的力量来达到他们对政治重新洗牌的目的。这是对旧贵族特权的一个大胆的否定，因而得罪了还拥有相当势力的旧的贵族阶层。他们不敢得罪支持变法的君主，但却伺机对主张变法的早期法家进行迫害。在中国古代，尤其是早期，主张变法的法家代表人物的命运大都是悲惨的。这与法家的行为与设计有关，但更是社会与历史进步必须付出的代价，是没有办法避免的事情。

法家的产生，应该上溯到郑国子产执政时期，因为这时的郑国铸了《刑书》。

据历史记载，晋国的叔向知道了郑国铸《刑书》这件事，立即致书子产表示反对。叔向认为，将成文法的条文公布出来，就会使人们根据条文的理解不同而引起诸多争端。叔向不懂得，新的刑书的公布正是为了解决新的社会争端。这是因为，旧的礼制已经无法解决新的社会矛盾。因而，子产复信说，铸《刑书》是为了救世，有不得已的苦衷。实际上，公布成文法，由于认识的不同，可能会引起争端，但争端本身是客观存在的，即使不铸《刑书》，争端照样不可避免。

郑国《刑书》的内容今日已不能详考，但可以肯定，它是为稳定新的社会秩序而制定的，顺应了社会发展的新的要求。

历史的发展总是不以人的意志为转移，而是按照它自己规定好的方向前进的。仅仅过了二三十年，在新的社会秩序的要求下，晋国也铸了刑鼎，公布了成文法。

铸刑鼎与公布刑书，标志着统治阶级开始采用新的统治工具——法律，来维护自己的统治。新的统治方法是春秋战国时期社会变革的需求。既然社会有了新的变革的要求，新的法治便成为社会与政治的必然性需要。有了新的法制，便有了论证与施用法治的法家。早期的法家在这种条件下应运而生。

在中国，真正意义上的法家的出现，是开始于战国初年的李悝变法。

战国初年，李悝曾任魏文侯相，主持魏国的变法。

在经济上，李悝推行“尽地力”和“籴平 ”的政策，鼓励农民精耕细作，增加产量；主张国家在丰年应平价多购粮食，在灾年以平价售出，稳定粮价，以建立既能够激发民众的生产积极性又能够保持市场价格稳定的经济秩序。

在政治上，李悝主张实行法治，废除维护贵族特权的世卿世禄制度，奖励那些为国家在耕战方面作出巨大贡献的人。

经过李悝的变法改革，魏国的面貌焕然一新，迅速成为战国初期强国之一。

李悝之所以应当称为法家的始祖，不仅是因为他是我国最早的一位改革家，而且也是中国第一部比较完善的法典——《法经》的编纂者。也正因为如此，《汉书·艺文志》把“《李子》三十二篇”列为法家之首。

可惜李悝的三十二篇文章已经亡佚，只有关于刑律和农政两项内容在别的文献里保存下来了一些梗概。

李悝编纂的《法经》的原文已不能详考，不过，它的影响是很大的。《晋书 · 刑法志》说：

> 秦汉旧律，其文起自魏文侯师李悝。悝撰次诸国法，著《法经》。以为王者之政，莫急于盗贼，故其律始于《盗贼》。盗、贼须劾捕，故著网、捕二篇。其轻狡、越城、博戏、借假不廉、淫侈逾制以为《杂律》一篇，又以《具律》具其加减。是故所著六篇而已。然皆罪名之制也。商君受之以相秦。汉承秦制，萧何定律，除参夷连坐之罪，增部主见知之条，益事律《兴》《厩》《户》三篇，合为九篇。

这就是说，李悝的《法经》是综合当时各国法律条文和合而成的，是对成文法的一次经验性总结；而后世的商君法、秦律、汉律皆滥觞于李悝的《法经》。

综合文献资料，大体可以弄清，李悝《法经》六篇的次序是：《盗法》《贼法》《囚法》《捕法》《杂法》《具法》。商鞅在秦国推行时，只是改“法”字为“律”字，变为《盗律》《贼律》《囚律》《捕律》《杂律》《具律》。汉承秦制，汉相萧何定律，在原来六篇的基础上，又增加了《户婚律》《擅兴律》《厩库律》三篇。魏晋以后的法典也不过都是在汉律的基础上加以增损而已。这样看来，秦汉以后的刑律大抵皆是祖述李悝的《法经》，李悝是当之无愧的法家始祖人物。

可惜的是，由于司马迁在《史记》中没有为李悝立传，李悝的思想渊源和更详细的生活经历，今天我们已经不能详细了解了。

吴起是继李悝之后战国早期的另一位法家人物。吴起是一位政治家，同时也是一位杰出的军事家。在先秦文献中，谈及军事时通常以孙武、吴起并举，而言变法时则是以商鞅、吴起并举的。

吴起从政的时间略迟于李悝。他曾经师事过孔子的门生曾参，也师事过子夏，显然受过正宗儒家思想的熏陶。

据司马迁在《史记》中记载，吴起是一个功名心非常强的人。据说，他离卫时曾经向母亲发誓说：

> 起今辞母，游学他方，不为卿相，拥节旄，乘高车，不入卫城，与母相见！

也许是天生的性格，吴起为人心肠冷硬，司马迁说他“刻暴少恩”。

据史载，吴起从曾参学习后，倒也收起了早年击剑无赖的习气，昼研夜诵，不辞辛苦，下决心要成就一番功名。

但是，下列两件事情使吴起的名声受到了非常大的负面影响。

一件是，其母去世，他不回卫奔丧，诵读如故，导致了曾参与吴起师徒二人关系的决裂。“其母死，起终不归。曾子薄之，而与起绝。”（《史记·孙子吴起列传》）

第二件是，吴起与曾参关系破裂后，弃儒学习兵法。三年学成后，求仕于鲁，为了求得将帅之位，减少鲁君对自己的猜忌，他竟然亲手杀死自己齐国籍的妻子来表明自己对于鲁君的忠诚。

吴起这样做，自然是他的强烈的出人头地的动机在作祟，虽然一时达到了自己迅速成就功名的目的，但在齐、鲁儒学、道德文化发达的国度与环境下，这种为追求功名而弃道德于不顾的做法终究为人所不容。

在这种情况下，“吴起于是闻魏文侯贤，欲事之”。吴起离鲁奔赴魏国后，在李悝的推荐下，“魏文侯以为将，击秦，拔五城”。“文侯以吴起善用兵，廉平，尽能得士心，乃以为西河守，以拒秦、韩。”（《史记·孙子吴起列传》）吴起善于治兵，率军为魏守西河后，秦国不敢东犯。后来，由于王错向魏武侯进了馋言，吴起才被迫逃奔楚国。

在楚国，吴起得到了楚悼王的重用，以令尹的身份辅助楚悼王进行变法革新。可惜，改革仅仅进行了一年，楚悼王就病死了。由于吴起的改革损害了楚国旧贵族的利益，引起了他们的仇恨。楚悼王一死，疯狂的报复就加在了吴起的身上。吴起被楚国贵戚射杀在悼王的尸体旁边，楚国的变法改革便因此半途而废。

作为杰出的军事家，吴起最先在魏国建立了常备兵役制，“将三军，使士卒乐死，敌国不敢谋”，在战争中经常取得胜利。司马迁的《史记》，把孙子和吴起列在同一传中，可见吴起在军事上的影响同等重要，军事才能同样的杰出。

吴起虽然离开了魏国，死在了楚国，但他对魏国的影响仍然存在。魏惠王时，公叔痤为将，与韩起战于浍北，公叔痤获胜，惠王郊迎，赏田百万。公叔痤不敢接受，他说，使士卒在战场上冲锋陷阵，勇敢杀敌的是吴起。于此可见吴起对魏国的军事影响。

《汉书·刑法志》说：

> 齐闵以技击强，魏惠以武卒奋，秦昭以锐士胜。世方争于功利，而驰说者以孙、吴为宗。

从这段文字看，齐、魏、秦三国的军队特点不一。齐的技击创始于孙膑，魏的武卒创始于吴起，孙、吴因此而齐名。吴起的兵书有四十八篇，《汉书·艺文志》归其为“兵权谋”类，可惜已经失传，现存《吴子》六篇，乃是伪托，他的兵法自然无从详考了。

吴起的贡献不仅仅在军事方面，他在楚国的短暂时期便是以纯粹政治家的姿态出现在战国时期的政治舞台上的。但他在楚国进行了哪些变革，史料缺乏，详细的情形我们已无从知道。从《史记》《战国策》《吕氏春秋》等书中所保留的一些资料看，吴起在楚国推行的变法改革，与商鞅后来在秦国的变法内容基本一致，这就是主张削弱旧贵族的特权与势力，加强王权、集权中央，注重培养耕战之士，加强农业生产等。从这种情况上讲，吴起应当列入早期的法家。

今天看来，吴起的不幸是因为楚悼王死得太早。假若楚悼王迟死数年，让他至少有五到十年的执政期，那么，吴起的功业很可能就不会亚于商鞅。战国的局势本来就是秦楚争霸，一旦吴起在楚国变法取得成功，统一中国的主动权或许就会落入楚国的手中。

继吴起之后，商鞅成为战国时期的一位著名的法家。

商鞅是李悝的忠实崇拜者，与吴起同是卫人而年辈略后。他还是魏国的贵族。商鞅功业心实在太强，在魏国不受重视，便跑到了秦国。初见秦孝公，他说以“帝王之道”，未能投合；继说以“霸道”；再说以“强国之术”，而后秦孝公大悦，遂委之以重任。

比起吴起的遭际来说，商鞅应该说是幸运的，秦孝公成为他的坚强支持者，信而不疑，二十余年如一日，所以变法在秦国取得了巨大的成功。但是，秦孝公一死，商鞅便被以谋反罪车裂而死。

对比来看，吴起和商鞅都是因变法而死，但不同的是，吴起在楚国的变法只进行了一年，而商鞅的变法进行了二十余年。吴起一死，楚国的变法便随之烟消云散；而商鞅虽死，其变法的成果却仍然在秦国得以延续。从这个意义上讲，商鞅确实要比吴起幸运得多。

申不害是与商鞅同时代的又一位法家，他比商鞅晚死一年。《史记·老庄申韩列传》说，申不害原是郑国的贱臣，后因得到韩昭侯的信任，用为相，内修政教，外应诸侯十五年，国治兵强。申不害在世时，没有人敢于发动对韩国的战争。

申不害既然“主刑名”，自然是言术又言法的法术之士，大约是因为他谈论的主题是术，所以韩非多次批评他不擅其法。

那么，法与术有何区别呢？

《韩非子·定法篇》说得很清楚：

> 术者，因任而授官，循名而责实，操生杀之柄，课群臣之能者也。此人主之所执也。法者，宪令于官府，刑罚必于民心，赏存乎慎法，而罚加乎奸令者也。此臣之所师也。君无术则弊于上，臣无法则乱于下，此不可一无，皆帝王之具也。

也就是说，术是帝王驾驭群臣南面而坐的权术，法是帝王通过群臣控制老百姓的工具。

《申子》，司马迁认为有二篇，《汉书 · 艺文志》以为六篇，都失传了。现在我们所能见到的只是残存在其他文献中的一些零章断句。通过这些零散的东西，可以看出申不害是言法又言术的。在申不害的内心中，法与术是互相作用的不可或缺的两个方面。

申不害是专制独裁的鼓吹手。

他说：

明君如身，臣如手；君若号，臣若响；君设其本，臣操其末；君治其要，臣行其详；君操其柄，臣事其常。为人君者操契以责其名，名者天地之纲，圣人之符；张天地之纲，用圣人之符，则万物之情无所逃之矣。故善为主者，倚于愚，立于不盈，设于不敢，藏于无事。窜端匿迹，示天下无为。是以近者亲之，远者怀之。

这就是说，君主应当掌握一切大权，群臣只能是君主任意驱使的奴仆和加以利用的工具；君主应当像防范盗贼那样，时刻提防奸臣篡夺权力。为了有效驾驭群臣，君主要采用各种手段，装出一副大智若愚的样子，暗地里窥视群臣的动静而后定赏罚之事。

《吕氏春秋 · 任数篇》里有一则申不害评论韩昭侯的故事。大意是说，韩昭侯爱卖弄自己的智慧，有一次看见祭庙所用的祭猪太小，就叫人把它换掉。换的人阳奉阴违，又把原来的猪拿上来。韩昭侯问道：“这不是刚才让换下去的那头猪吗？”换的人无言以对。韩昭侯左右的人问他何以知道。他说，由猪的耳朵知道。大概是韩昭侯记住了耳朵上的标记。申不害听说了这件事，认为韩昭侯不该这样说。在申不害看来，君主听见了，要装作没听见；看见了，要装作没看见；知道了，要装作不知道，深藏不露，免得他人有所提防。只有这样，才能听到一切，见到一切，知道一切，让群臣感到不测。知道的装作不知道，不知道的要装作知道。只有让别人摸不清底细，才能被看成是微妙神玄，深不可测。

一句话，申不害思想的核心，即是“独视者谓明，独听者谓聪，能独断者故可以为天下王”。

在申不害看来，明君应当把天下人当成玩偶，依靠自己的“方寸之机”运转天下，实行独裁专断，从而达到“一言正而天下定，一言依而天下靡”的治理效果。

慎到是战国时期另一派法家的代表人物，他是赵国人，约与孟子同时。他曾在齐国的稷下学宫讲学，负有盛名。

慎到认为，贤智未足以服众，“而势位足以诎贤者”。君主的权势可以作为行法的力量。有了权势，有了法，平凡的君主“抱法处势”，就可以治理天下。慎到说：“龙在云上飞行，蛇在雾中游荡，一旦云消雾散，龙蛇就如同蚯蚓、蚂蚁一样，因为他们失掉了所依靠的东西。贤人所以屈服于不肖的人，是由于贤人的权力小，地位低；而不肖的人所以能够使贤人服从，是由于不肖的人权力大，地位高。尧如果是一个普通老百姓，连三个人也管不了；但桀做了帝王，就可以搞乱天下。我从这里知道权势是非常重要的，贤能才智是不值得羡慕的。软弱的弓能够把箭射得很高，那是由于风力的推动。不肖的人的命令能够推行，是由于得到了臣下的帮助。如果尧的地位同奴隶一样的话，老百姓就不一定服从他；当他做了君主时，他的命令便可以令行禁止。由此看来，贤能才智不可能制服臣民，而权势地位，却可以控制贤人。”

从李悝、吴起、商鞅、申不害到慎到，这些前期法家虽然思想学说不尽相同，但都在不同程度上提出了法治主张，成为了韩非法治思想的前驱。

人类历史上绝无仅有，一位有雄才大略的国王，为了得到一个人才，不惜发动一场战争。这位战争的发动者就是秦王嬴政。而值得他发动战争以求的人物便是《韩非子》一书的作者——韩非。

韩非是韩国的一位公子，其生年已不能详考，大约生于公元前280年，死于公元前233年。

韩非出生于韩国贵族世家，政治起点很高。他喜欢研究刑名法术之学，也曾钻研过黄老南面之术。他曾拜当时著名的儒家大师荀况为师，与后来做了秦帝国丞相的李斯有同门之谊，曾经一道学习，相互切磋。

或者由于和韩王有宗室的关系，或者由于在韩国王宫担任了一定职位，韩非对于韩国的前途非常忧虑。他见韩国不断被削弱，数次书谏韩王，但韩王不能用，于是退而发奋著书。

韩非认为，韩王不能以法治国，不能以权势驾驭群臣，不以富国强兵为目的去求人任贤，反而重用那些徒有虚名的人祸害国家，这是韩国不能振兴的症结所在。

在韩非看来，儒士以文乱法，侠者以武犯禁，对国家有害的人反而博得了好的名声，在战场上拼死拼活厮杀的将士却没有得到应得的爵禄。所养非所用，所用非所养，这是韩国积贫积弱的主要原因。为此，他写了《孤愤》《五蠹》《说难》《主道》《二柄》《八奸》《十过》《有度》等文章。

韩非的著作传到秦国，秦王嬴政读了之后大为赞赏，感叹说：“我要是能见到这个人，和他交个朋友，死了也不遗憾。”正好李斯在他身边，立即回答说：“这是韩非所著，他还活着，就在韩国。”

于是，秦王嬴政立即派兵攻打韩国，战争的唯一要求就是要得到韩非这个人。

对于韩国来说，韩非是无足轻重的，在大兵压境之下，韩王便拱手把韩非送给了秦王。

秦王嬴政得到了韩非，非常高兴。然而渴求得到的东西，一旦真正到了手，就不觉得那么珍贵了，韩非并没有立即得到重用。

李斯与韩非是同学，自认为才能不及韩非，担心自己在秦国的地位受到威胁。姚贾是秦王的宠臣，对于韩非也十分不满。因为韩非曾在秦王面前直言不讳地批评他不该贿赂燕、赵、吴、楚，浪费国家的财物，并嘲笑他出身卑贱。

于是，李斯、姚贾联合了起来，他们在秦王面前诋毁说：“韩非是韩国的公子，现在大王想吞并诸侯，韩非是要维护韩国的，不会真正帮助秦国，这是人之常情。大王不用韩非，准备把他长期留在秦国，然后让他回去，这是为自己留下祸患，不如借故把他杀掉以免祸患。”

嬴政一听，觉得也有道理，就派人把韩非关进了监狱。李斯借此机会，派人给韩非送去了毒药，逼迫其自杀。韩非想见到秦王，当面提出申诉，但由于李斯、姚贾从中作梗，无法实现。等到秦王嬴政悔悟不该如此处置韩非时，韩非已经死去多日了。

韩非的命运，和商鞅、吴起两个法家先驱人物一样是个悲剧，法术被采用自身却遭惨死。

不过，古人认为，人的不朽表现在生前能够立德、立功、立言三个方面。韩非以立言而不朽。忌妒他的人，可以谋害他的性命，但无法消灭他的言论和著作。

韩非的著作在古代被称为《韩子》，是由后人辑录而成的。司马迁说韩非的著作有十余万言，《汉书 · 艺文志》说《韩子》有五十五篇，现有的《韩非子》这部书，篇数刚好是五十五篇，与汉初班固所见的篇数相同，但其中有些是其他人的著作。

韩非是中国古代法术势思想的集大成者。人们公认，他吸收了商鞅的“法”，申不害的“术”，慎到的“势”，经过个人熔铸，使法、术、势三者融合为一体，从而构成了中国法家完整的政治理论思想体系。

韩非曾批评申不害“徒术而无法”。指出，申不害辅佐韩昭侯，虽用术于上，法不勤饰于官，所以韩国不能称霸。他又批评商鞅“徒法而无术”。指出，商鞅辅佐秦孝公，推行法治，虽然达到了富国强兵的目的，但因为不善于权术，人君得不到利益，大权旁落，未能达到帝王之治。因此他主张兼用法、术。同时他又采用慎到的势治学说，重视权势的重要性，强调说：“抱法处势则治，背法去势则乱。”法是官府公布的成文法，是编著在图籍上的法规；术是君主暗藏在心中的权术，是驾驭臣民的手段；势是君主掌握在手中的权势，是控制臣下的凭借力量。韩非把这三种学说综合起来，形成了法家完整的政治学说。

这样，韩非的政治学说与前期法家代表人物的个人主张就不同了。在韩非的政治思想体系里，法治、术治、势治各有侧重，互为作用，互为依托。概括起来说，就是君主凭借地位和权势运用术数来驾驭群臣，并通过群臣的辅助，使老百姓严格遵守已经公布的成文法规，从而达到天下大治。这是一种地地道道的帝王统治术，也是韩非集法家思想大成之所在。

商鞅模式与帝国政治

秦孝公任用商鞅实施变法，使秦国走上了富国强兵的道路，为秦统一六国奠定了基础，从此，商鞅在变法中积累起来的治国模式也就为秦国历代国君所继承。秦始皇时期也是如此，商鞅模式在秦帝国大行其道，对秦帝国的兴亡产生了重要的影响。

商鞅模式集中体现在《商君书》一书中，大致可以分为如下几个方面：

1．历史进化思想

在中国古代的思想传统中，有着浓烈的复古主义倾向，儒家和道家都认为历史的发展是倒退的，今不如昔，主张以古为尊，经常向后看看。这种观念不利于新思想的产生和社会变革的进行。商鞅则反对这样的观点，提出了历史进化的理论。商鞅认为：在上古昊天时代，人口少而树木和野兽多，人们就靠伐木和猎杀野兽生活。在神农时代，人们开始男耕女织，大家分享劳动成果，不用刑罚政令而社会就可以得到治理，不用战争就可以选出首领。神农死后，人们“以强胜弱，以众暴寡”，所以黄帝创制了“君臣上下之义，父子兄弟之礼”，对内施以刑法，对外动用军队，建立了国家机构。时代在变，社会在发展，政治制度也应该随之作出相应的变革，因循守旧将难以适应社会变化的实际情况。因此，商鞅反对复古，反对安于现状，认为改革就应该顺应时代，改变现实，建立新的政治、经济并重新调整人的社会地位。商鞅的这些观点，为大秦帝国的政治创新提供了有力的理论依据。

2．人性好利说

在商鞅看来，人的本性是趋利避害的。“人的本性：饥饿了就会谋求食物，劳累了就会追求安逸。痛苦时就会寻求快乐，屈辱时就会渴求光荣。”“人之常情：用尺量长短的时候就要拿长的；用秤称轻重的时候就要取重的；权衡利弊得失的时候就要追求有利的。”追名逐利、好逸恶劳、贪生怕死是人的自然天性，“民众对于利的追求，就好像水自然向下流动一样，对东西南北四个方向是不加选择的。民众只要能从某些事情中得到利益就会去做这些事情。”国君要想治理人民，就必须利用人的这种趋利避害的特性。对于民众来说，最劳苦的事是耕田，最危险的事是战争。要想让人民去做他们不愿做的这些事，就必须用名利对人民加以引诱，用刑法加以逼迫，商鞅对人好利本性的认识和论述，奠定了秦国以及后来的秦帝国奉行奖励耕战、严刑酷法政策的理论基础。

3．将利与奖励耕战结合起来

商鞅主张将人的趋利避害的天性与国家的耕战政策结合起来。出于战国时代兼并战争的形势需要，商鞅认为实力是决定一个国家兴衰成败的关键，“无力者其国必削”，“多利则国强”，“国好力者以难攻，以难攻者必兴”。这里的“力”，指的是国家的经济实力和军事实力，尚力也就是重视“农战”。《商君书》把农战提高到决定国家兴亡和君主安危的重要高度，指出：“国之所以兴者，农战也。”“国待农战而安，主待农战而尊。”为此，商鞅提出国家应采取一系列具体的措施来奖励耕战，例如，通过“利其田宅而复之三世”的办法，吸引三晋之人来秦国开垦荒地。农民生产的粮食多了，就可以让他们用粮食来换取国家的官爵，从而享受到政治上的特权。战争艰苦而危险，人民惧怕战争，更厌恶战争。为了让人民勇于作战并乐于作战，秦国规定了“斩首计功”的基本国策，“谁能斩得敌军中有爵位者的首级一颗，就赏给他爵位一级，再赠赐给他田地一顷、住宅地九亩，同时还要赏给他家臣一个。只要斩敌立功，就能充当军队或地方官府中的官吏。”斩杀敌人，可以获取更高的爵位，享受更高的特权。逃避战争或在战场上败退，则被处于严酷的刑罚。《商君书 · 去强》篇说：“对于胆小的人，利用刑罚来驱使他们作战，他们必然就会勇敢起来；对于勇敢的人，利用奖赏来促使他们作战，他们就愿意付出牺牲。”这样，在全国上下形成一种避战不能避刑，非战不足以避害的形势，即使胆小懦弱之民也有了作战的动力和勇气。“民众看到作战立功的奖赏优厚就会舍生忘死，看到逃避作战所受到的刑辱就会把苟且偷生看作是一种痛苦。奖赏使民众不怕死，而刑罚使他们不愿痛苦地活。”在严刑酷法的威逼和高官厚禄的引诱下，造成全民皆兵和闻战则喜的局面，“民众看到打仗，就像恶狼看到了肉一样”。

4. 实行文化专制，用农战统一人们的思想。

商鞅把重农与兴兵看作是国家走上富强之途的两翼，主张英明的君主应“改革政治而专心致力于农战，清除没有实际效用的东西，遏制那些搞不切实际的学问及从事不正当职业的人，使他们专心于农耕，然后国家才可以富足，而民众的力量才可以集中”。兴农的目的是国富，国富便可蓄积战争的实力，并且为重赏有战功者提供物质基础。

为了保障耕战，应采取国家立法的手段，使人民只有通过耕战才能取得利益，把除此之外的一切利益渠道都堵死，即所谓“利出一孔”，这关系到国家的兴亡盛衰。“爵禄的奖赏如果只出自农战这一个途径，国家的物资就会多；如果出自很多途径，国家的物资就会少。君主如果坚持专一地从事农战，国家就能治理得好，如果用儒家等倡导的一系列政治主张、道德观念等来治国，国家就会混乱。”“爵禄的奖赏如果只出自农战这一个途径，国家就会天下无敌；如果出自两个途径，国家就只能得到一半好处；如果出自多个途径，国家就会危在旦夕。”为了确保“利出一孔”的思想转化为国家政策，必须打击一切不利于农战的人、事与思想，实施“壹教”——“正当壮年的人致力于作战，年老体弱的人致力于防守，战死的不后悔，活着的互相勉励。”这就是商鞅主张的统一教化，排斥农战以外的一切行业和学说。

商鞅认为：如果那些搞诡辩、要聪明的人能得到尊贵，到处游说谋求官职的人能得到委任，只研究文献典籍而有个人名气的人能显赫荣耀，那么，国家就会败亡。在商鞅的眼中，“《诗》、《书》、礼、乐、善、修、仁、廉、辩、慧”为十种“国害”，“国家有了这十种东西，那么君主就无法使民众守卫攻战了。国家用这十种东西来治理，敌人来了必然会丧失国土，敌人不来也必定会贫穷。”因为“那些有才干的人都愿意改行，而致力于学习《诗》《书》，追随外国势力，弄得好的可以得到显赫的地位，差一点的也可以得到一官半职；那些微不足道的小人物就去经商，搞手工业，都靠这些行当来逃避农耕和作战。上述这两种情况都具备，国家就危险了”。学习儒学的士人对于农战的不利影响是十分巨大的，“从事农战的人有一千个，但如果有一个学习《诗》《书》而善变智巧的人在那里，那么这一千个人对农战就都会松劲了。”因此，建立单一的意识形态，对于国家强盛是十分必要的。英明的君主应“改革政治而专心致力于农战，清除没有实际效用的东西，遏制那些搞不切实际的学问及从事不正当职业的人，使他们专心于农耕，然后国家才可以富足，而民众的力量才可以集中。”

5. 主张依法治国

商鞅认为，法是治国之本，是君主的凭借。“致力于整饬法制的国家就强盛，致力于治理政教的国家就削弱。”实行法治可以避免由于人治造成的随意性和偶然性，使国家按照既定的路线和方向正常运行，保证公正和国家的利益。“对喜爱的人不偏袒，对憎恨的人不伤害，喜爱和厌恶都以法为准，这是政治的最高境界。”法治优于人治，所以，即使圣明的君主和忠诚的大臣也应该遵循法律，“如果有英明的君主、忠诚的大臣生于现代而要统治他们的国家，就不可以片刻忘记法治。”商鞅学派甚至认为法律是万能的，不仅可以禁止人们为奸，甚至认为法律可以成就人的道德，“所谓道义，就是做臣子要忠诚，做儿子要孝顺，年龄长幼之间要有礼节，男女之间要有界限；如果不合乎道义，就是再饿也不苟且吃饭，就是要死也不苟且偷生。这些不过是国家有了法度以后的平常现象。所以圣明的帝王不重视道义而重视法度，法度一定要严明，命令一定要执行，那就足够了。”用法律涵盖人的道德，取代人的道德修养，这是商鞅的一大政治发明。

商鞅主张轻罪重罚，认为这样才能保障民众奉公守法。主张“实施刑罚的时候，对那些犯轻罪的用重刑，那么，犯轻罪的事就不会发生，犯重罪的事就更无从出现了。这叫作在民众安定的时候去治理他们。实施刑罚的时候，对那些犯重罪的用重刑，对那些犯轻罪的用轻刑，那么，犯轻罪的事就制止不了，犯重罪的事就更无法制止了，这叫作在民众动乱的时候去治理他们。所以，对犯轻罪的人使用重刑，那么，刑罚就会去掉而事情就能办成，国家就会强盛。”商鞅这种“以刑去刑，刑去事成”的思想，对于中国早期国家的法治建设无疑具有一定的意义。

《商君书》中的思想，在秦国基本上得到了贯彻实践，这在先秦诸子的学说中，可以说是极为难得的。秦帝国时期，秦始皇父子继承了商鞅的政治思想，把商鞅模式进一步转化成为法律制度和具体的政治措施。

自商鞅变法以来，秦国极为重视法治建设，这与商鞅变法的基本精神及其影响是分不开的。历史上，一般认为秦帝国“繁刑严诛，吏治刻深”，但长期以来，由于史料的缺失，我们对秦帝国法律的基本情况已经知之不详。1975 年，在湖北云梦睡虎地发现了大量秦简，让我们对秦代法律的状况有了进一步的了解。睡虎地秦简的内容包括《编年记》、《语书》、《秦律十八种》、《效律》、《秦律杂抄》、《法律答问》、《封诊式》、《为吏之道》、《日书》甲种、《日书》乙种等十种。墓主人喜生于秦昭王襄四十五年（公元前 262 年），在秦始皇时期历任安陆御史、安陆令史、鄢令史及鄢的狱吏等与司法有关的职务。喜的去世当在秦始皇三十年，这批秦简所反映的时代是战国晚期到秦始皇时期。通过对这批法律文书的释读，我们大致可以了解到秦帝国时期的法治状况。

商鞅把鼓励农战始终放在重要的地位，在睡虎地秦简中出土的秦国法律中，有关这方面的内容占有很大比重。《秦律十八种》中的《军爵律》，说明军爵的颁受及对立有战功者的奖赏措施。《田律》《厩苑律》《仓律》涉及农田生产、水利建设、牛马的饲养、粮食的贮存、保管、发放、山林及鸟兽的保护等方面的内容，说明秦国把对农业生产的重视与管理纳入到了法治的轨道。在《法律问答》中涉及的一些案例中，可以看到商鞅变法所推行的小家庭形式已经在秦国占据主导地位。商鞅主张以法为教和以吏为师，同时注重对法官及官吏的选拔和培养，这在《语书》和《秦律十八种》中的《置吏律》、《司空》、《内史杂》、《尉杂》、《束属邦》以及《为吏之道》中，都有相应的要求和规定。《法律问答》《封诊式》《秦律杂抄》等，基本反映了秦始皇时代秦帝国法律的基本状况，与商鞅重视法治的主张是相一致的。《效律》中有关统一度量衡的措施和规定，也是商鞅有关思想的法律化规定。总之，睡虎地秦墓竹简中反映出来的法律、思想和规定，与商鞅的思想和主张是一致的。根据睡虎地秦简的时代，我们可以断定，这些法律是秦帝国时代仍在执行着的。商鞅的思想转化为法律，有些是秦始皇以前的秦国君主所完成的，在秦帝国时代仍被延续遵循，有些当是秦帝国时代所完成的工作。这些秦简的发现，无疑是商鞅思想对大秦帝国产生广泛影响的有力证据。

商鞅重视战争对于国家盛衰的作用，认为国家的安治，在于战胜敌人、占领敌人的土地。“国待农战而安，主待农战而尊。”“不进行战争，会使强国变弱；主动发动战争，则会使弱国变强。”战争的法宝在于通过刑赏使人民勇敢作战，“怯民使以刑必勇，勇民使以赏则死。怯民勇，勇民死，国无敌者强，强必王。”商鞅模式所以具有的浓重的军国主义政治特色，是与战国后期激烈的兼并战争的环境是分不开的。他们所说的“明主者用非其有，使非其民”，就是把能否占领不属于自己的领土，役使不属于自己的民众作为评价君主贤明与否的标准，其目的是在利用武力来统一天下。

商鞅重战好战的军事思想，对秦帝国时期的政治产生了重要影响。在睡虎地秦简《秦律十八法》中的《军爵律》中，就有这样的规定：

> 欲归爵二级以免亲父母为隶臣妾者一人，及隶臣斩首为工士，谒归公士而免故妻隶妾一人者，许之，免以为庶人。工隶臣斩首及人为斩首者。皆令为工。其不完者，以为隐官工。

对于“隶臣妾”的身份，目前学术界尚有争议，有人认为是奴隶，有人认为是罪犯，也有人认为是世袭工匠。可以肯定的是，“隶臣妾”的社会地位应该是低于平民者。这条法律表明，秦王嬴政时期，建立战功不仅可以得到高爵厚赏，而且可以改变立功者甚至亲人的社会地位，从而把战争的奖励对象扩展到平民以下的社会更低阶层，这为秦国发动规模更大、更残酷的兼并战争进一步创造了条件。秦朝末年，反秦大起义爆发后，秦二世下令章邯率领几十万刑徒和“奴产子”，击败了周文统领的十万农民起义军，一度稳定了秦朝的政局。一支临时由罪犯组成的队伍能有如此的战斗力，无疑与商鞅学派鼓吹的、秦始皇时期实行的奖励战功，立功者可以改变自己的社会地位的规定有关。

无疑，商鞅的思想对秦帝国的政治产生了重要的影响。秦帝国采取的许多统治措施，例如郡县制度、中央集权制度、文化专制政策等都有着商鞅思想的影子。

尊君和崇法，是商鞅政治思想的重要内涵。在商鞅看来，在国家政治最高权力结构中，“君”“官”“法”如同三个支架，其中“君”处于最高地位，各级官吏及法律都应该服务于国君。法律是保障君主尊贵、国家富强的工具。秦始皇统一天下后，为了更有效地实施对全国的控制，把“尊君”与“尚法”作为相辅相成的两翼，一方面制定一整套尊君抑臣的法律规定，把君主权力抬高到前所未有的程度，另一方面则“事皆决于法，刻削无仁恩和义”，以法律作为治理国家的根本手段，制定严密的法律制度，“秦圣临国，始定刑名，显陈旧章”。同时继续提高法官的政治地位，法官和法吏不但治理民众，是民众的法律顾问，而且垄断文化，“若有欲学者，以吏为师”。这种思想和语气，几乎就是《商君书》中相关言论的翻版。

在意识形态领域实行专制统治，是实现“尊君”和“尚法”目标的思想保证，对此，商君书中多有论述。压抑知识分子，实行愚民政策，是商鞅学派一贯的文化主张。《商君书》所列举的各种不利于农战的“国害”，其中大多数与思想文化有关，特别是与儒家学说有关。由于商鞅思想在秦国长期的贯彻实施，造成了秦国排斥诸子百家、专重法家的文化特色。秦昭王就曾经认为：“儒无益于人之国。”荀子在访问秦国之时，也预感到了思想文化上的单一可能给秦国发展带来危害。荀子在赞扬了秦国的政治清明后指出：虽然秦国很强盛，但是仍然有潜在的危险；尽管秦国的政治兼有了数方面的优势，然而如果用以王道治天下的标准衡量，明显地相差很远了。这是什么原因造成的呢？原因恐怕在于秦国无儒啊。所以说，专门任用儒学可以称王，在任用其他学说时兼用儒学可以称霸，一点也不采纳儒学必然会灭亡。这正是秦国的短处所在。自商鞅变法以来秦国形成的轻儒的传统，在秦统一天下后并没有改变，始皇帝采用李斯的建议，采取了焚书坑儒、以吏为师的举措，显然就是商鞅主张文化专制思想在秦帝国的延续和实践。

商鞅模式虽然在秦统一中国的历史进程中起到了巨大的作用，其政治理论也为秦帝国所接受，但由于商鞅的依法治国理论中缺少对君主权力的适度限制，君权的无限膨胀的结果，最终又成为秦帝国长治久安的“达摩克利斯之剑”。

总的说来，商鞅思想对秦帝国时期的统治政策产生了重要影响，在秦始皇统一后，面对着全新的政治和社会局面，商鞅的思想已经不能完全适应建立统一的中央集权的形势需要，在这种情况下，集法家思想之大成的韩非的君主专制思想便应运而生。

韩非的长短板

作为韩国贵族，又曾与李斯一起跟随注重现实问题的著名学者荀况求学，使得韩非对于当时的政治问题与时局的症结，可谓了然于胸。

李斯长于游说，被秦国重用，韩非因为口吃，不善言谈，就把主要精力放在著书立说上。韩非的贡献，在于为即将出现的秦帝国在理论上做好了准备。李斯则辅佐秦始皇从实践上为这个帝国创建了一套新的政治模式。

韩非看到韩国在战国时期日益走向衰亡，这个关心国家命运的人焦虑不安，便急切地探索救弱致强之路。

经过对历史和时代的研究，韩非认为，只有法家路线能够改变韩国的命运。

在这样的认识驱动下，韩非从时代的要求出发，研究法家的治国理论。他吸收了商鞅的“法”、申不害的“术”、慎到的“势”，集三派之长，同时又吸取了老子、荀子思想中的积极成分加以发挥，终于形成了独具特色的思想体系。

韩非的理论虽然没有达到挽救韩国命运的目的，但它适应了建立统一的君主集权国家的时代需要，成为秦帝国建立自己政治统治的指路明灯。

韩非继承了以前法家的历史进化理论，把人类的历史从远古到战国分作四个时期，即“上古”、“中古”、“近世”和“当今”四世。在韩非看来，社会是发展变化的，历史在发展，时代在变化，治国的办法也要作相应的改变。圣人不盲目学习照搬古代的一套，不墨守成规，而是考察研究当今社会的实际情况，具体问题具体分析，从而对症下药，为国家的管理制定出相应的正确措施来。

韩非给人们讲了这样一个著名的故事：

宋国有一个人正在翻地，他的田里有一个树桩子，一只兔子奔跑的时候撞在这树桩上，折断脖子死了，从此，他便放下自己手中的木锹而守在树桩旁边，希望再捡到兔子。日复一日，兔子当然不可能再得到了，而他自己却被宋国人所耻笑。

韩非用守株待兔这个故事告诉人们：“如果想用古代帝王的政治措施来治理当代的民众，就都是些守株待兔之类的笑话在现代的翻版了。”

韩非的历史进化思想为突破传统的思想束缚，实行法家的治国之术提供了理论支持。

为了给法家路线提供伦理学方面的根据，韩非改造和发展了荀况的性恶论，提出了人性好利论。

在韩非看来，人的本性是自私自利的，这种本性是从事一切事业的推动力。针对这种情况，君主的任务不是改变人的本性，而是要利用刑赏法治等手段，适应臣民趋利避害的要求，用刑德二柄建立自己的王霸之业。

在法家君主中心论的基础上，韩非也吸收了老子有关“道”的思想，进一步提出了君道同体论的主张。

在韩非看来，君主不仅应该掌握国家的最高权力，而且还要“体道”。因为，“道”是万物的本源，是事物运行的规律。君主本身就是“道”的体现，这也是君主高于臣民的原因所在。“道，是产生天地万物的本原，是判定是非的准则。因此英明的君主遵循着这个本原了解万物的根源，研究这个准则来了解善恶成败的起因。”“道”是绝对的，唯一的，君主的地位也应该是绝对的，唯一的，即所谓：“道是独一无二的，所以叫作‘一’。因此英明的君主崇尚道那种独一无二的样子。”

实力原则是韩非理论的重要基础。韩非认为，“力”是君主得以控制臣民，国家得以保全以至称霸的利器。在《韩非子》中有很多对于“力”的颂扬。如，“古代帝王所期望的是自己得利，所使用的是别人的力量。”“上古的人在道德上急于争先，中古的人在智谋上角逐优劣，现在的人在力量上较量强弱。”“所以力量强大，别人就会来朝拜；力量弱小，就要向别人朝拜；所以英明的君主致力于壮大自己的力量。”

历史进化思想、人性好利论、君道一体论和功利主义与实力原则，构成了韩非法家体系理论的基础。

在韩非看来，“好利”是一切人的本性。“喜欢得到好处而厌恶遭到祸患，是每个人所固有的本性。”“对安全有利的就靠近它，对危险有害的就离开它，这是人们的真情。”由于人性“好利”“自为”，人与人之间的关系纯粹是一种利害关系，有利则合，无利则散。在各种利益关系中，君主的利益应该是最高的，甚至高于国家利益，“所以国家是君主的车，权势是君主的马。”国家是君主的运行工具，是君主的私物。君主应该顺应民众“好利”的本性，用“利”来调动臣民。君与臣的关系就是一种买卖关系，“主卖官爵，臣卖智力”。君主只有通过利益才能求得大臣的忠贞报效。“臣子拼死出力来和君主换取爵位俸禄，君主陈列了爵位俸禄来和臣下换取智慧气力。君臣之间，并不是父子那样的骨肉至亲，而是以互相计算利害得失为出发点的。”为了实现君主的利益，还应该用“利”来动员民众的力量，“利之所在民归之，名之所彰士死之。”对于那些不为利禄诱惑，不为君主卖命的大臣，则应当加以严厉的打击和制裁，“见到了利也不喜欢，那么君主即使设置了优厚的奖赏，也不能用来勉励他们；遇到危难也不恐惧，那么君主即使设立了严厉的刑罚，也不能用来威慑他们，这叫作不能使唤的人。”对于这样的人，“上古的圣明帝王都不能役使他们，处在现在的时代，又怎么能使用他们呢？”韩非主张，这样的人只能杀掉。因此，《韩非子 · 外储说右上》指出：“赏之誉之不劝，罚之毁之不畏，四者加焉不变，则除之。”

在韩非以前的法家学说中，商鞅重法，申不害讲术，慎到论势，韩非则集三者之大成。明确宣布法、术、势都是君主手中的工具，强调国君必须行法、执术、恃势，以加强君主集权。他认为商鞅重法，“但是他没有运用术治来识别奸臣，那就只能把他造成的富强资助给臣下罢了”。申不害重术，但“申不害不去统一那先后旧新之法，也不去统一那先后下达的政令，那么奸邪的事就会无法避免”。韩非主张取长补短，把“法”“术”“势”三者结合使用。在他看来，国家如同君主的车，“势”好比拖车的马，“术”就如同驾驶的手段。韩非所说的

“法”，是指赏罚的标准，“术”则是国君根据“法”控制群臣的手段。“法”是公开的，而“术”是隐蔽的，“术，是藏在君主心里用来对照验证各方面的事情从而暗地里用它来驾驭群臣的东西”。因此“法没有比公开更好的了，而术还是不要暴露的为好”。国君有了“术”，就可以独揽政权。“势”就是权势，是君主利益的保证，“万乘之主，千乘之君，所以能制服天下而征伐诸侯，就是靠了他的威严和权势。威严和权势，就是君主的筋力”。君主应该把全部权力都掌握在自己手中，缺一不可。“君主如果不掌握术治，就会在上面受蒙蔽；臣子如果不遵守法制，就会在下面闹出乱子；所以这两样东西是不可或缺的，它们都是成就帝王大业的工具。”“凡明主之治国者任其势。”“势”必须与法相结合，“抱法处势则治，背法去势则乱”。

韩非把国家视为君主的私物，从而把君主独裁推向了新的高峰。

韩非描述的君主专制的格局是这样的：“具体的事务分配给各地官员，主要的大权集中在中央政府。圣明的君主掌握了关键的大权，四面八方的臣民就会来奉献与效劳了。”

韩非指出，君主平时不仅要独揽大权，还需要获得群臣的协助。可以听取不同的意见，但决事必须乾纲独断，决断之前还要做到深藏不露，不可让臣下摸到自己的意向，从而被臣下所利用。为了防止走漏风声，韩非特别写了《备内》篇，警告君主，切莫让后妃、太子、左右之人得到消息。为防止说梦话泄露机密，韩非甚至劝君主要“独寝”。凡此种种都是为了确保独断能够得到顺利的执行。

韩非认为，赏罚是君主控制臣民的两把利器，“英明的君主用来控制臣下的手段，不过是两种权柄罢了。这两种权柄，就是刑和德。何为刑德呢？杀戮的权力为刑，奖赏的权力为德”。赏罚的目的除了控制大臣外，更是为了让民众专心于农战，从而保证富国强兵。韩非认为，即使周、卫这样的小国，如果能够“慢一点实施他们合纵连横的计划，而加紧他们国内的治理；彰明他们的法律禁令，坚决地实行赏罚；充分地发挥土地的生产能力来增加他们的积蓄，引导他们的民众甘愿拼死来加强城池的守卫”，强大的敌国也难以攻破之，“这才是让国家一定不会灭亡的办法”。重农抑商应该是国家的基本国策，如果从事工商业的人多了，那么从事农业的人必然减少。“英明的君主治理国家的政策，是使自己国内的商人、工匠和到处混饭吃的人尽量减少而且名声低下，这是因为人们很少愿意去从事农耕而都愿意去经营工商业。”韩非把商工之民列为国家的“五蠹”之一，主张加以铲除。尽民力于耕战，就可以使国家富强，“能够在农耕上发挥民众力量的国家就强大，强大得不能被阻挡的国家就能称王天下”。

在韩非看来，当时的“私学”是不利于统治者政治统治的，他称之为“二心私学”。韩非认为：“有些读书人和君主不一条心而搞私下的学术，在山中隐居而弄得疲惫羸弱、依附于权贵之门躲藏起来冥思苦想，重者诽谤现实，轻者蛊惑人心；君主对此不加禁止，却还去用美好的名誉使他们得到尊重，用实际的利益使他们改变贫困的处境，这是没有立功却显贵、没有费力却富裕啊。”韩非指出，君主如果重视“二心之学”，“那些读书人中怀有异心搞私下学术的人，怎么能不挖空心思、努力施展其智巧进行招摇撞骗和诽谤法令来追求跟社会现实相背离的东西呢？”“犯上作乱、反对现实社会的，常常是那些读书人中怀有异心搞私下学术的人”，因此必须把全国人民的思想统一到法令上来，使所有人的思想方式和言论准则都要以法为本，使“境内之民的言谈纳入法令的轨道”。人们不仅行动上要遵守法律，言论上不能说任何违法的话，思想上也不准有任何超越法律规范的念头。

企图以法律条文代替人们的精神生活，直至取消人们的精神生活。这是韩非的理论的一大发明。韩非在强调法的权威性时，主张实行文化专制主义，禁绝一切文化传统。为了把遵守法令，将听从君主长官指挥和学习结合为一体，韩非提出：“故明主之国无书简之文，以法为教；无先王之语，以吏为师。”

韩非思想对秦帝国政治统治的影响是全方位的。秦始皇读到他的书，竟然崇拜得五体投地。韩非的思想也因此成为了秦帝国政治建设的基本纲领。

韩非思想对秦帝国的影响，核心集中在两个方面：

1．中央集权的政治体制

韩非“事在四方，要在中央。圣人执要，四方来效”的中央集权体制的思想，完全为秦始皇所采纳。秦灭六国后，用郡县制代替了分封制，建立了从中央到地方的一整套官僚政权机构。在中央实行三公九卿制。在地方，先后在全国设置四十余郡，彻底废除封国建藩制度。郡设郡守、郡尉、郡监，分别掌管一郡的行政、军事、监察。郡下设县，县下有乡、里、亭等基层政权组织，从而形成了从上到下严密的行政控制网络。

按照秦帝国制度，中央和地方所有重要官吏都要由皇帝任免调动，从而铲除了地方割据的可能性。为了防止官吏违法弄权，秦帝国制定了一套比较完善的官吏选拔和考核制度。规定官吏必须经过中央政府正式委任才能任职，官吏调动时，不准带随员，使官吏难以形成私人势力。官吏一经任命，就要服从调遣，否则就会受到惩处。对官吏随时进行考核，根据考核结果分别给予处罚或奖赏。官吏任职期间享受国家俸禄，如被免职则俸禄取消。通过这样一套制度，官吏变成了君主豢养的鹰犬和奴才，国家权力牢牢地被皇帝所控制。

为了保障帝国政令的畅通，防止因受六国固有传统影响，地方各自为政局面的出现，秦始皇废除了六国原有的法令，颁布实行统一的国家法令。同时，统一文字、货币、车轨、度量衡，修建沟通全国的交通网络，拆除内地的长城、关隘、堡垒、堤坝等。通过这样一系列措施，既加强了中央对地方的控制，也加强了各地之间的联系。秦始皇建立的这一套中央集权、君主专制的国家政治体制，在当时是有效的、先进的，被后来历代统治者所继承，对中国历史的进程产生了深远的影响。

2．帝王独尊、独裁的国家治理模式

在秦始皇的思想观念和政治实践中，把韩非帝王独尊、独裁的理论奉为至典，极力宣扬并付诸实施。秦帝国通过建立一整套完善的君尊臣卑的政治制度，建立起了皇帝个人的绝对权威。

秦帝国的政治制度具有如下三个特征：

（1）国家最高权力的不可分割性，权力集中在皇帝一人手中。

（2）皇权的不可转移性，皇位只能在皇帝本家族内世袭。

（3）钳制民意，轻视地方，以严刑酷法与暴力来维持大一统秩序。

这三个特征，是专制主义政治制度的根本条件。自秦帝国建立伊始，伴随着统一国家的诞生，专制主义就成为中国政治生活中的一种常态。秦

帝国时期确立的帝王独尊文化与帝王独裁的国家治理模式，在两千年的中国封建社会里不断被发扬光大，对中国历史的发展产生了巨大的影响。

但是，从另一方面来看，由于韩非极端夸大帝王独裁与帝王驭臣术在国家政治生活中的作用，其理论也埋下了秦帝国灭亡的祸根。

在国家治理方式上，韩非主张君主掌握对大臣的生杀予夺之权，以术御臣，自操权柄；对人民则采用严刑峻法，严加控制。这些思想在秦始皇的政治统治中完全被付诸实践。

秦始皇父子对大臣抱防范之心，自匿行踪，与群臣隔绝，导致欺瞒取容之风大盛，歌功颂德之声四起，犯颜直谏之风尽消。由于他们听不到真话，了解不到实情，政令越发偏颇而失去了修正的机制和机会。

法家政治虽然适应了特殊时期集中国力、动员民力参与战争的需要并在秦国获得了成功，然而统一之后，秦始皇仍把这种成功当作和平时期高度集权统治的重要理论之一，严刑酷法，横征暴敛，与人民渴望安定、发展生产的要求大相径庭。这种继续用打天下的手段来治理天下的结果，就是秦帝国最终没能实现由战争到和平、由天下大乱到天下大治的转变。同时，法家鼓吹暴力至上，认为重刑的威力无穷，只要不断地加重刑罚，就能够保证民众的绝对服从，完全忽视了道德教化的作用；法家学说所鼓吹的“以法为教”、“以吏为师”的思想及秦始皇采取的“焚书坑儒”政策，使秦帝国的最高统治者再难以吸收其他学说理论的合理因子，治国之道已经变成了一种僵化而封闭的思想体系，这就难以适应时代的发展和形势的变化。 这样看来，法家学说所造就的秦帝国的极权政治，其有效性和局限性是同时并存的。任何极权政治的初期，都有很高的行政效率；但因违反人道精神，终究不能久存，不能作立国的长治久安之计。

李斯的实用主义

早在唐朝时，有一个叫曹邺的诗人，曾经以《官仓鼠》为题，写过一首揭露贪官污吏搜刮民脂民膏的著名诗篇，全文曰：

官仓老鼠大如斗，见人开仓亦不走，

健儿无粮百姓饥，谁遣朝朝入君口。

老鼠历来是以“小”和“怯”出名的。除了“小”与“怯”，它还有贪婪与报复的特点。它们昼伏夜动，见人就跑，所以有“兽之大者莫勇于虎，兽之小者莫怯于鼠”的说法。

然而官仓鼠却非同一般：它们不仅大——“大如斗”；而且勇——“见人开仓亦不走”。它们钻入国家的官仓，不仅衣食无忧，连胆子也变得大而勇了起来。

比唐朝还早一千余年，远在我国的战国时代，就已经有一个人深深悟通了这一点，并且总结出了一套老鼠哲学来身体力行。

这个人就是李斯。

李斯，上蔡人。上蔡在当时是楚国的地盘，因而李斯是一个不折不扣的楚国人。

李斯少年时家境贫寒，这使他后来的人生一直蒙着一层自卑自贱的阴影。为了摆脱这个阴影，他奋斗拼搏并取得了令人赞叹的业绩。也是这个阴影，使他在关键时刻总是缩首缩脚，做出一些愚蠢的事情而最终抵消了他的业绩与努力。

李斯凭着聪明、好学，被人举荐为上蔡小吏；又因善于思考、总结，办事干练，深得郡守的赏识与器重。

郡守高车大马的豪华生活、颐指气使的官僚派头，与李斯妻儿老小的贫寒生活，唯唯诺诺、动辄挨训的卑微地位，形成了鲜明的对比与反差。李斯在心中一直苦苦地思索，这一切到底是因为什么？

终于有一天，李斯从老鼠的日常生活中找到了答案。

李斯是在上厕所的时候，突然对人生有了感悟的。

他来到茅厕，还未解衣，就惊散了粪坑里的一群老鼠。这些老鼠又小又瘦，毛色灰暗，且探头探脑，胆小谨慎。它们吃的是污秽的粪便，见到人来狗撵就惊慌逃窜。

李斯突然想起了他随郡守巡视时，在粮仓里看到的老鼠。那些家伙，吃着公家堆积如山的粮粟，住着宽大舒适的房舍，没有风吹雨淋，没有人来打扰，一个个吃得脑满肠肥、皮毛油亮、硕大无比、无所顾忌。原来，这老鼠的世界中也有等级的差别！

顾“鼠”自怜，李斯不禁感慨万端。在上蔡郡府之中，他自居人下，看人脸色，受人管制。在上司面前，他永远是个不被看重、微不足道的小人物。甚至，上司根本不把他当人看。

李斯终于发现：他现在的处境就像是茅厕里的老鼠，贫贱低下，任人欺侮。

他不禁想到：人有地位高下、尊卑之别，就像这老鼠一样，全看是处于何等的环境。郡守有何德何能？他凭什么就那样趾高气扬、目中无人？那些高官贵人有何德何能？他们凭什么就身穿锦绣的衣裳、吃喝着山珍琼浆、居住着豪华美屋、生活得毫无顾忌？还不是因为他们手中掌握着主宰别人的权力?

他突然觉得，那官仓里的硕鼠正在蔑视着他、耻笑着他，笑他的卑微、笑他的处境。

他终于感悟到：人与老鼠一样，荣辱穷达、贵贱贫富，就看他处在什么样的环境里。

于是，李斯在茅厕里发出一声感叹："人之贤不肖譬如老鼠矣，在所自处耳。"(《史记·李斯列传》)

意思是说，一个人有无出息就像这老鼠，在于能不能给自己找到一个优越、享受并且安全的环境。

于是，李斯决定离开上蔡，离开这个使他自尊心、名利欲大受损伤的地方，离开这个使他贫贱、卑微、屈居人下的地方。

他要向仓中鼠学习，要以仓中鼠为他的人生奋斗目标。他要从茅厕跳向谷仓，再从小谷仓跳进大官仓。这是一种处于下层而又不安于下层的心理状态，这是一种决心凭借自己的打拼来改变自身不利处境的奋发进取的精神。但是，在这种心理与精神中，不可避免地也夹杂了诸多自卑、可怜以至可鄙、过分利己等的消极因素。

李斯的第一跳，是脱离上蔡地方小吏的这种处境，去向当时的硕儒荀子学习帝王之术。

荀子，名况，字卿，赵国人。他是战国时期与孟轲齐名的一代大儒，当时已经名满天下。公元前 255 年，荀卿来到楚国的兰陵，在这里被春申君举荐为兰陵县令。

李斯心中清楚：凭借他的出身资历，是不可能谋取到想要的高官显爵的。要想达到目的，就必须像苏秦、张仪那样，先去拜师学艺，用学到的一技本领，达到与诸侯各国交易的目的。当时，天下显学有三家，即儒、法、兵。儒讲仁政，法主法治，兵讲杀伐。荀况儒法兼通，外儒内法，在当时各诸侯国中名声很大，跟着荀况学习，是自己鱼跃龙门的捷径。经过思考，李斯决定追随荀卿学习所谓的帝王之术。

据史书上记载，李斯是在路上遇见荀卿，并拦车拜师的。

李斯跟着荀卿来到兰陵。在这里，李斯用心苦学三年，这为他以后在秦国的从政打下了坚实的基础。

李斯拜荀子为师，并不是想在学术上取得多么重要的地位。他很可能还认为他的恩师是一位只知道皓首穷经、只知道著书立说的迂儒。他投到荀卿的门下，只不过是想寻找一个天梯，做一个过渡，丰满一下自己的羽毛罢了。缘此，他在格外勤奋的同时，十分关注当时各国的局势发展。

按道理，李斯是楚国人，应当在楚国寻求发展空间的。但由于楚国当时已经一蹶不振，他认为不值得再为之效命、托付一生；东方列国又都日趋衰落，无法施展他的抱负。当时只有秦国，自商鞅变法以后，蒸蒸日上，国势强盛，具备统一天下的条件，李斯于是决定西游入秦。

据司马迁在《史记·李斯列传》中记载，李斯在告别老师荀子时，直抒胸臆，曾说过这样一些话：

> 斯闻得时无怠，今万乘方争时，游者主事。今秦王欲吞天下，称帝而治，此布衣驰骛之时而游说者之秋也。处卑贱之位而计不为者，此禽鹿视肉，人面而能强行者耳。故诟莫大于卑贱，而悲莫甚于穷困。久处卑贱之位，困苦之地，非世而恶利，自托于无为，此非士之情也。故斯将西说秦王矣。

这个告别宣言，有以下几层意思：

1. 李斯认为眼前正是自己取得功名的最佳时机。

2. 人生最大的耻辱莫过于卑贱，最大的悲哀莫过于穷困。

3. 游说秦王，帮助秦国统一天下，进而达到自己功利并得的目的。

读着这段对话，我们分明可以感受到这位急于求取功名、改变现状的青年学子那种激烈的心跳；分明可以看到那只厕中鼠急于跳出秽污之地的活生生的身影；分明可以听到这个对人生探索还处在青涩阶段的、不甘人下的进取者那既自卑又纯真的呐喊。

李斯把改变自己卑微的地位、猎取荣华富贵，作为自己人生唯一的目标，这是他积极进取的动力，也成为后来葬送他性命的祸源。

俗话说，知徒莫如师。了解自己学生的，莫过于授业的老师。

据史料记载，“李斯之相秦也，始皇任之，人臣无二，而荀卿为之不食，睹其罹不测之祸”。

意思是说，当李斯做上秦国丞相后，秦始皇重用他，大臣中没有一个能比得上他的，然而他的老师荀卿，却预见到李斯将要遭到不测之祸，因而为他担心忧愁，以致饭也吃不下去。按通常道理看，师以徒荣。学生成为大秦帝国的堂堂丞相，他的老师该为之高兴、荣耀才是，然而，对李斯飞黄腾达，荀子不但不高兴，反而更加忧虑。看来，荀子对他这位功名心太重的学生，是真正了解到家了。

李斯的第二跳，是从荀门跳进吕不韦的门下，成为吕不韦赏识与重用的舍人。

公元前 247 年，李斯来到秦国的首都咸阳。这时，正赶上秦庄襄王病逝，秦王嬴政刚刚继位。嬴政当时只有十三岁，秦国的大权完全掌握在太后与丞相吕不韦的手中。

李斯看到秦国权势一时尽集吕不韦的手中，便改变直接游说秦王的最初打算而转投到了吕不韦的门下，成为吕不韦家中的一名舍人。李斯十分努力，给吕不韦留下了很好的印象。

终于，吕不韦完全信任了李斯，把他安置到秦王的附近，让他成为秦宫中的一名侍从卫官。

这样，李斯在很短的时间内就完成了第二次的跳跃。他终于跳进秦国丞相的粮仓，成了一只名副其实的“官仓鼠”。

李斯的第三次跳跃，是从吕不韦处跳到了秦始皇身边，从一个不稳固的小粮仓，跳进了一个固若金汤的大粮仓。

由于被吕不韦任命为宫廷郎官，李斯就有了接近秦王的机会。

天赐良机，已经成年的秦王嬴政马上就要亲政国事。这位已接近冠礼的青年国王，性格坚毅，豪情满怀，雄心勃勃。

站在秦王附近，一直在精心观察的李斯，很快就发现了秦王与吕不韦、与嫪毐集团之间，因为权势而发生的不可缓解的冲突。从中，他看到了自己如朝阳般鲜亮的前程。

他巧妙地利用能够接近秦王的便利条件，直接越过吕不韦，向秦王嬴政献计献策，开始出售自己的帝王之术。

李斯指出，秦国统一天下的机会已经成熟。他希望秦王能够抓住这个机会，利用好这个机会，扫平诸侯，一统天下，成就一番前无古人、后无来者的帝王事业。

李斯说：

> 昔者秦穆公之霸，终不东并六国者，何也？诸侯尚众，周德未衰，故五伯迭兴，更尊周室。自秦孝公以来，周室卑微，诸侯相兼，关东为六国，秦之乘胜役诸侯，盖六世矣。今诸侯服秦，譬如郡县。夫以秦之强，大王之贤，由灶上骚除，足以灭诸侯，成帝业，为天下一统，此万世之一时也。今怠而不急就，诸侯复强，相聚约从，虽有黄帝之贤，不能并也。(《史记·李斯列传》)

李斯接着又献兼并的计策：阴遣谋士赍持金玉以游说诸侯。诸侯名士可下以财者，厚遗结之；不肯者，利剑刺之。离其君臣之计，秦王乃使其良将随其后。

李斯的才能，受到了秦王嬴政的赏识与认可。他先被任命为长史，不久又升迁为客卿。

从这时开始，李斯这个总是自认为卑微的上蔡布衣，在秦王嬴政实施统一大业及建立与巩固帝国的过程中，一路蹿升，由客卿而廷尉，由廷尉而丞相，又被封为通侯，可以说是一路顺风，飞黄腾达。在这期间，秦始皇对李斯的信任和恩宠也达到了无以复加的地步。最突出的表现就是李斯不但身为国相，而且“诸男皆尚秦公主，女悉嫁秦诸公子”。李斯的事业与人生进取已经达到了顶峰。

一个人到了顶峰，也就开始了他的下坡之路。

就在秦始皇去世的前一年，已过花甲之年的李斯，凭借着他的政治敏感，开始隐约地认识到了这一点。

据《史记》记载，当李斯的长子三川守李由告归咸阳时，李斯在百官前来凑热闹的“天下第一宴”上，曾经喟然长叹：

> 嗟乎！吾闻之荀卿曰“物禁大盛”。夫斯乃上蔡布衣，闾巷之黔首，上不知其驽下，遂擢至此。而今人臣之位无居臣上者，可谓富贵极矣。物极则衰，吾未知所税驾也。

税者，脱也。税驾，就是到达了终点。以它来比喻人生，就是结局、归宿的意思。

不过，李斯的这个感叹，显得多么不吉祥啊！一个位极人臣、享尽荣华富贵之人，在其花甲之年、锦上添花的季节，却想起了年轻时老师教导的“物禁大盛”的箴言，仍然摆脱不了那厕中鼠与仓中鼠的影子。

但是，知之难，行之更难。知道这个道理是一回事，能够循理实践却是另一回事。李斯认识到富贵权势不可太过分，懂得物极必反、盛极则衰的道理。可是，一牵涉他的权力地位，他就又将这个道理抛置脑后，不知道激流勇退、明哲保身。最终，这个仓中肥鼠走上断头台，虽说情有可原，但谁又能说他不是咎由自取呢?

这也说明，一个人早年形成的观念与习惯，竟是如此地难以超越。虽然已经贵为帝国的丞相，但在李斯的骨子里却仍然装的是上蔡小吏的本质。他太看重名利，更害怕失去名利，这是他性格上的弱点，也是他以“仓中鼠”为人生目标的必然结果。

为了保持和争取更高的权位，他杀害了同窗韩非，怂恿秦始皇焚书、坑儒。

1. 因为嫉妒同学韩非的才华，他用计杀掉了奠定了中国历史上法家理论的这位领军人物。

韩非是战国末年韩国贵族的后代，中国法家思想的集大成者。

当初，他与李斯同为荀卿门下的弟子。

当时，荀卿最看重的并非李斯，而是说话口吃的韩非。在老师的眼中，韩非为人正直、聪颖勤奋。荀卿屡屡在他的弟子面前放言："帝王之术非韩非不能大，法家之思非韩非不能广。"荀卿对韩非的赞赏，被李斯看成是对自己的严重伤害，李斯后来杀掉韩非，这也是原因之一吧。这一点，老师荀卿也始料未及。

当然，韩非入秦后，引起了秦王嬴政的极大兴趣，直接威胁到李斯在秦王心目中的地位与政治的命运，这是李斯决心下手置他于死地的直接原因。李斯担心韩非会超过自己，堵塞自己的升迁之路，因而与姚贾一起联合陷害韩非。

韩非，这位高傲的韩国贵族，是那么的超凡脱俗，那么的思想敏锐。他一心关注着动乱不已的六国纷争，想用自己的法家思想货于"帝王家"，却没提防那一心要算计他的同窗好友。

《史记·老子韩非列传》上记载：

> 非使秦，秦王悦之，未信用。李斯、姚贾害之，毁之曰："韩非，韩之诸公子也。今王欲并诸侯，非终为韩不为秦，此人之情也。今王不用，久留而归之，此自遗患也，不如以过法诛之。"秦王以为然，下吏治非。李斯使人遗非药，使自杀。韩非

欲自陈，不得见。秦王后悔之，使人赦之，非已死矣。

2．为了讨好秦始皇，他提出焚书的建议。

公元前213年，秦始皇在咸阳宫大宴群臣。博士七十人上前敬酒、祝寿。仆射周青臣赞颂秦始皇实现天下一统，“以诸侯为郡县，人人自安乐，无战争之患，传之万世”，威德超迈古今。博士淳于越却对此不以为然。他实话实说，认为分封制有其合理的地方：

“事不师古，而能长久者，非所闻也。”

淳于越以兴亡论政，断言事不师古则必定速亡。这就基本上否定了秦朝的政治模式和秦始皇的千秋功德。

如此重大的政治问题，以如此尖锐直白的方式，在如此重要的场合提出，自然不可能不引起秦始皇的极大反感与极大关注。

果然，“始皇下其议”。

善于揣摸帝王心理的李斯本来就是郡县制的倡议者。

现在，有人胆敢否认他的提议与主张，跟他过不去，老鼠爱报复的性格马上就充斥了李斯全身的细胞。

况且，他深深地了解秦始皇，知道这位表面上不动声色的皇帝，此刻心里正在想着什么事情。

李斯上书说：

古者天下散乱，莫能相一，是以诸侯并作，语皆道古以害今，饰虚言以乱实，人善其所私学，以非上所建立。今陛下并有天下，别白黑而定一尊；而私学乃相与非法教之制，闻令下即各以其私学议之，入则心非，出则巷议，非主以为名，异趣以为高，率群下以造谤。如此不禁，则主势降乎上，党与成乎下。禁之便。臣请诸有文学诗书百家语者，蠲除去之。令到满三十日弗去，黥为城旦。所不去者，医药卜筮种树之书。若有欲学者，以吏为师。(《史记·李斯列传》)

秦始皇当然同意李斯的意见，于是，一场震惊中国历史的焚书事件，就这样不可避免地发生了。始作俑者，恰恰就是以读书为资本，进而求取功名并且取得了成功的李斯。读书人烧书，表面上大谬不然，实际上存在着深层次的复杂原因，也真实地反映了李斯内心深处阴暗的一面。

3．他支持秦始皇的“坑儒”主张，去做秦始皇坑儒的帮凶。

在秦朝历史上，人们常常把另一个事件与焚书并称，这就是坑儒。

坑儒事件，起因于术士侯生、卢生等方士对秦始皇的欺骗与谩骂。

方士所以屡屡得手，是他们揣摩透了秦始皇急于求取仙药、以求长生的迷信心理。李斯身为帝国丞相，目睹了秦始皇被方士蒙骗的全部过程。作为秦始皇十分信任的重要官员，李斯不但不去劝阻，反而一味迎合，阿谀奉承，从而导致秦始皇被骗得越陷越深，以致最后下不了台。坑儒事件的发生，与李斯的这种苟且自保的老鼠性格有着很大的关系。

公元前214年，秦始皇下达了“坑儒”令，方士与儒生四百六十人被全部坑杀。秦始皇以极其野蛮残暴的方式，制造了一起骇人听闻的人间惨剧。

坑儒事件并非只有一次，据东汉人卫宏在《诏定古文尚书序》中记载，秦始皇还阴险地对儒生进行过一次大规模的诱杀。

一年冬天，在骊山麓一个叫马谷的地方，秦始皇令人种了瓜，此处因有温泉，地气上升，致使冬日瓜熟。秦始皇诏令博士儒生前往观看，并进行解释。事前，秦始皇使人安置好机关，待儒生正在激烈争议时，机关由上而降，将儒生们全部活埋，这一次，竟达七百余人。

我们无法断定这则史料的真伪，但秦始皇自从焚书事件以来恨透了儒生，却是真实的事情。他不想以儒立国，他推崇的是法家的严刑峻法。在这期间，作为帝国丞相的李斯，确实起到了推波助澜的作用。

焚书、坑儒，这两桩涉及秦帝国根本利益的暴虐事件，是这个新生不久的帝国一个转折的信号。

唐代司空图写有一篇《铭秦坑》，言简意赅，揭示了“灭人实为自灭，坑儒即是坑秦”这个简单易懂的事实。

> 秦求戾儒，厥民斯酷；
> 秦儒既坑，厥祀随覆。
> 天覆儒仇，儒祀而家；
> 秦坑儒耶？儒坑秦耶？

在焚书坑儒的过程中，帝国上层阶层曾经有一个年轻人，看到了这种事情的严重后果。

他就是秦始皇的长子——公子扶苏。

扶苏试图劝谏秦始皇，结果被秦始皇怒而赶出咸阳。扶苏离开帝国的政治中心，对大秦帝国的灭亡，起到了一种微妙的加速作用。秦始皇与李斯造孽如此，天公也该发怒。

史学家翦伯赞先生认为，秦始皇晚年，帝国庙堂之上已经形成了三种政治力量：

一是以扶苏为首的新贵族派。因为扶苏是秦始皇的长子，按照习惯上的立嫡以长的惯例，他被立为太子只是早晚的事情。由于他“信人而奋士”，朝中拥护与瞩目他的大臣不在少数。

二是以李斯为首的官僚派。经过三十多年的经营，这一派把持着中央行政大权，在相当程度上左右着帝国的方针。

三是以赵高为首的宦官派。他们包围着秦始皇，掌握着宫廷的机要和秘密，一旦出现某种时机或变局，他们就会运用手中掌握的皇权资源，成为主宰局势的重要力量。

扶苏的为人与主张，显然与后两派有着明显的距离。他代表着本土派的利益，不可能为其他两派所喜欢与认同。

因此，扶苏的去留，对这个尘埃并未落定的帝国，就具有十分重要的意义。

秦始皇让扶苏远离政治中心，客观上让人们产生了对扶苏未来地位的怀疑与观望。

扶苏经此打击，对自己的前途，不免也会产生悲观的念头与想法。

所有这些，都为秦始皇猝死外地，赵高、李斯施展阴谋来蛀蚀这个还十分脆弱的年幼帝国，冥冥中提供了契机。这一切，都是独断专行的秦始皇始料未及的。

第四章

探迹：千古一帝蜕变记

苦民的铁证：阿房宫与骊山陵

世上有不少人后来走向了自己的反面。

秦始皇走向自己的反面，是在他统一了六国之后。

作为一个封建帝王，秦始皇的思想和行为有一个发展的过程。在进行统一战争过程中，应当说他是充满着积极进取精神的，在统一大业完成后的开始几年间，他也是比较勤奋，比较谨慎的。他北击匈奴，南抚百越，筑万里长城，修四通八达的驰道，收天下兵器聚于咸阳，徙富豪，行移民，统一文字、货币、度量衡，做了不少有利于统一和泽被后世的事情。但是，他究竟是一个封建帝王。随着统一局面的逐步稳固，他的享乐欲望也越来越强，由雄才大略一变而为好大喜功，由追求丰功伟绩一变而为对堂皇的帝王气象的企慕。他已经不满足于原来的豪华宫殿，不满足于眼下到手的一切。加之六国相继被灭，全国资财和工匠，可由他统一调遣，为大兴土木提供了经济条件和技术力量，严法酷刑使百万劳动人民成为刑徒，沉重的徭役带来了大批无偿劳力，使大规模地修建享乐工程成为可能。从此，他把主要精力放在了没有止境的奢侈挥霍、大兴土木、广筑宫室以及修建骊山陵墓等个人私事上面。

每个大帝国都有自己宏伟壮丽的国都及相应的建筑群。秦始皇也要有他的宏大帝都和壮美的宫室。

秦国历代先公先王长期经营关中，早已形成了庞大的都邑和宏大的宫室体系。特别是自秦孝公以来，经过各代君主的不断建设，秦都咸阳辉煌壮丽。可是，秦始皇意犹未尽，他要继续广建宫室苑囿。

据《史记 · 秦始皇本纪》中记载，秦始皇大规模扩建咸阳都城和宫室的情况大致可以分为三个阶段：

1. 在统一六国过程中，秦始皇在咸阳北原上仿建六国宫殿。即每破一个国家，便让人把这个国家的宫殿画下图样来，然后在都城咸阳另建一个，将所得美人钟鼓，安置于此。

2. 统一六国以后，在渭南建筑极庙。极庙的建筑按照天象北极星座的格局布局，紫薇帝宫居中不动，为群星所拱卫。极庙的象征意义是：秦始皇就是人间的上帝，应当万民敬仰、万民供奉。

3. 秦始皇三十五年（公元前 212 年），秦始皇觉得“咸阳人多，先王之宫小”，决定在西周故都遗址丰、镐之间，建设更大规模的建筑群——阿房宫。

据《三辅黄图》称：“阿房宫，亦曰阿城，惠文王造，宫未成而亡。始皇广其宫，规恢三百余里，离宫别馆，弥山跨古辇道相属。阁道通骊山八十余里，表南山之巅以为阙，络樊川以为池。”这里所说的阿房宫

“三百余里”，是指整个阿房宫的建筑群所占区域，不是单指作为建筑群正殿的阿房宫。

《史记·秦始皇本纪》说：“乃营作朝宫渭南上林苑中，先作前殿阿房，东西五百步，南北五十丈。”这里所说的“东西五百步，南北五十丈”，是指朝宫的前殿。

《水经注·渭水》引《关中记》云：“阿房殿在长安西南二十里，殿东西千步，南北三百步，庭中受十万人。”这里所说的“东西千步，南北三百步”，明确说是“阿房殿”。

唐张守节引《三辅旧事》云：“阿房宫东西三里，南北五里，庭下可受十万人，车行酒，骑行炙，千人唱，万人和。”这里所说的“东西三里，南北五里”，明确说是“阿房宫”，但也指整个建筑群。

《汉书·贾山传》说：“阿房之殿，高数十仞，东西五里，南北千步，从车罗骑，四马骛驰，旗族不挠。”这里所说的“东西五里，南北千步”，明确说是“阿房殿”。

上述诸说，朝宫之前段应为阿房宫。但也可称朝宫建筑群为阿房宫。尽管说法不一，但综合诸说，大体可以看出它的规模。当年秦惠文王营造未成而亡，秦始皇扩大其宫室，规模宏伟，在关中关外，三百里的地带，建立离宫别馆，弥山跨谷，辇道相属，阁道通骊山，竟达八十余里。前段阿房宫东西五百步，南北五十丈，殿上可以同时坐一万人，殿下可容纳十万人。四周有阁道，从殿下直抵南山，以南山之巅为门阙。修复道从阿房宫渡过渭水，抵达咸阳。就像天极紫薇星宫绝银河抵营室一样。阿房宫工程之大，前所未有。

唐代大文学家杜牧在《阿房宫赋》中描写道：

六王毕，四海一。蜀山兀，阿房出。复压三百余里，隔离天日。骊山北构而西折，直走咸阳。二川溶溶，流入宫墙。五步一楼，十步一阁；廊腰缦回，檐牙高啄。各抱地势，钩心斗角。盘盘焉，囷囷焉，蜂房水涡，矗不知其几千万落。长桥卧波，未云何龙，复道行空，不霁何虹？高低冥迷，不知西东。歌台暖响，春光融融，舞殿冷袖，风雨凄凄。一日之内，一宫之间，而气候不齐。

妃嫔媵嫱，王子皇孙，辞楼下殿，辇来于秦，朝歌夜弦，为秦宫人。明星荧荧，开妆镜也；绿云扰扰，梳晓鬟也；渭流涨腻，弃脂水也；烟斜雾横，焚椒兰也。雷霆乍惊，宫车过也，辘辘远听，杳不知其所之也。一肌一容，尽态极妍，缦立远视，而望幸焉。有不得见者，三十六年。燕、赵之收藏，韩、魏之经营，齐、楚之精英，几世几年，剽掠其人，倚叠如山。一旦不能有，输来其间。鼎铛玉石，金块珠砾，弃掷逦迤，秦人视之，亦不甚惜。

嗟乎！一人之心千万人之心也。秦爱纷奢，人亦念其家。奈何取之尽锱铢，用之如泥沙！使负栋之柱，多于南亩之农夫；架梁之椽，多于机上之工女；钉头磷磷，多于在庾之粟粒；瓦缝参差，多于周身之帛缕；直栏横槛，多于九土之城郭；管弦呕哑，多于市人之言语。使天下之人，不敢言而敢怒。独夫之心日益骄固。戍卒叫，函谷举，楚人一炬，可怜焦土！

呜呼。灭六国者，六国也，非秦也。族秦者，秦也，非天下也。

嗟夫！使六国各爱其人，则足以拒秦。秦复爱六国之人，则递三世可至万世而为君，谁得而族灭也？秦人不暇自哀，而后人哀之；后人哀之而不鉴之，亦使后人而复哀后人也！

诗人在赋中说，秦始皇为了营建阿房宫，用尽了蜀地木材，使得到处山地光秃秃的。阿房宫很大，占地三百多里，阿房宫很高，把太阳都遮住了。走廊曲折得像缦带那样萦回，房檐突起，像鸟嘴伸向高处啄物。廊腰互相连接，纡回如钩，檐牙彼此相对，像螭龙斗角。房屋密集，像蜂房，旋涡一样，高耸的建筑物不知有几千万座。没有云彩，哪来的龙？那是横卧在水面上的长桥。不是雨过天晴的时候，怎么会出现彩虹？那是架在楼阁之间的空中走廊。

诗人在赋中还说，宫里昼夜唱歌奏乐，好像万点闪闪发光的明星，原来是宫女们打开梳妆台上的镜子！好像朵朵绿云在飘动，原来是她们早晨在梳头！渭河上涨起了一层油腻，原来是她们泼出的含有脂粉的洗脸水啊。烟雾弥漫，原来是她们点燃了椒兰熏香。秦始皇征集天下美女万余人充实后宫。一个个的肌肤容貌都打扮得极其娇媚妍丽，久久地站在那里，望着远处，期盼着皇帝的来临，得到皇帝的宠爱，三十六年竟没有见过皇帝一面的大有人在。

诗人在赋中感慨道：燕、赵收藏的奇珍，韩、魏聚敛的金银，齐、楚保存的瑰宝，都是多少年、多少代，从民众手中掠夺来的，堆积如山。一旦国家破亡，不能再占有，都运送到阿房宫中，乱丢乱扔，秦始皇看着，也不觉得可惜。

诗人在赋中进一步感叹：唉！一个人所想的，也是千万人所想的。秦始皇喜欢繁华奢侈，老百姓也眷念着自己的家当。为什么搜刮财宝时连一分一厘也不放过，挥霍起来却把它当作泥沙一样呢？甚至使得阿房宫支撑大梁的柱子，比田里的农夫还要多；架在屋梁上的椽子，比织机上的织女还要多；参差不齐的瓦缝，比人们身上穿的丝缕还要多；直的栏杆，横的门槛，比九州的城廓还要多；琴声笛声，嘈杂一片，比闹市里的人声还要喧闹。这一切，使天下人们口里虽不敢说，但心里却充满了愤怒。秦始皇这暴君的心却日益骄横顽固。于是陈胜、吴广揭竿而起，刘邦攻破函谷关；项羽放了一把大火，可惜那豪华的宫殿就变成了一片焦土！

诗人最后结论：灭六国的是六国自己，不是秦国。灭秦国的是秦王自己，不是天下的百姓。如果六国的国君能各自爱抚自己的百姓，就足以抵抗秦国；秦统一天下后如果也能爱惜六国的百姓，那就可以传位到三世以至传到万世做皇帝，谁能够灭亡他呢？秦国的统治者来不及为自己的灭亡而哀叹，却使后代人为它哀叹；如果后代人哀叹它而不引以为鉴，那么又要让更后的人来哀叹他们了。

杜牧写《阿房宫赋》时，阿房宫早已不复存在，诗人的想象是逼真的，但带有很多虚构的成分。不过，从总结历史经验角度看，诗人的诉说对我们后人确实具有启迪的作用。杜牧在《阿房宫赋》中说，秦始皇修筑阿房宫，“使天下之人，不敢言而敢怒”，并感慨：“秦人不暇自哀，而后人哀之。后人哀之而不鉴之，亦使后人而复哀后人也。”也就是说，后人对秦始皇修阿房宫，不但要“哀”，而且要“鉴”，要从中吸取有益的教训。

清代诗人马世杰在《秦宫》一诗中也写道：

阿房周阁百重环，美女充庭尽日闲。频望翠华终杳渺，亦如天子望三山。

在诗人的眼中，众多的宫廷美女要想见上秦始皇一面，就像秦始皇想见到蓬莱、方丈、瀛洲三仙山一样希望渺茫。这里虽然是文学笔法，但也多少反映出了阿房宫工程之浩大。经过两千年风雨，至今阿房宫前段那高大的殿基荒台犹在。

除建阿房宫外，秦始皇还修复了大量的离宫别馆，据《史记·秦始皇本纪》所载："关中计宫三百，关外四百余"，又"咸阳之旁二百里内，宫观二百七十"。秦王朝的宫殿之多不可胜数。

如此大规模地建筑都城、宫室、苑囿，劳民伤财，给民众带来了极大的苦难，这是秦始皇晚年的一大弊政，甚至可以说是诱发大秦帝国灭亡的一个原因。

据说，当时流传着一个童谣，直接咒骂秦始皇："阿房，阿房，亡始皇。"公然咒骂秦始皇就要灭亡，说明人民的愤怒已经到了忍无可忍的地步。

如果说，高大富丽的宫殿，是秦始皇生前治理国家和享乐的地方，那么，豪华的地下宫殿则是他的灵魂与躯体的最后归宿之所。

秦始皇的晚年，始终处在极度的矛盾之中。尽管他听信方士之言，寻长生之仙，炼不死之药，但事实却一次又一次地使他失望。于是，他就转而大规模地营造骊山陵墓，想要把生前的荣华带到地下。

秦始皇陵及从葬坑的建造，其规模之大，耗费之巨，可谓前无古人，后无来者。秦始皇陵墓宏大的规模和建制，都为后来的帝王陵的建筑开创了先河。

秦始皇帝陵，在今陕西临潼县城东，距县城十五里处。骊山墓南依骊山，北临渭水，巍巍矗立，雄伟壮观。

可是，当年的骊山陵显然要比现在的气象宏伟得多。据《史记·秦始皇本纪》集解引《皇览》称秦始皇陵“坟高五十余丈，周回五里余”。又据郭志坤在《秦始皇大传》中研究说：按三国魏一尺合今 24.12 厘米，东汉一里合今 433.56 米计算，当年墓冢高应为 120.6 米，底边周长也要大于 2167.3 米.

秦始皇从十二岁即位伊始，就开始为自己修建骊山陵墓，但真正大规模投入精力的，还是在他的晚年。

秦始皇陵墓修筑的时间延续了三十多年。公元前 210 年，秦始皇五十岁的时候，李斯向他报告：我带了七十二万人修筑骊山，已经挖得很深了，连火也点不着了，凿时只听到空空的声音，好像到了地底一样，再也挖不下去了。秦始皇听后，下令李斯再“旁行三百丈乃止”。可见，他对营建自己的陵墓之事非常关心，而且要求越大越好。

对于骊山墓内的布置，《史记·秦始皇本纪》作了简要的记载：

> 始皇初即位，穿治骊山，及并天下，天下徒送诣七十余万人，穿三泉，下铜而致椁，宫观百官奇器珍怪徙臧满之。令匠作机弩矢，有所穿近者辄射之。以水银为百川江河大海，机相灌输，上具天文，下具地理。以人鱼膏为烛，度不灭者久之。

《水经注·渭水》条也有类似的记载：

“斩山凿石，下锢三泉，以铜为椁。旁行周回三十余里。上画天文星宿之象，下以水银为四渎百川五岳九州，具地理之势。宫观百官奇器珍宝充其中。令匠作机弩，有所穿近，辄射之。以人鱼膏为灯烛，取其不灭者久之。”

另外，在《汉书·刘向传》、《汉书·贾山传》以及《汉书·楚元王传》中都有类似的记载。这些文献都集中描写了墓室及冢内宫殿观阁等建造设置的大概：墓穴地宫挖得极深，穿过三层泉水之下，地宫用铜汁浇铸，并涂上丹漆，才放置棺椁。墓室穹顶绘以天文星宿图像，下边摹拟九州五岳的地理形势，修筑山川河流，江河湖海，并在其中注入水银使之川流不息。铸金银为雁凫，琉璃杂室为龟鱼，沙棠沉檀为舟揖，并以明珠镶嵌为日月星辰，刻玉石为松柏，以点缀地下“江山”。此外，地宫内的设施，也如同地上宫殿，文武百官依次排列，宫廷楼阁塞满奇珍异宝，用东海捕到的一种人鱼炼油制成蜡烛，点燃后为了防止盗墓，凡墓道入口处都设有自动发射的防盗机弩，倘若有人发掘，撞动机关，就会被乱箭射死。秦始皇为了把他生前骄奢淫逸的帝王生活搬到地下，修筑如此繁丽复杂的地下宫殿，不知挥霍了多少民脂民膏，不知引起了社会上的多少家庭夫离妻散。

要知道，营建陵墓，需要数量巨大的木材、石料、土方，但这些材料都要从很远的地方运载而来。木材大多来自千里之外的巴蜀、荆楚。当时截断、抬举、运输工具落后，动力只是人力的条件，从迢迢数千里之外搬运到骊山，其艰辛程度可想而知。石料取自渭北诸山。巨石运输，全凭人力推拉，又要渡过渭水，其艰难程度也可想而知。《关中记》中说：“骊山无此大石，运取于渭北诸山，故其歌曰：运石甘泉口，渭水为不流。千人唱，万人钩。金陵余石大如丘。”据现代考古工作者估计，仅陵园中的封土、内外城墙、四大俑坑和防洪水堤等的土方量，就不少于 1317.7 万立方米，需要 10 万人干一年才能完成。工程量之浩大，人力耗费量之多，由此可想而知。

公元前 210 年，秦始皇在沙丘病死，这时，秦陵工程还未结束。他的尸体运回后，葬入骊山陵墓。秦始皇入葬时，秦二世下令凡咸阳宫内没有子女的宫女都要随葬，致使一万余名宫女惨遭活埋。对那些经手墓内珍藏、修建机密设施的工匠，为了防止他们泄露地宫埋藏的秘密，秦二世下令关闭墓门，“尽闭工匠藏者，无复出者”。多少能工巧匠被迫为秦始皇修造冥间乐园，受尽了千辛万苦，骊山“事毕”，又落得惨死其间！

传说，唐朝大中年间，陶太白、尹子虚上山采药，到芙蓉峰，遇到秦时在骊山服役的民夫和秦宫人毛女。役夫古装俨雅，毛女梳着鬟髻，身着彩服。他们一起饮酒。酒尽，役夫折下一段松枝，敲着酒壶，与毛女唱和：

谁知故是与今非，间蹑青霞绕翠微。
萧管秦楼应寂寂，彩云空惹薜萝衣。

毛女又赠华山游人诗，其中有两句：

有时却问秦宫事，笑拈山花望太虚。

这虽是后人的附会之作，但却反映出了人们希望这些被埋的工匠和宫女能够逃脱厄运的同情心理。殉葬人及万数，这是中国历史上帝王入葬时殉葬人数最多的一次。

秦始皇入葬后，秦陵修建工程仍在继续。秦二世二年（公元前208年），陈涉军攻到戏水（今陕西临潼县东）。当时负责秦陵工程的少府章邯，建议把修陵人武装起来，抵抗陈涉的军队。秦陵工程至此还未完工。

秦始皇的骊山陵前后修建将近四十年，常年服役在此的劳工多达数十万人。据统计，仅阿房宫、骊山陵这两项就长期占用七十多万人，加上死亡者必须填补的人数，其施工人数当在百万以上，其人力消耗相当于甚至超过了当时北击匈奴、南平百越所用的人数的总和。

汉代贾山批评秦始皇说：

“贵为天子，富有天下，赋敛重数，百姓任罢，赭衣半道，群盗满山，使天下之人戴日而视，倾耳而听。一夫大呼，天下响应者，陈胜是也。秦非徒如此也，起咸阳而西至雍，离宫三百，钟鼓帷帐，不移而具。又为阿房之殿，殿高数十仞，东西五里，南北千步，从车罗骑，四马鹜驰，旌旗不桡。为宫室之丽至于此，使其后世曾不得聚庐而托处焉。为驰道于天下，东穷燕、齐，南极吴、楚，江湖之上，濒海之观毕至。道广五十步，三丈而树，厚筑其外，隐以金椎，树以青松。为驰道之丽至于此，使其后世曾不得邪径而托足焉。死葬乎骊山，吏徒数十万人，旷日十年。下彻三泉合采金石，冶铜锢其内，漆涂其外，被以珠玉，饰以翡翠，中成观游，上成山林。为葬埋之侈至于此，使其后世曾不得蓬颗蔽冢而托葬焉。秦以熊罴之力，虎狼之心，蚕食诸侯，并吞海内，而不笃礼义，故天殃已加矣。”

应该说，无节制地广建宫室，大规模地修建陵墓，是导致秦帝国民穷财竭、矛盾激化的一个重要原因。

始皇帝堪称盖世英豪，然而骊山陵还未竣工，霸业就已成为了泡影。此后的两千余年中，骊山陵累遭人为破坏。先是楚霸王项羽一把火焚毁了地面上的壮美建筑，后有汉代牧羊人失火焚毁了部分地下建筑。唐末黄巢起义时，也曾发掘秦始皇陵。民国初年，在陕军阀又一次挖掘秦陵。清代袁枚有一首《始皇陵咏》："生则张良椎之荆轲刀，死则黄巢掘之项羽烧，居然一抔尚在临潼郊，隆然黄土浮而高。"秦始皇若地下有知，不知当作何感想。

解不开的死结：田租、赋税与徭役

秦帝国是通过战争手段灭亡六国以后建立起来的，客观情况迫使它从一开始就必须具有浓厚的军事色彩。用兵的过程本身就是一个劳民伤财的过程，为了维持秦帝国庞大的国家机器的开支、满足秦始皇等少数统治者的穷奢极欲，秦始皇以国家政权的名义向全国人民征取沉重的赋税，征发无休止的徭役。尤其是秦始皇在统一全国后，继续对南北两个边境地区用兵，大规模修筑阿房宫和营造骊山墓，使大量人力物力财力受到了严重的消耗，民众的负担较统一前非但没有减轻，反而大有加重之势。

《汉书·贾山传》中说："秦王贪狠暴虐，残贼天下，穷困万民，以适其欲也。昔者，周盖千八百国，以九州之民养千八百国之君，用民之力，不过岁三日……秦始皇以千八百国之民自养，力罢不能胜其役，财尽不能胜其求……"这就是说，秦始皇统一六国后，滥发徭役，横征暴敛早已超过了原来固定的有限度的赋税、徭役制度。

大秦帝国统治时期，中国疆域辽阔，人口稀少，土地问题并不构成激化阶级矛盾和社会矛盾的主要原因。当时，对广大民众来说，不是无地可耕，而是没有时间耕种，即使种田收获的绝大部分财富，也被帝国政府以各种名目搜刮而去。

大秦帝国政府对民众赋税的攫取，《汉书 · 食货志》曾有这样的论述：

> 至于始皇，遂并天下，内兴功作，外攘夷狄，收泰半之赋，伐闾左之戍。男子力耕，不足粮饷；女子纺绩，不足衣服。竭天下之财以奉其政，犹未足以澹其欲也。

事实也确实如此。秦帝国的赋税主要有田租和口赋两大项。田租即土地税，“收泰半之赋”，即是土地收获物的三分之二。这不仅囊括了农民的全部必要劳动的成果，甚至也包括了全部剩余劳动的成果。除缴纳粮食外，还要缴纳牲畜饲料和柴草，而且不管所受之田是否耕种，一律要按授田数目交纳。只要看看秦简记载中的咸阳、栎阳、灞上、陈留、成都以及各郡县都有数以万石计的粮仓，就可明了秦帝国有多么大的粮食消耗。

秦帝国民众的负担，除了田租，还有口赋，也就是人头税。秦始皇为了扩大财源，不仅把着眼点放在田租上面，而且还放在各种赋税的征收上面，这就出现了“头会箕敛”的苛赋。所谓“头会”，即按人头数出赋，也就是人头税，用畚箕装取所征的谷物，说明其征收数量之多。《秦会要》中说：“秦坏井田之后，任民所耕，不计多少，已无所稽考，以为赋敛之厚薄。其后遂舍地而税人，则其缪尤甚矣。”《通典·食货志》记载：“秦制则不然，舍地而税人，故地数未盈，其税必备。”这种人头税究竟要交多少，史无明文，但根据《汉书·食货志》中所说秦时“田租、口赋、盐铁之利，二十倍于古”的情况来看，数额显然为数不少。

户赋，也是秦代国家的重要财政收入。户赋的征收，系以户为单位。据《史记·商君列传》记载：“民有二男以上不分异者，倍其赋”。可见秦代鼓励“分异”，家富子壮则出分。其目的之一，就是多征户赋。户赋额是多少？据《后汉书·南蛮传》说：秦惠王并巴中，令其民“户出嫁布八丈二尺，鸡羽三十鍭”。秦简《金布律》说：“‘钱十一当一布’”“布袤八尺。幅广二尺三寸”为“一布”。照此折价，八丈二尺的长度可折为 32.75 布，折合 360.25 钱。当然，这里的折价有不恰当之处。若再加上鸡羽，每户的户赋额当在四百钱上下。这是边区的情况，内地是肯定不会低于这个定额的。

在秦始皇父子统治时期，除了税赋之外，徭役和兵役更是极其繁重。云梦县出土的睡虎地秦简提供了大量的资料。其中《秦律十八种》和《秦律杂抄》中的《徭律》《戍律》《傅律》都是当时关于征发徭役和兵役的法律。

秦帝国时期，赋税重于田租，徭役又大大重于田租、赋税。由此看来，秦帝国对民众户口的控制大大超过了对土地的控制。秦自商鞅变法以后，即设有专门的《傅律》，规定有关“傅”的各项制度。秦始皇统一六国之后，仍然继承这种制度，其目的，除了加强对民众的控制外，还在于保证必要的赋税和役使对象。

《秦律杂抄》指出：“匿敖童及占癃不审。典、老赎耐。百姓不当老，至老时不用请，敢为酢伪者，赀二甲；典、老弗告，赀各一甲；伍人，户一盾。皆迁之。”从这条《傅律》可以看出秦傅籍制度的主要内容。

1. 自生下之日起即著名籍，死后削籍，即除名。

2. 设立专门的役册，为傅籍。按照法定标准应役者的名姓登记注册。

3. 著名籍与傅籍皆由乡官控制。

4.“百姓不当老”而请老，或当老而不向上级请示即擅自免老，这叫“酢伪”。“酢伪”者首罚本人，再及伍人。

为了确保对徭役及兵役的征发，秦帝国对户籍制度的控制确实下了很大的功夫：

1. 严密性。即规定得相当具体。在《商君书 · 境内》篇说：“四境之内，丈大女子，皆有名于上，生者著，死者削”。《商君书 · 去强》篇说：“举民众口数，生者著，死者削。”规定出生后就得登记，死亡就得除籍，男子到了年龄，就得分家立户，未经官府批准，不得自由迁徙，外出者，要持类似今天的通行证或者介绍信之类的凭证。否则，就成为“阑户”，即脱籍逃户的人。一项项规定得很具体，很严密。这一方面是一种户籍管理制度上的进步，另一方面也是为了更有效地控制民众，确保帝国政府的财政收入。

2. 残酷性。即用连坐法来进行钳制。《史记 · 商君列传》说：“令民为什五，而相牧司连坐。”秦帝国沿用了商鞅之法，对居民严格控制，规定不得擅迁、逃亡、匿户，否则就要严加追究，甚至“不告奸者腰斩”。

如此规定的目的，还是为了保证秦帝国赋税、徭役的顺利征调。

在徭役的名称上，称徭役为“更”，早在商鞅变法前的秦国即已如此。《左传》记载：鲁成公十三年（公元前 578 年），晋伐秦，“战于麻隧，秦师败绩，获秦成差及不更为女父”。杜注曰：“不更，秦爵。”何以用“不更”命名呢？《汉书·百官公卿表序》颜师古注曰；“不更，谓不豫更卒之事。”就是说，徭役为“更”，免役者则称为“不更”。《汉书·食货志》引董仲舒的话说就是：“至秦则不然，……又加月为更卒，已复为正，一岁屯戍，一岁力役，三十倍于古。”

按照董仲舒的说法，秦帝国的徭役是古者的“三十倍”，秦民应役者每年要服一月更役，一生要做两年正卒。如果这个论断属实的话，秦帝国民众的徭役之苦，确实是前所未有。

从徭役种类讲，秦帝国的徭役种类，有更卒、正卒之分。正卒又分屯戍与力役。

更役。“更”是以月为单位，而且是每年取一个月。《徭律》上规定是服一个月的更役，但是，实际上的负担往往不止一个月。照《徭律》说，各类徭役工程皆“令统堵卒岁”，否则“令县复兴徒为之，而勿计为徭”。这就是说，工程如果不符合质量而在一年内出现问题，必须返工，而返工的时间不计在徭役日数内，这算是一种惩罚手段。又如规定：“度功……其不审，以律论度者，而以其实为徭役计。”一项工程估工不实，提前或超期若干天完成，但不得提前退役，要按实际劳作日数为服徭役者计服役账。

徭役征调急促，督责苛严。《徭律》中说：“御中发征，令弗行，赀二甲。失期三日到五日，谇；六日到旬，赀一盾；过旬，赀一甲。”按照这个规定，凡被征调去服役的人，必须按期到达，不得迟到或不去。否则要受到斥骂或罚军甲的处分。其中“令弗行”者，相当于误了该次徭役的全部时间，其惩罚是“发二甲”；误期三日到五日止于斥责；误期六日到十日，其惩罚是“赀一盾”；超过十天者，“赀二甲”。秦律规定，服役者在途中赶路时间不得计徭，而更役者，往往是由地方向朝廷送发，这样一来，服役者的服役时间便大大延长了。

更役，是从事非军事性的各种徭役。举凡从中央到地方的土木石工程都得干。如修城、挖渠筑路、营墓、建苑囿、造宫室以及供地方官府与食封贵族差遣所需要的大量役夫。

秦始皇统治后期，由于对南北连年用兵，民众的戍役十分地严重。

戍役是秦徭役中最苦者，帝国右丞相冯去疾就说，秦末百姓所苦的五大徭役以戍役居首。当时的实际情况是：一般男丁往往既要服兵役，又要服徭役，承受着双重的负担。男子人数不足，则用女子在徭役方面充数。秦始皇末年，帝国政府的所作所为越来越同广大民众的实际利益对立起来，戍卒用量日益增大，名堂也开始五花八门。

戍役的期限原为一年，但是，这个制度遭到秦始皇的破坏。在统一战争中，随着战事的发展，动员兵力广，持续时间长，因而，戍役穷年累月，逾时超岁、旷日持久之役甚多。帝国建立后，又北击匈奴，南取百越，在军兴不断的情况下，是无所谓常役的。

秦帝国规定，戍役者的钱、衣等生活用品还得自己负担承办。据《云梦睡虎地四号墓木牍释义》载，当时有一个叫黑夫的，他服役以后，向家里写信说：“遗黑大钱，毋操夏衣来。今书节（即）到，母视安陆丝布贱，可以为禅裙襦者，母必为之，令与钱偕来。其丝布贵，徒（以）钱来，黑夫自以布此。黑夫等直佐淮阳，攻城反久，伤未可智（知）也，愿母遗黑夫用勿少。”同黑夫一起的一个伙伴，也在家信中写道：“钱衣，愿母幸遗钱五六百，终布谨善者毋下二丈五尺……用垣柏钱矣，室弗遗，即死矣。急急急。”这两封信的主要内容都是役者向家里要钱、要衣。这不仅反映了役者的负担之重，也从另一个侧面反映了役期长。就是他们因为服役时间长了，所带的钱、衣等不够用，才会急着向家中要。戍卒者既要冒着生命的危险在前线杀敌，还要自备钱物，这无疑是服役者及其家庭的一笔沉重负担。陈胜说过：“戍死者固十六七。”晁错指出：“秦民见行，如往弃市。”在服戍役中，贫病、吃穿不周，又要参加频繁的战事，人员的伤亡十分严重。

沉重的徭役，还有戍防的兵役已使民力枯竭。为了保证徭役、戍役的正常数额，秦帝国又发明了“谪发”的办法，谪发有罪的官吏，逃亡的罪犯、赘婿、商人。到了秦二世时，罪犯、奴隶、商贾都已“谪发”完了，只好把住在闾左的贫苦农民也作为谪发对象。这就是说，到秦末，除了帝国的犯罪官吏外，广大的民众都被纳入了服役者的行列。

据《史记·秦始皇本纪》记载，从始皇帝二十六年到三十六年，十年之间，大规模的徭役征发即不下数十起，其代表性的有：

秦始皇三十二年，“始皇乃使将军蒙恬发兵三十万人北击胡”，略取河南地。

秦始皇三十三年，平定南越以谪遣戍，发五十万人守五岭。

秦始皇三十四年，筑长城及南越地，北筑长城四十余万人。

秦始皇三十五年，隐宫徒刑者七十余万人，乃分作阿房宫，或作骊山。

在短短的几年时间里，征发徭役就超过二百万。当时的实际人口大约只有二千万，而成年居民最多只有四五百万，这样算来，单征发徭役一项就把全国民众的至少半数动员了起来。这里还不包括修全国驰道、筑阿房宫以外的其他宫殿以及兴修水利工程的人数。征发这么多的劳动力，人从哪里来？当然只有贫苦农民。那些缴纳不起沉重赋税的贫民，就立刻沦为罪犯刑徒。秦陵西侧赵背户村发现的秦代修陵人的刑徒墓地，据出土墓志记载，不少修陵人是因为缴纳不起赋税而来服苦刑赎罪的。

另一方面，秦王朝实行普遍征役制，凡编户齐民皆有服役的义务。可是秦的法律又是保护官吏和富豪的，如出土秦律规定贵族子弟有特权避役远战；官吏可得复除徭役，于是富家串通官吏“匿敖重”而“弗役使”；军爵、拜爵者在“不更”范围之内。这些措施，更是把广大劳动人民逼得走投无路。

大秦帝国自建国伊始，就“内兴功作，外攘夷狄”，几乎无日不在征发民众，使大量的人力物力耗费在无休止的徭役之中，迫使广大民众最后走上了官逼民反的道路。

《史记·平津侯主父列传》中说：

> 行十余年，丁男被甲，丁女转输，苦不聊生，自经于道树，死者相望。
>
> 男子疾耕不足于粮饷，女子纺绩不足于帷幕。百姓靡敝，孤寡老弱不能相养，道路死者相望，盖天下始畔秦也。

《史记·淮南衡山列传》中说：

> 往者秦为无道，残贼天下。兴万乘之驾，作阿房之宫，收太半之赋，发闾左之戍，父不宁子，兄不便弟，政苛刑峻，天下熬然若焦，民皆引领而望，倾耳而听，悲号仰天，叩心而怨上，故

陈胜大呼，天下响应。

《汉书·贾山传》中说：

昔者，秦政力并万国，富有天下，破六国以为郡县，筑长城以为关塞。秦地之固，大小之势，轻重之权，其与一家之富，一夫之强，胡可胜计也！然而兵破于陈涉，地夺于刘氏者，何也？秦王贪狼暴虐，残贼天下，穷困万民，以适其欲也。……秦皇帝以千八百国之民自养，力罢不能胜其役，财尽不能胜其求。一君之身耳，所以自养者驰骋弋猎之娱，天下弗能供也。劳罢者不得休息，饥寒者不得衣食，亡罪而死刑者无所告诉，人与之为怨，家与之为仇，故天下坏也。秦皇帝身在之时，天下已坏矣。

陈胜、吴广起义后，李斯等人在分析起义原因时说：
"盗多，皆以戍、漕、转、作事苦，赋税大也。"（《史记·秦始皇本纪》）
可见，秦末农民起义的根本原因是繁重的赋役造成的。

秦始皇对民众实行重租苛赋，推行繁重的徭役，并且实行种种横征暴敛，广大民众被迫离开需要耕作的田地，离乡背井，来到千里之外的战争前线和服役处所。这样，必然使生产荒废，民生凋敝，民怨沸腾。秦政权这些措施使自己彻底地站到了人民的对立面。民众不可侮，到了一定时期，在一定条件下，长期埋藏在广大民众心头的怒火，就会不可遏制地喷射出来.

封禅：蜕变的里程碑

秦帝国没有像通常新建立的王朝那样给予它的子民们一段“休养生息”的时间，帝国机器昼夜在加速转动。百姓们为应付帝国的各种徭役、兵役而身心疲敝地忙碌奔波，各级官吏也绑在这架高速运转的机器上累得手胼脚胝。

帝国上下几乎没有一个闲人，始皇帝本人也不例外。

这不，眼下，他和群臣正在泰山脚下商量封禅的事情。

封禅，在今天看来是一桩地地道道的荒唐事，但在古代，它是帝王们理应举办、显示自己受命于天的一种盛大典礼。

封禅是帝王对天地一种最隆重的祭礼。“封”，就是在泰山极顶筑坛祭天，“报天之功”。“禅”，就是在泰山附近的一座名叫梁父的小山除地祭地。先祭天，后祭地，合称封禅。

在中国古代，对于任何一个新兴王朝而言，封禅都具有十分重大的政治意义。

司马迁在《史记·封禅书》中说：“易姓而王，致太平，必封泰山，禅梁父，何？天命以为王，使理群生，告太平于天，报群神之功。”“自古受命帝王，曷尝不封禅？……每世之隆，则封禅答焉，及衰而息。”依照惯例，每一个登上至尊地位的人，都有资格以这种方式向广大臣民宣扬自己奉天承运，德配天地。这是最高统治者的特权和无上的荣耀。自古以来，无怀氏、伏羲氏、神农氏、炎帝、黄帝、颛顼、帝喾、尧、舜、禹、汤、周成王等有德之君都曾到泰山封禅受命。自视功盖三皇、业超五帝的秦始皇，岂能错过这种宣扬自己受命于天，仙寿恒昌的机会？

尽管封禅之说倡导最力的是儒家，这与一贯以严刑峻法治国的秦始皇似乎颇不协调，但是，秦始皇考虑的不是学派，而是对其政治是否有利。封禅既然象征统治者奉天承运，是为统治合法性寻找理论依据，秦始皇焉能错过这样的机会？为了办好这场隆重的大典，秦始皇“征从齐鲁之儒生博士七十人，至乎泰山下”，共同商议封禅之礼。但是，群儒引经据典，高谈阔论，各执己见，争执不休。最后，恪守古礼的儒生们拿出了两条建议：第一，要虔诚俭朴，祭祀时先要清扫地面，再铺上草垫或用茅草编制的席子。第二，切勿损伤山上的一草一木，上山时车轮要用蒲草包裹起来。这种迂腐不堪的建议与讲究气派的秦始皇自然是大相径庭。如果照此办理，堂堂的大秦帝国开国之主岂不是形同乡巴佬？这算什么建议？秦始皇一怒之下，将儒生们撇在了一旁。

随即，他按照自己的一贯风格，命人斩木除草，开山修道，参照秦国先祖们祭祀上帝的一套礼仪，设计出了一套豪华的典礼仪轨。随后，他亲率群臣，乘车登临极顶，登坛祭天；然后从阴坡下山，至梁父祭地，完成封禅大礼。

秦始皇是中国历史上第一位封禅的皇帝，这也是我国历史上有可考文献记载的首次封禅大典。

严格意义上讲，封禅是秦始皇本人事业由盛到衰的标志性历史事件，是秦始皇开始蜕变的一个重要转折点。

1. 封禅大典是一项重大消耗性的政务，其规模之大、规格之高、花费之巨，都可谓一时之盛。封禅需要兴建一大批工程；朝廷上下重臣都要参加，皇帝大驾卤簿，百官长途巡狩，本身就是一项严重劳扰地方的举动，各种开支花费巨大，其耗费不亚于一场比较大的战争。秦始皇刚刚实现统一就不顾民力疲敝急于封禅，必然带来一系列的恶果。

2. 封禅是秦始皇顶峰心理的一种绝好的写照。封禅是神话王权的一种重要的手段。祭天地，告诸神，与上帝诸神对话，很容易让本来就相信鬼神的秦始皇自以为已经可以与众神同济。在奉天承运的神圣光环下，在广大臣民们的万岁高呼声中，秦始皇很可能认为自己就是上帝任命的人间代理人。这种情况，只会助长他的骄奢淫逸之心、肆无忌惮之行。这种情况，对于刚刚建立不久、天下并不稳定的秦帝国来说，显然不是一件好的事情。

3. 封禅事件直接导致秦始皇从此轻视儒生、蔑视儒家学说，这是焚书坑儒诱发的一个远因。

称帝之初，秦始皇对待儒家学说并不排斥。他征召一批大儒，在朝廷中设立博士官制，还期待他们能为帝国事业有所贡献。秦始皇的一套君臣礼仪，显然就是儒生们呕心沥血的结果。帝国刚刚建立，秦始皇就急着到泰山举办封禅大典，谁又能说不是一群帮闲文人鼓噪劝说的结果呢？到达齐鲁地区后，秦始皇还特地瞻仰了孔子故居，加封孔子后裔，召见齐鲁群儒。一时间，儒生受到的宠幸无以复加。可是，当儒生们兴冲冲簇拥着秦始皇来到泰山脚下，秦始皇需要他们为他竭心尽力时，腐儒的无能与俗儒的浅薄和拘泥暴露得一览无余。这本是他们建功立业、复兴儒学的重要机会，可是他们却不去对始皇察言观色，将古今礼仪融汇变通，只会掉书袋，拘泥于古礼。这样一来，秦始皇指望依靠他们办好一场前无古人后无来者的祭天地大典便化成了一丝泡影。这不仅令本来就对儒家学说缺乏信心的秦始皇对这帮群儒不屑一顾，更势必影响到他对整个儒家学说的基本看法。腐儒们的不知变通，不仅败坏了秦帝国的政治，也败坏了儒学的声望和自身的形象。后来，秦始皇所以能下决心焚书坑儒，儒生们在封禅时的表现何尝不是一个重要的诱因呢?

4. 由封禅活动诱发大规模的寻仙求药。当时的齐鲁文化有两大地方特色：仁义之道和方仙之道。这里本就是儒学与神仙学的发源地。儒生与方士，本是一母二胎。方士是从儒生中分化出来的一种职业者。封禅将秦始皇引到齐鲁大地，大批儒生、方士立刻围上来兜售其术。一时间，神仙学说很可能灌满了本就对此有颇有兴趣的秦始皇的耳朵。儒者遭到鄙弃，方士博得青睐，这可能是秦始皇“封禅”得到的一个最糟糕的结果。从此，秦王朝又因此增加了一项弊政，即为秦始皇大规模地寻仙求药而劳民伤财。

从封禅到求仙，从求仙到焚书，从焚书到坑儒，秦始皇所做的事情一件比一件荒唐。从一定意义上看，封禅导致求仙；封禅、求仙所铸成的政治心态又导致了秦始皇的焚书；封禅、求仙、焚书的极端发展最后又导致了坑儒；坑儒又引发了扶苏被逐出咸阳事件。这一系列环环相扣的弊政，终于将秦帝国逼上了绝路。这样看来，秦始皇急于封禅是秦帝国亡国之因。

“尚采不死药，茫然使心哀”

寻求长生不死药，是秦始皇统一中国后孜孜以求的一件大事情。在秦始皇的晚年生活中，追求长生不死，冀图得道成仙，几乎成了他日常生活的一个重要组成部分，并因此而深刻地影响到了大秦帝国的统治政策。

天下统一前，秦始皇无暇顾及长寿和享乐，帝国建立后，他就把企求长生提到一个相当重要的位置上来。

这不奇怪!

从历史上看，在周民族生活的陕原以西，很早就流行着关于肉体不死、灵肉并生的神仙思想，昆仑山上的西王母拥有长生不死之药的传说就是一个典型的代表。在这样的历史传统中成长起来的一代帝王秦始皇，具有鬼神思想本在常理之中。

战国时代，民间处处可闻东海仙山神仙的传说。

茫茫的大海中，矗立着蓬莱、方丈、瀛州三座仙山琼阁。山中风景如画，四季常春。山中的仙人，个个俊秀明丽，青春不老。山中生长着长生不老的药草。远远望去，神山在云雾中若隐若现，等到人间的船只驶近、正想细看时，却又立刻消逝得无影无踪。

战国时代的几乎所有诸侯国王，都曾经不同程度地关注过这三座可望而不可即的神山。邻近东海的齐国和燕国君王们，也曾经几度遣人下海探寻神山、求取长生不老的仙药。几百年过去了，齐、燕的君王们不知道更换了多少次，可神仙与仙山却依然在虚无缥缈间。

庄周在他的《庄子 · 逍遥游》中曾经这样详尽地刻画仙人：

“藐姑射之山，有神人居焉。肌肤若冰雪，绰约若处子；不食五谷，吸风饮露；乘云气，御飞龙，而游乎四海之外。”

到大秦帝国时，经过方士们不断加盐调醋的改造，人们心目中的神仙已经变得栩栩如生：

仙人长生不死，永远年轻貌美；

仙人不仅居住仙界，而且常常来往人间；

仙人有超常能力，可以随心所欲地实现自己的梦想；

仙人的生活，洞天福地，仙山琼阁，悠哉游哉；

仙人掌握着人间凡人的命运，可以随意地对他们发号施令。

“始皇既平六国。凡平生志欲无不遂，唯不可必得志者，寿耳。”秦始皇由一介诸侯王脱颖而出，挥剑扫六国，驾车踏寰宇，一统天下，做上超过三皇五帝的人间帝王，真可谓“意得欲从”，人力所能做到的好事情他都做成了，人世间人们向往的荣华富贵他都拥有了，他可以挟帝王之威以自恣，据天下之富为己有，夺天下之福为独享。但是，他却仍然是肉身凡体，仍然要吃五谷杂粮，仍然免不了生老病死。巨大的贪欲淹灭了秦始皇的理智，为了弥补志欲无穷而生命有限的缺憾，晚年的秦始皇开始了寻找神仙，以求不死之药的征程。在这一征程中，他不断地受到方士骗子们的愚弄，闹出了一幕幕令人啼笑皆非的人间悲喜剧，更严重的是，在寻仙的路上，他彻底摧毁了他本就不健康的身体，造成了让秦帝国走向毁灭的憾事。

“及至秦始皇并天下，至海上，则方士言之不可胜数。”秦始皇举行封禅大典后一到海滨，立即被一批专门以方仙道骗人吃饭为职业的方士所包围，很快便沉迷其中而不可自拔。

世上本无仙人，人间本无长生。祭神灵，寻仙人，求丹药，都属荒唐之举，徒劳而无益。然而，秦始皇再伟大，也毕竟是个肉眼凡胎。无法免俗。古今中外，哪一个正常的人不希望延年益寿？哪一个迷信之人不在期盼长生？如果他只是小打小闹地玩一玩，似乎不必去过多地指责。自古以来，寻仙求药的帝王不在少数，只要他们不因此而影响到国本，这类的事情就不必细究。但是，聪明如秦始皇者却被一骗再骗，至死不悟，而且因此而导致焚书坑儒、驱赶类似太子地位的公子扶苏，这可就苦了他的臣民，误了他的国家大事。从这点说来，寻仙求药对于晚年秦始皇来说，就不仅是他的一大弊政，简直可以说导致秦帝国过早灭亡的一大恶行。

最大的骗子当数齐人徐福。

秦始皇初次东巡至海，海市蜃楼奇观尤令他心驰神往。迎合秦始皇的迷信心理和企望永生的心愿，齐人徐福（市）等人就抓住机会放胆上书，鼓动他寻仙求药。秦始皇信以为真，根据徐福的要求，派数千童男、童女随他入海寻求长生仙药。一年过后，秦始皇再次东巡至海，而徐福等人却一无所获。众术士“皆以风为解，曰未能至，望见之焉”。既然众人皆说因风不至，秦始皇也不好怪罪，只得令他们继续寻找。转眼又过三年，秦始皇三度东巡，方士们依然两手空空，这不免让秦始皇大失所望。这一次，根据《史记·淮南衡山列传》中的记载，为了避祸，徐福编造了一个更大的谎言。他说：“我见到了海中大神，大神问我：‘你是西皇派来的使者吗？’我说：‘是的。’大神问我：‘你此次来，有何要求。’我说；‘这次来，是为了求得长生不死药的。’大神说：‘你秦王的礼物太微薄了，可以看而不可取。’大神带我到了蓬莱山，见到了芝成宫阙，有使者铜色而龙形，光亮照天。我问大神：“应该送上什么礼物？’海神说：‘派来童男、童女、百工、技师以及谷物种子，即可取得长生不死药。’”

秦始皇一心迷恋于长生不死，得知仙药可求，心中转怒为喜，根本不去辨识徐福所言的真伪，当即决定派出童男、童女、百工、技师、弓箭手等三千人加带上一批最优质的谷物种子、粮食、淡水等给养，装备了大型的楼船下海寻仙。秦始皇满怀希望，想等徐福求得不死药回来，可是，等了三个月也没有见到徐福的影子。他只好悻悻地返回了咸阳宫。

几年过去了，还是没有得到徐福求药回来的音讯。

秦始皇三十七年第五次巡游，再次来到琅琊这个当年他派徐福等人入海寻访蓬莱、方丈、瀛洲三神山，觅求长生不死药的地方。这次一到琅琊，秦始皇便传徐福，问曾否求得仙药。徐福借求药为名，每年领取巨额费用，已不胜计，这无疑是个骗局。

徐福“恐谴”，便又欺骗说：“蓬莱山上的仙人寿药是有的，就是因为海中有大鲛鱼作怪，掀风作浪，阻住海船，故终不得上山取药。愿皇上遣善射的弓箭手一同去，见了鲛鱼就用连弩射杀。”

这当然又是一个骗局。

只是这时秦始皇身体健康已经出现了严重的问题，时不再来的感觉让他仙迷心窍，加上正好夜里梦见自己同海神作战，问占梦博士，博士回答：“真正的水神不可看见，是大鱼鲛龙作祟，皇上祷祠都很恭谨，有这样的恶神应当除去，然后善神才能见到。”为何博士所言与徐福相同，是否两人有所串通，其中奥妙，已不可知。

由于徐福所言同博士所语相符，秦始皇又轻易上了当。他下令入海时带足捕捉大鱼的鱼具，自己也准备了连弩，准备与海神一决雌雄。秦始皇君臣由琅琊起程，北至荣成山，约航行了数十里，不见有什么大鱼、鲛龙。再前行到芝罘时，果然见到了大鲛鱼。秦始皇亲自同弓弩手用连弩射死了一条大鲛鱼。秦始皇认为此后当可无虞，乃命徐福继续入海求仙药。可是，这次徐福一行如泥牛入海，音讯皆无。

对秦始皇执迷不悟地求长生不老药的荒唐行为，唐代大诗人李白作

《古风》诗歌一首，其中有这样的评述：

铭功会稽岭，骋望琅琊台。刑徒七十万，起土骊山隈。尚采不死药，茫然使心哀。连弩射海鱼，长鲸正崔嵬。额鼻象五岳。扬波喷云雷！鬐鬣藏青天，何由睹蓬莱？徐福载秦女，楼船几时回？但见三泉下，金棺葬寒灰！

秦始皇一面发七十余万刑徒在骊山为自己营建陵墓，一面却派人到东海求不死之药。但事与愿违，不等徐福求药归来，秦始皇已经死在巡游的路上了！

秦始皇一心求仙，方术之士便纷纷投其所好，想方设法来欺骗他。

秦始皇三十一年（公元前 216 年），一个名叫茅盈的方士声称他的父亲茅初成“于华山之中，乘云驾龙，白日升天”。在此之前，他的家乡就流传着一首歌谣：“神仙得者茅初成，驾龙上升入泰清，时下玄洲戏赤城，继世而往在我盈，帝若学之腊嘉平。”这个荒诞离奇的故事显然为茅盈等人所编造并四处散布出来。“始皇闻谣歌而问其故，父老具对此仙人之谣歌，劝帝求长生之术。于是始皇欣然，乃有寻仙之志”，并下令将每年十二月举行的腊祭改称腊平。为了表达对神仙的敬仰和父老的感谢，秦始皇还“赐黔首里六石米，二羊”。

公元前 215 年（秦始皇三十二年），秦始皇再次东游，出抵碣石时，燕国的方士卢生在秦始皇面前鼓吹求仙学道之事，秦始皇求仙心切，在焦急等待徐福的过程中，又派出了燕国方士卢生，去寻找羡门、高誓这两位传说中的资深仙人。继而又派韩终、侯公、石生等人去寻找仙人，求觅长生不死的仙药。

仙人与长生不死之药，当然无处可得。不过，卢生却带回了“亡秦者胡也”这个不祥的谶语。

秦始皇一听，这还了得，立即命令将军蒙恬发兵三十万，北击匈奴。卢生则受命继续下他那盘永远下不完的棋——为当世的人间帝王找仙觅药。

公元前 212 年，卢生奉劝秦始皇积极配合，仙药就可得到。他说：

“寻求灵芝、奇药和神仙，之所以常常不获，是因为物类中有忌讳。按照神仙方术，作为人主的皇帝要微行以避恶鬼，避恶鬼真人方至。而人臣知道人主的居处，则害于神仙。真人也就是神仙，入于水不沾湿，入于火不燃烧，腾云驾雾，与天地共长久。今皇上治理天下，未能恬淡生活，请皇上所居之地莫令人知晓。然后才能访求到长生不死的仙药。”

这当然还是一个骗局。

卢生等人敢于这样在秦始皇这个太岁头上动土，关键就在于他们揣摩透了秦始皇此时此刻的心理需求与他的软肋之处。秦始皇本来就信奉韩非子的所谓驾驭群臣的那一套法术，加上此刻求仙心切，受骗上当，自然在所难免。

结果是，秦始皇听从了卢生的建议，从此自称“真人”而不称“朕”，并在咸阳之旁二百里内，修建宫观二百七十，复道甬道相连，“微行以避恶鬼”。

但是，假的终归是假的。

根据秦帝国的法律，每事最后必验，不验者处以极刑。卢生、侯生之类靠骗术谋取富贵的方士们怕事情败露，策划逃亡。走前他们还不服输，在对秦始皇的为人、政事大加攻击后，便不辞而别。秦始皇闻之，勃然大怒。他下令彻底追查，于是就引发出了下文将要讲到的坑儒事件。

秦始皇晚年各种与神仙有关的荒唐行为，耗费了帝国的大量人力物力，有人估算，不亚于修筑长城的费用。自从陷入神秘主义的迷途后，秦始皇的施政方式、态度和热情乃至生活习惯及个人人格等方面都发生了很大的变化，过去叱咤风云的秦始皇不见了。这种影响，对秦始皇晚年的政治，无疑产生了不可忽视的影响。一心想长生，反而加快了死亡的步伐；一心想开帝国万年长存之基，反而因为自己的私欲膨胀而加速了它的覆灭。如果说秦始皇是一个悲剧人物的话，那么，他晚年的寻仙求药则就是导致这种悲剧发生的根源性因素之一。

焚书：思想统治的极端典型

秦始皇三十四年（公元前 213 年），天下统一，海内晏清，在溢耳的歌功颂德之辞面前，始皇帝不能自持，开始变得飘飘然起来。在施政方面，他愈益专横。为了进一步统一思想，钳制舆论，他接受丞相李斯的建议，一手制造了闻名古今的“焚书”事件。不管这位千古一帝的主观意愿如何，它客观上都造成了一场中国历史上千古叹恨的文化浩劫。

“焚书”事件起因于儒生对秦帝国的政治评价。

公元前 221 年，秦始皇统一中国。与此同时，一个重大的政治课题摆在了秦始皇及大秦帝国统治集团的面前。这就是实行什么样的政治体制，才能保证秦帝国的长治与久安。秦始皇高踞塔顶，把这个重大的政治课题交与大臣们商讨议论。

于是，一场围绕着郡县与分封问题的争论在帝国朝堂之上激烈地展开。

丞相王绾依据政治传统和政治惯例，结合战国以来的各国制度与经验，主张实行郡县与封国共存的混合体制。

王绾提出，要在燕、齐、楚等地实行分封。但是，他的主张遭到廷尉李斯的严厉批驳。

李斯将秦国的政治传统与现行制度相结合，认为只有郡县制才是保证帝国的长治久安之计。

秦始皇根据历史的经验教训，认为春秋战国以来长期战乱不休的根源就是因为实行分封的缘故。他认为，搞分封就是在树兵，会带来无穷后患，因而，他采纳了李斯的意见，将全国分为三十六郡，郡下设县，郡县服从中央。从此，郡县制在全国范围内确立下来。

然而，争论并未结束。

八年后，即公元前 213 年，在秦始皇看来，秦帝国已是“天下和平”“人人安乐”的太平盛世。对于这种状况，他很是满意，在咸阳宫设宴庆贺。宴席之上，七十个博士轮番上前祝贺。其中，仆射周青臣上前对秦始皇歌功颂德：

“他时秦地不过千里，赖陛下神灵明圣，平定海内，放逐蛮夷，日月所照，莫不宾服。以诸侯为郡县，人人自安乐，无战争之患，传之万世。自上古不及陛下威德。”(《史记 · 秦始皇本纪》)

这就是说，从前秦国地方不过千里，今仰赖陛下圣明，平定海内，统一天下。日月所照处，无不服从皇帝之命。把割据的诸侯变成郡县，天下人民安乐，再无战争之患，这是传之万世的功业。自上古以来，无一个帝王能及陛下的威德！

这样的称颂，句句入耳，词词称心，秦始皇自然兴奋不已。

可是，没有想到，齐人博士淳于越当着众人的面，不客气地扫了秦始皇的“兴”。

淳于越对周青臣的面谀不以为然。他向秦始皇进谏说：

> 臣闻殷、周之王千余岁，封子弟功臣，自为枝辅。今陛下有海内，而子弟为匹夫，卒有田常、六卿之臣，无辅拂，何以相救哉？事不师古而能长久者，非所闻也。今青臣又面谀以重陛下之过，非忠臣。

淳于越告诫秦始皇：臣听说商、周的王位能传一千多年，原因在于把他们土地分封给了子弟功臣，让他们共同辅佐朝廷。今陛下统一海内，而子弟却为匹夫，万一仓促间出现像田常、六卿一类的臣子作乱，谁来辅佐相救？事情不取法古制而能够长久不败的，从未听说过，现在周青臣又当面阿谀陛下的过失，并非忠臣。

政治上的见解不同，本来是一种在思想领域中很正常的现象，是在任何政治条件下都会有的一种情况，如果妥善处置，完全可以把大事化小，小事化了。

可是，秦始皇并不如此。

淳于越在如此的场合发一通如此不合时宜的议论，将秦始皇置于尴尬的境地，本来其乐融融的气氛立刻变了。

对周青臣一派称颂的言辞，淳于越一味指责的话语，秦始皇没有马上表明态度，而是下令臣下各抒己见，就周青臣、淳于越提出的问题充分展开讨论。机灵敏感的李斯一下子意识到这场争论并非一般，认定是他政治生涯中的一次重大机遇。于是，他揣摩着秦始皇的心理，抓住淳于越的师古言论，大作文章。

他挺身而出，据理力争地提出了自己的见解：

> 五帝不相复，三代不相袭，各以治，非其相反，时变异也。今陛下创大业，建万世之功，故非愚儒所知。且越言乃三代之事，何足法也？异时诸侯并争，厚招游学。今天下已定，法令出一，百姓当家则力农工，士则学习法令辟禁。今诸生不师今而学古，以非当世，惑乱黔首。丞相臣斯昧死言：古者天下散乱，莫之能一，是以诸侯并作，语皆道古以害今，饰虚言以乱实，人善其所私学，以非上之所建立。今皇帝并有天下，别黑白而定一尊。私学而相与非法教，人闻令下，则各以其学议之，入则心非，出则巷议，夸主以为名，异取以为高，率群下以造谤。如此弗禁，则主势降乎上，党与成乎下。禁之便。臣请史官非秦记皆烧之。非博士官所职，天下敢有藏诗、书、百家语者，悉诣守、尉杂烧之。有敢偶语诗书者弃市。以古非今者族。吏见知不举者与同罪。令下三十日不烧，黥为城旦。所不去者，医药卜筮种树之书。若欲有学法令，以吏为师。

在李斯看来，五帝事业不重复，三代制度不沿袭。各自采行自己的方法治理国家，并不是有意和前代相异，这是时代变迁的缘故。现在皇帝创造大业，建立万世不朽之功，本来就不是这批迂腐的儒生所能够理解的，何况他们专说一些缥缈的三代之事，如何取法呢？过去，诸侯为了混战割据，各霸一方，不得已才用优厚的俸禄招致游说之士。如今天下已经安定，法令统一，百姓在家应努力从事农工生产，士应学习朝廷法令，遵纪守法。可是现在这群儒生不师今而学古，以古非今，迷惑煽动百姓，这不利于帝国长远的建设大业。

李斯号准了秦始皇的政治脉搏与内心的成见，把矛头指向儒生和儒家的学说的软肋。从李斯的主张来看，其本质无疑是文化专制论，但形式上又表现出了某种时代精神，因而更能引起秦始皇的重视。

秦始皇对于儒生本来就没有好感。六年前，秦始皇来到泰山脚下，不知封禅仪式如何举行，问随行博士，他们却不知其所以然。后来，秦始皇召来了齐鲁当地的儒生七十人询问，儒生们商议后对秦始皇说："古者封禅当蒲车，恶伤山之土石草木。埽地而祭，席用葅秸，言其易遵也。"秦始皇听了儒生之言，觉得言辞乖异，根本不符合自己的心意，远途而来，哪里曾备有蒲轮车舆。再者，大队人马上山，不伤一草一木，不撞土地山石，实际上难以做到。秦始皇甩开这批迂腐不堪、不知察言观色的儒生，但却找不到更能体现出他的想法的气派的封禅做法。最后，他只好在原来秦国历代君主祭祀上帝时所用的礼仪基础上稍加变通，才使得封禅大典得以如期举办。当年儒生们如此拙劣的表现，已经使秦始皇大为不满了，如今又看到儒生以古非今，在庆祝功德的大宴上不给他面子，在群臣面前诽谤和攻击他建立的那套大一统制度。秦始皇心中的愤怒程度可想而知。

李斯趁机建议秦始皇，只有采取焚书钳制的政策，才会收到良好的效果。

他进一步煽动秦始皇说：古代天下离乱，不能统一，所以诸侯并争。诸生们谈论上古之事，妨碍眼前帝国的行宜，矫饰虚诞的言语，足以搅乱名实。他们每个人都认为自己所学的就是天下最完美的东西了，任凭主观，诽谤在上位者所制定的制度。现今皇帝已经统一天下，区别是非黑白定立统一的标准。可是，那些儒生仍持私学攻击国家法令，每听法令下来，就各以其所学议论朝政，在朝内口是心非，出外就参与街谈巷议，用攻击皇帝来沽名钓誉，用标新立异来抬高自己的名位，率领下边群众造谣诽谤。这种状况，如不加以禁止。则上会危及皇帝权势，下会形成朋党宗派，应严禁才对。

怎样严禁呢？李斯又向秦始皇献上自己早已经筹划好的计策：

1. 将史官所藏之史书，不是《秦纪》者全部烧毁；

2. 除博士官职掌的国家藏书外，天下有藏《诗》、《书》、百家诸子著作者，将书上缴到郡县官吏处烧掉；

3. 有敢聚集一起谈论《诗》《书》者处死暴尸；

4. 有敢以古非今者灭族，官吏知情而不检举者与之同罪；

5. 三十天还不烧毁者；脸上刺字罚作修筑城墙的苦役；

6. 有关医药、卜筮、种树的书可以不烧；

7. 如想学习国家法令，应拜官吏为师。

李斯企图通过这种办法，使天下人不能以古非今，并达到排除异己的目的。

秦始皇对儒生们的“以古非今”早就恨之入骨。李斯这七条建议，当然很称他的心意。于是，他当即批准李斯的焚书建议，并向全国颁布焚书令。

随即，一场焚烧中华早期文明的大火，立刻在咸阳大地熊熊燃起。接着，又在全国各郡县的指定地点火光冲天。

焚书令的颁布，把原属思想意识的东西，无情地推上了政治斗争的领域。

钳制思想，必然会给国家的文化建设造成极大的危害，使中国古老的文明遭到了一场前所未有的浩劫。

客观地说，秦始皇并无意绝灭各种典籍。他的出发点，只是不准臣民们利用这些典籍来反对他和他所建立起来的帝国制度。他的文化专制有着明确的目的——用国家政权的力量，确保思想的统一，更好地使帝国贯彻他的治国的主张，维护大一统的政治局面。

本来，秦始皇有更适当的手段和方案可供选择，焚书并不是他的既定国策。原因很简单，文化建设对于维护秦帝国的统治是必要的，雄才大略如秦始皇者不会不懂得这其中的重要性。但因为儒生们的不给面子，也因为儒生们的谏议涉及秦帝国的政治模式和秦始皇的个人功过是非的总体评价问题，甚至可以说涉及了秦帝国基本制度和统治方略的基本估价问题，这就不能不引起秦始皇的高度重视并进一步激起他对儒生的反感情绪。在一怒之下，他选择了李斯呈上的最不可取的简单粗暴的手段。不仅采用法律强制的手段明令禁止人们学习先王、先贤们的文化思想，而且还要一概焚烧而后快，这就物极必反，不仅达不到统一思想、禁绝人们批评帝国政治的目的，反而不利于统治思想的发展和完善。焚书以后，反对者的声音是没有了，但秦帝国的统治方略却从此变得日益僵化起来，帝国政权内部的调适能力在迅速下降。焚书的结果，还彻底把知识分子赶到了帝国的对立面，造就了更多的政治反对派。

实际上，如果我们放开视野来看，在世界史上，这种以强制性的手段消灭异端，统一思想的做法，应该说是司空见惯，比比皆是。

正像秦始皇之前有孔夫子曾以诛杀少正卯来铲除异端；又像秦始

皇之后汉武帝曾以“罢黜百家，独尊儒术”来使帝国思想统一一样，这种行为前有古人，后有来者。在秦国，早在商鞅变法时期，为了钳制思想，就已经有了焚毁诗、书的举动和先例。

这场大火，结束了一个时代——春秋战国以来好不容易形成的“百花齐放、百家争鸣”的时代。这个时代是古代中华文明史上绝无仅有的一个时代，是中国古代历史上文化发展的黄金时代。

这场大火，也揭开了另外一个新时代。这就是以历代皇帝的谕旨为金口玉牙的封建专制统治的文化黑暗时代。

焚书事件是秦始皇从一位积极进取的政治家蜕变成为专横保守的无道之君的一个临界点。秦帝国夭亡的征兆已经初露端倪。

“坑儒”引发的危机

从春秋战国到大秦帝国，中国历史上一直存在着两个战场，一个是军事上的，另一个是思想上的。军事上的战场经过秦国历代君主接力棒式的奋斗，到秦始皇的手中终于以灭亡六国为标志完满取胜，思想上的战场虽然不像军事战场上那样硝烟弥漫、杀气冲天，但其激烈的程度丝毫不逊于军事战场，其取胜难度甚至难于军事上的战场。

从商鞅变法以来，秦国历代君主基本上都是尊法轻儒。秦始皇在军事战场上干脆利索地获得了全胜，但在思想战场却一筹莫展。虽然他接受了李斯的焚书建议，并想以法家学说来统一帝国民众的思想，但这种做法，显然没有能达到他的企求。倡导方仙道的方士、主张复古的儒士，都明显有着自己的思想，并不苟同秦始皇的做法。在这种情况下，为了真正达到钳制人们思想的目的，秦始皇决定利用方士们的欺骗、诽谤朝廷罪为借口再作一下这方面的文章。

“焚书”的硝烟还没有散尽，第二年，即公元前212年，便发生了“坑儒”的事件。“坑儒”和“焚书”虽然不是同一时间发生的，但它们之间是有联系的，“坑儒”是“焚书”的继续，是秦始皇贯彻既定文化专制政策的继续。

“坑儒”的导火线是方士们对秦始皇的欺骗与诽谤；真正原因则是秦始皇轻儒思想的发展、秦帝国思想专制发展的必然。

从表面上看，秦始皇寻仙觅药，乞求长生不死，可是，那些方士却有意无意地捉弄他．这似乎是导致坑儒这场悲剧的重要原因。

但如果从深层面上分析，就可以看出，秦始皇对儒生是有成见的。从历史上看，秦国历代的统治者是一贯轻儒的。秦孝公就任用商鞅变法，反对儒生和儒术，把儒书看成蚀毁社会治安的害虫，而且还“燔诗、书而明法令”。秦昭襄王也是一个轻儒的人。荀子在秦昭襄王面前鼓吹儒者的作用，他说：“儒者在本朝则美政，在下位则美俗。”就是说，儒生在朝廷上当官，就会使朝廷完美，在下当个百姓就会使风俗完美。秦昭襄王虽然接见了荀子，但实际上仍然认为“儒无益于人之国”。秦始皇继承秦国的传统，从先王手中接过了“轻儒”的政策，对儒生博士采取鄙视、排斥、打击的态度，特别是经过儒生淳于越对秦始皇既定国策的挑战和焚书，屠儒已经在所难免，只不过是个时间早晚的问题罢了。

“坑儒”的直接起因，是侯生和卢生在背后议论秦始皇的暴政，害怕秦始皇的报复而逃亡。秦始皇希望长生不死，召用了许多“方士欲炼以求奇药”，对方士卢生等人“尊赐之甚厚”，十分信任。如公元前215

年（秦始皇三十二年），因卢生“奏录图书”有“亡秦者胡”的谶语，始皇就遣将军蒙恬发兵三十万人，北征匈奴。秦始皇一心想求长生，他遣徐福入海求仙，又派卢生为他寻药。他甚至遵照卢生荒唐的主意，自称“真人”，“居宫毋令人知”，以表求仙的诚心，并把怀疑泄露情况的人全部杀掉。秦始皇“费以巨万计”，而方士们“终不得药”，长此下去，一旦骗情败露，秦始皇是不会饶恕这批方士的。秦始皇的焚书令，明显地针对儒生，这使玩弄骗术的卢生等人大为紧张，特别是当他们看到“偶语诗书者”就要杀头暴尸的法令时，联想自己的欺君之罪的下场便惴惴不安起来。

卢生同另外一位方士侯生商议说：

“始皇为人，天性刚戾自用。起诸侯，并天下，意得欲从，以为自古莫及己。专任狱吏，狱吏得亲幸。博士虽七十人，特备员弗用。丞相诸大臣皆受成事，依办于上。上乐以刑杀为威，天下畏罪持禄，莫敢尽忠。上不闻过而日骄，下慑伏谩欺以取容。秦法，不得兼方，不验，辄死。然候星气者至三百人，皆良士，畏忌讳谀，不敢端言其过。天下之事无小大皆决于上。上至以衡石量书，日夜有呈，不中呈不得休息。贪于权势至如此，未可为求仙药。”（《史记·秦始皇本纪》）

这是卢生、侯生等人对秦始皇暴政的背后议论，具有一定抨击的性质。

他们认为：秦始皇为人，天生脾气刚强暴戾。自以为是诸侯出身、兼并天下，凡事称心如意，认为从古到今没有人胜过自己。专门任用治狱的官吏，治狱的官吏得到了他的信任、宠爱。博士虽设置有七十名，只不过充充门面，从不曾得到重用。丞相以及大臣仅仅接受已经决定的命令，一切事情都要依靠皇帝办理。皇帝喜欢用刑法杀戮来建立威严，天下人害怕触犯法网，唯有行尸走肉般小心、谨慎地保有着俸禄，没有一个敢去竭尽忠诚。皇帝听不到对自己过失的批评而日益骄横，臣下唯恐怠慢于皇帝而整天说谎言欺骗他，以博取他的欢心。按照秦帝国的法律，献方无效验者要处以死刑，如此残酷，天都出现恶兆，而候望星象的有三百多人，个个技术精通，却畏惧皇帝的忌讳，不敢大胆说出他的过失。天下之事不论大小都由皇帝决定，文书多到用秤称量批示，而公文的往返又有一定的期限，为了不超越期限，皇帝忙得无法休息。贪婪权势到这种地步，这样的人不可替他寻找成仙之药。

上面这段话，既有对当时政情的如实披露，又有攻击挖苦的成分，也是为他们自身开脱，因为成仙之药本身就是子虚乌有之物，根本不可能得到。卢生与侯生一阵痛骂之后便逃之夭夭。

秦始皇耗资巨万财富，豢养了像卢生和侯生这样一批方士，“求仙人不死之药”，结果被方士愚弄了一番，背后又被嘲骂了一通。他听说卢生、侯生逃亡，发觉自己上当受骗，不由心中升起了怒火。

他说：

> 吾前收天下书不中用者尽去之。悉召文学方术士甚众，欲以兴太平，方士欲炼以求奇药。今闻韩众会不报，徐福等费以巨万计终不得药，徒奸利相告日闻。卢生等吾尊赐之甚厚，今乃诽谤我，以重吾不德也。诸生在咸阳者，吾使人廉问，或为妖言以乱黔首。

秦始皇言之凿凿：我前些时候没收天下的书籍，不合时用的都烧掉。征用许多文学方术之士，想要谋求国家的太平。如今韩众一走再也不回来复命，徐福等人浪费巨额的资财，还找不到长生不死的仙药，每天只是以无用之言来塞责。卢生等人，我平常厚待并重给赏赐，如今逃走并诽谤寡人，敢加重对我的不仁。我派人去察问侦知，诸生在咸阳专门制造妖言，迷惑百姓。

秦始皇发了一阵雷霆之威后，立即抓住机会，下令御史把咸阳的儒生、方士加以审问追查。那些经不起严刑审问的儒生，便互相告发以开脱自己。案定后，秦始皇决定依律治罪，大开杀戒。他在这些儒生中亲笔圈定了四百六十余人，以“妖言”“诽谤”罪名下令活埋。这就是秦帝国历史上著名的“坑儒”事件。

“焚书坑儒”是秦始皇一手造成的闻名古今的历史事件。关于秦始是所坑的四百六十余人，是方士还是儒生，历来有不同的看法。有人认为，卢生等皆为方士，秦始皇要杀的也就是欺骗他的那些方士，因此被坑者是方士，不是儒生。但也有人坚持，被坑者皆为儒生。

其实，秦始皇所坑的四百六十余人，方士和儒生兼而有之：

第一，从坑儒的直接原因来看，是针对儒生的。秦始皇在闻知方士潜逃之后，明确提出一个打击“儒生”的主张，他说：“诸生在咸阳者，吾使人廉问，或为以乱黔首。”于是他叫御史把咸阳诸生统统捉来审问，诸生互相告密，始皇亲自圈了“为犯禁者四百六十余人”，把他们绳之以法。很明显，秦始皇是怕儒生借此事再去议论朝政，揭他的伤疤。为了进一步贯彻落实他的思想统一的主张，钳制住儒生们的悠悠之口，秦始皇便借方士的东窗事发之事进一步打击儒生。

第二，从秦帝国对儒生的轻视以至仇视态度来看，被坑者是儒生。这一点从焚《诗》《书》可以得到验证。丞相李斯认定“诸生”有三条罪状：其一，以古非今。“不师今而学古”，“道古以害今”，拿古代的事例来否定秦帝国现行的政治措施；其二，“诸生”“自由讲学”，“饰虚言以乱实，人人善其所私学”。以私学议论朝政，制造混乱“惑乱黔首”；其三，“今天下已定，法令出一”，“士则学习法令辟禁”，而“诸生”“入则心非，出则巷议”，对秦始皇的一些政令，背后议论，表示不满。根据这些罪名，秦始皇随时都可能将儒生置于死地。

郭沫若在《十批判书 · 吕不韦与秦王政的批判》一文中认为：“近人有替始皇辩护的，谓被坑者不是儒者而是方士，我自己在前也曾这样说过。但这是不正确的，没有把《本纪》的原文过细读清楚。”我赞成郭老的这个观点。

其实，秦始皇“坑儒”的目的并不是要彻底消灭儒生在秦帝国中的作用，而是要惩处不忠，铲除奸邪，让儒生们以此为鉴，不要再去动辄谏言，议论朝政。郑樵在《通志 · 校雠略一》中就说：“陆贾，秦之巨儒。郦食其，秦之儒生。叔孙通，秦时以文学召待诏博士。数岁，陈胜起山东，二世召博士诸儒生三十余问其故，皆引《春秋》之义以对。是则秦时未尝不用儒生与经学也。叔孙通降汉时，自有弟子百余人，齐、鲁之风原未尝替……则知秦时未尝废儒。而始皇所坑者，盖一时议论不合者耳。”

不过，从后来的历史发展的情况来看，“焚书坑儒”并没有达到秦始皇预想的“使天下知之，以惩后”的目的，相反，这种做法彻底将知识分子赶到了政权的对立面，大大地削弱了秦政权中的有生力量。

更要命的是，秦始皇的“坑儒”举动引发了秦帝国严重的统治危机。

在整个坑儒事件的过程中，帝国上层曾经有一个年轻人，多少看到了这种事情的严重后果。

他就是秦始皇的长子——公子扶苏。

当时，扶苏的头脑是比较清醒的，他得知父亲要活埋儒生的消息后，很自然想起了儒生的作用：秦帝国建立后，儒生们蜂拥而至，希望在这个新政权中发挥自己的力量。最初，秦始皇也曾希望儒家学说能为帝国增砖添瓦，因此才有“悉召文学方术士甚众，欲以兴太平”。他采纳了邹衍五行终始之说，也招纳了一批儒生充任博士，东巡郡县时，还让儒生伴行。在登邹绎山时，“与鲁诸儒生议，刻石颂秦德，议封禅望祭山川之事”。总之，儒生为秦帝国作出了不少贡献。想到这些，扶苏觉得父亲要坑儒的做法不妥，于是，性格勇武刚毅的他，便入朝大胆进谏说：

天下初定，远方黔首未集，诸生皆诵法孔子，今上皆重法绳之，臣恐天下不安。唯上察之。

扶苏望秦始皇能详察三思而行。他的进谏从两个方面分析：

1. 天下刚刚统一，远方的百姓还未完全驯服，对儒生施以重刑不合时宜。

2. 诸儒生都在诵读孔子的书，并没有危害到帝国政府的安全，也没有违反秦帝国的法律。如此对儒生加重法律处罚，不合情理。

应该说，扶苏的进谏是有道理的。可是，“刚戾自用”的秦始皇不肯改变自己的成命，加之他正在怒火攻心，岂能听进这些忠谏。他一怒之下，把扶苏贬到北方蒙恬守边的军队中去当监军。

扶苏被逐引发了秦帝国统治集团内部的一场严重的政治危机。随后的历史发展证明：这场危机，直接导致了秦帝国的夭亡。

第五章

异化：并非二世在秉政

还你一个真实的胡亥

胡亥，也就是大秦帝国的二世皇帝。他本是秦始皇的幼子，生于秦王政十八年。

据《史记·李斯列传·集解》记载：

> 辨士隐姓名遗秦将章邯书曰：李斯为秦王死，废十七兄而立今王也。然则二世是秦始皇第十八子。

这说明，秦始皇共有儿了十八人，胡亥是其老幺当无异议。

由于史料的极端缺乏，关于胡亥其人的翔实资料我们今日已经无法看到。对于胡亥的认识，又只能从司马迁的《史记》中略窥一二，如此看来，其雪泥鸿爪只能靠一点有限的史料来加以推理、想象，甚至还原了。

今天，人们对于秦二世胡亥的认识除了“昏庸”“残暴”“贪婪”外就没有其他的了。对于他的误国、毁灭大秦帝国的行为，读者每每拍案击节，哀其昏庸，恨其不争气。可是，为什么这样一个毫无治国理政能力的花花公子，最终却能登上大秦帝国最高权力的宝座，成为大秦帝国不称职的舵手呢？难道说秦始皇仅仅为了舐子之情，就糊涂到不管他这个小儿子是不是一块搞政治的材料，宁可把帝国的安危交到他的手上？难到说秦帝国的文武群臣都是一桶废铜烂铁，都是一群瞎子聋子，看不出胡亥登基会给他们的帝国带来多么大的灾难？

这个秘密要想揭开，还得从秦始皇本身说起。

秦始皇有子十八人，加上十多位公主，子女共有三十余人，也算得上是一个多子多女的皇帝了。秦始皇虽然贵为天下皇帝，但他也是一个人，一个有血有肉同样富于七情六欲的人，也有“护犊子”的毛病。

历史表明，生长在皇宫大内的皇帝后裔，由于其特殊的生存环境，较之普通的百姓，更缺乏安全感、幸福感。在家天下的父子继承体制之下，由于权力之争往往与生存联系在一起，在不是你死就是我活的激烈生存竞争中，父子亲情、兄弟亲情往往要让位于皇位之争而退居第二位。

根据史料记载，在秦始皇的诸多儿女中，他最属意的只有长公子扶苏与小儿子胡亥二人。

从有限的史料来看，扶苏与胡亥的特点差异很大。

《史记·秦始皇本纪》中说：公子扶苏，始皇长子也。按照中国的传统思路，长子一般最有希望能成为帝国的未来接班人。

在《史记·李斯列传》中，司马迁借始皇帝侍从首领赵高之口，认为扶苏“刚毅而武勇，信人而奋士”。

同样，司马迁在《史记·陈涉世家》一文中，借普通百姓陈胜之口，将扶苏定格为“百姓闻之贤”。

看来，这些记载不是司马迁漫不经心之笔，他没有专门为扶苏作传，而是借秦帝国朝野上下之口将公子扶苏的形象栩栩如生地描绘了出来。

一位是宫廷的车马班首领、整日服侍在秦始皇的左右，帝国最高机密自然逃不过他的眼睛。赵高对扶苏的看法，能够代表秦始皇及其宗室朝臣们的意见，是帝国上层政治集团内部形成的一种具有普遍性的观点。

一位是民间的“黔首”，也就是社会最下层的一位普通百姓。这是来自陈涉揭竿反秦前的说法，也很能够代表秦帝国广大的民间百姓对扶苏的看法。

既然统治集团上层普遍认为扶苏有“刚毅”之性，“武勇”之能，又会识人、用人，秦始皇对之重视有加，这当然是帝国未来一位不错的、合适的继任者啦！

事情还不仅仅如此，扶苏还很得民众的认可与赞赏。来自民间的声音同样重要与富有权威性。陈涉起义时甚至要借扶苏之名来号召天下的百姓，看来，扶苏的“贤”名早已是四处远近传播，得到了秦朝百姓们的心理认同。

我们再回过头来看胡亥。

前面说过，胡亥是秦始皇的小儿子。《史记》与其他的有关秦史的资料，对他早年的记载同样不多。

在《史记 · 李斯列传》中，有着赵高对胡亥的这样的一段评价：

慈仁笃厚，轻财重士，辩于心而拙于口。尽礼敬士。

赵高是胡亥的授业恩师。按道理说，以师傅长期之观察，评价自然具有很高的可信成分。不过，据胡亥后来的表现来看，除了“口拙”尚能说得过去外，赵高对胡亥的其他的说法都很难与他成为皇帝后的作为联系起来。

对于公子扶苏，始皇帝显然是十分赏识的。

这位秦帝国的长公子，在少年时肯定是学习了儒法两家的大量知识。始皇帝虽然偏爱法家学说，但在灭亡六国前，秦国除了崇尚法家学说外，对诸子百家之学实际上并未完全禁绝。因此，扶苏除系统地学习与研究法家学说外，对儒家的学说也富有兴趣。

也许是学问上的原因，也许是性格上的因素，扶苏在治国方略上与其父有着不同的意见，他不像乃父始皇帝专断严酷，而是主张儒法并存，以仁德治国。

当年，秦始皇焚书坑儒，扶苏尽可装聋作哑、不管不问，但责任心与勇武的天性，使他敢于挺身而出，成为天下唯一一个敢于直谏那位已经变得不可理喻的皇帝的大臣。

扶苏的大胆，令刚愎自用的始皇帝大为恼火。不久，始皇帝就把扶苏赶出都城咸阳，让他“北监蒙恬于上郡”。

扶苏被赶出都城，显然是始皇帝在立嗣问题上有了一个重大的改变，表明始皇帝并不希望把权位传给一个与自己的治国之道并不一致的人。由于皇帝的高深莫测与喜怒无常，朝臣们对帝国未来接班人的看法，由普遍看好扶苏转变为漠然待观。这种情况，对于大秦帝国的未来前途，显然不是一个好的兆头。

如果说，对于扶苏，始皇帝表现出的更多的是“严父”一面的话，那么，对于小儿子胡亥，这位身姿英武、不可一世的天子则表现出了普通父亲疼爱幼子的心理。也许是因为胡亥年龄最小的缘故，始皇帝于诸子之中对他最为宠爱。这种宠爱，简直到了不讲原则的地步。

1. 他亲自给胡亥指定了授业老师。在《史记》中，也不知是司马迁的有意无意，关于扶苏与秦始皇的其他公子，没有专门记载始皇帝为他们指定授业老师。唯有胡亥，司马迁在《史记·蒙恬列传》中多下了一笔：“秦王闻高强力，通于狱法，举以为中车府令。高即私事公子胡亥，喻之决狱。”另外，在《史记·秦始皇本纪》中司马迁又说：“赵高故尝教胡亥书及狱律令法事，胡亥私幸之。”翻阅其他有关秦朝的史料，除了抄袭司马迁的观点外，目前为止，本人并没有发现有关始皇帝为其他子女专门指定授业老师的记载。由此推断，掌管汉室图书史籍的司马迁，在胡亥受教育上的这一笔，点得意义非凡。从这里传达出了一个信息：帝国最高执掌人对于小儿子有着特殊的关怀与期盼，这件事表明，扶苏很可能并不是始皇帝唯一选定的接班人选，至少在秦始皇的心中，公子胡亥也是在备选之内的。

2. 据《旧唐书·元稹传》中记载：“胡亥之生也，《诗》《书》不得闻，圣贤不得近。”如果这则史料表述的观点可信的话，足以说明秦始皇对这位少年公子是倾注了很大心血的。他独钟于法家学说，就特意让法律知识渊博的赵高去为胡亥授业。为了保证这位少公子将来的思想与治国理念与他相同，始皇帝不让他接触儒家的学说。由此印证，秦始皇对于长子扶苏尊重儒家学说是持否定态度的，这也可能促使这位专制君主有意加强对胡亥教育上的管理，除了法家学说，其他学说都不让胡亥接触。

3. 因为对于扶苏所受教育的不满意，始皇帝甚至不让胡亥去接近别人，除了赵高与法家学说外，胡亥常日里是“圣贤不得近”。在没有比较、没有选择的环境下，胡亥的思想意识中所得的认识只能完全来自老师赵高的一套关于严酷刑罚、残忍暴虐的教育与熏陶。他所尊敬与信赖的人，除了父亲秦始皇，也就只有赵高一人罢了。这就在一定程度上影响了胡亥甚至大秦帝国的未来和命运。

4. 始皇帝对胡亥特殊喜欢最明显的一点，就是在他外出巡游时，在众多子女中，唯独带上了胡亥。

这可不是一个小事情。

通观中国历史经验，在家天下的父子继承体制之下，政情往往由亲情延展而出。帝王的内心想法与隐私，就是国家与王朝的想法与隐私；国家政情的变化与动荡，往往可从帝王的隐情与日常生活的变动中窥出端倪。扶苏出都与胡亥伴驾，在朝臣们看来，就是一个丰富而明显的政治信息。未来帝国接班人之选，秦始皇更加欣赏的是胡亥而不是扶苏。要知道，在专制的年代里，皇帝的一言一行，往往直接影响着朝臣们的思想与举动。胡亥有此专宠，也是赵高能够在后来发动沙丘之变，矫诏拥立胡亥，朝廷内外并没有出现反对声音的一个重要原因。

秦始皇让长公子扶苏离开咸阳到生活条件艰苦的北方边境去体验生活，从表面上看，好像是因为扶苏上谏触动了他的逆鳞的缘故。但如果动动脑筋就会发现，问题并没有这样简单。从史书的记载来看，扶苏为人“刚毅而武勇，信人而奋士”，其性格上的刚毅与在政治上的成熟，也许在其父秦始皇看来，并不一件好事情。从秦始皇的不断寻求神仙与仙药的愚蠢举动来看，秦始皇的身体健康很可能早已经出现了问题。这位不甘屈服命运摆布的人间帝王，企图夺造化之功、寻求长生不老之道，不甘心就此退出历史的舞台。自然，他就并不喜欢自己的接班人早日成熟与有较强的政治能力。因为，从扶苏的成熟中，秦始皇隐隐感到了自己的自然生命正在衰弱；从扶苏的刚毅奋勇中，他似乎隐隐感到了某种不安定因素的威胁。扶苏在政治上的成熟，敢于向他提出对国事的不同处理意见；扶苏的深得人心的能力，让朝臣与黔首们对他充满信心。如果有一天，自己处理国事出现重大失误或者疏忽大意，谁能担保朝臣们不会拥戴扶苏来替换自己？身在高位，逼宫抢班的危险，使人不能不有所提防，而首当其冲的警惕的对象，就是自己身边的继承人了。春秋战国时期那么多血淋淋的事实不是说明，长大成人的亲骨肉，越是能力强，越是力量大，越是得民心的，不是越有篡逆的危险吗？前车之覆，后车当鉴。饱读史书的秦始皇，怎能不明白其中的三昧？何况，在这位不可一世帝王的内心深处，因为幼年不幸福的生活经历，猜忌与不安一直在吞噬着他的平静的心田。在这样的情况下，最危险的不是手握皇权的秦始皇，而是他的这位不幸的长子啦！

回头再看胡亥。前文说过，他是始皇帝最小的儿子。秦始皇三十一岁生下胡亥，大概因为健康出了问题，此后他就没有再生育了。人们常说，幺子幼儿最可爱，年少天真无猜忌。爱幼的人情，不仅平民百姓如此，贵为天子的人也是如此。何况，幼子因为各方面的因素，继承皇位的可能性最小。年幼天真，不仅不会让身处皇位的帝王感到压力，而且常常因为双方没有猜忌而格外让人体会到亲情的幸福，这种闲暇时对幼子的爱怜与关怀，很可能就是帝王释放压力的一剂灵丹妙药。

历史上，因为老父爱幼子而对长子不放心导致废长立幼的事情比比皆是，举不胜举。相对于秦始皇而言，在他身前的有周幽王（周幽王废长子宜臼立幼子伯服）、晋献公（杀长子申生立幼子奚齐），在他身后有汉高祖刘邦（废长子刘盈立幼子如意失败）、魏武帝曹操（一度打算废曹丕立幼子曹植失败）、三国袁绍（不立长子袁谭而立幼子袁尚）、三国刘表（不立长子刘琦而立幼子刘琮）、隋文帝杨坚（废太子杨勇立幼子杨广）、康熙帝爱新觉罗·玄烨（两次废太子允礽）……简直可以写一部废长立幼的史书了。晚年的秦始皇，同样一直被继承人问题所困扰。

人性本复杂，人心多变化。秦始皇一方面将长子扶苏驱赶出都，另一方面又对幼子胡亥宠爱有加，这都是大秦帝国皇位继承人可能发生变动的一个重要信号。

那么，胡亥凭什么得到了寡恩刻薄的父皇信任呢？

秦始皇产生将胡亥确立为皇位继承人的想法，大致可能来自于下面几个方面的原因：

1. 前面说过，秦始皇特别疼爱幼子，这是一个重要原因。

2. 胡亥天真直率、天性顽皮，这很可能是秦始皇诸子中性格最特殊的一位，因此很讨秦始皇的喜欢。

西汉刘向在整理古代故事集的基础上，写过一本名叫《新序》的书籍。在这本书中，记录了一个有关胡亥幼年时期的故事。这个故事的大意是：胡亥幼时，一天，始皇帝设宴招待群臣，胡亥诸兄弟也在参加之列。古时人们席地而坐，入席通常先要脱鞋，鞋子放在屋外，宴席中间，胡亥一时兴起，出来将诸位兄长的鞋子踩了个遍。这件事作为一件趣事很可能让始皇帝开怀大笑。

据史料猜测，扶苏与其他公子在母亲的严厉教育下，是不可能在公共场合做出这等滑稽之事的。胡亥年幼丧母，无人看管，性格顽皮淘气一点，也在常理之中。而这种撒娇似的恶作剧，很可能正是始皇帝对他疼爱有加的一个重要原因。

3. 胡亥没有政治野心。他本来是不想当这个皇帝的，后来成为秦二世也是老师赵高怂恿利诱的结果。这一点，很可能是视权力如生命的始皇帝最为欣赏，也最放心他的一点。

4. 胡亥小小年纪就失去了母亲，他对父亲始皇帝的依赖是一件非常自然的事情，其忠顺之心肯定会时时自然地流露出来，劝父亲爱惜身体也必发自内心而不是礼节性的语言。所有这些很可能让秦始皇从中真正体会到了亲人之间的天伦之乐与一种难得的抚慰。政事之余，胡亥常常来找始皇帝，绕膝弄儿的天伦之乐，使始皇帝在心理上很可能也想在未来权力分配上补偿一下这个可怜的孩子。这样，就有了当始皇帝出巡时将胡亥带在身边的事情。

秦始皇出巡时之所以带上胡亥，很可能出于这样几种考虑：

1. 路途中劳累奔波，带上爱子胡亥，闲暇之余可以享受天伦，可以缓解压力。

2. 秦始皇出巡，连带着帝国政府政治中枢的移动，不仅是个人的行为，更是一次重大的政治行动。让胡亥在身边看着自己处理政务，一方面可以让他长长见识，得到历练；另一方面又可以让他直接与随行的重臣们接近，从而为他将来主持帝国政府的工作打好基础。

3. 始皇帝虽然已经决定将胡亥确定为自己身后的接班人选，但并不放心，也并没有下定最后的决心。这从他一年前将扶苏贬斥出京，打发到上郡的蒙恬军中出任监军一事即可窥其端倪。

一年前，秦始皇将扶苏贬黜出京，毫无疑问是对扶苏的惩罚和警告。但是，贬斥并不等于废黜。蒙恬三十万大军关系着都城咸阳和北部边疆地区的安危，始皇帝将扶苏派到这里来监军，将蒙恬军队交给扶苏，从某种意义上讲实际上就等于将帝国的命运交给了扶苏。这样的安排，不能不说是怒中有爱，贬斥中隐含着重用，显示出秦始皇在继承人的问题上出现了犹豫和摇摆，表示出他还想继续观望和观察。

但是，经过出巡途中近一年的观察与考核，实践证明，胡亥显然不适合担任帝国未来的接班人。作为一位讨父亲欢心的儿子，他无疑是最优秀的人选；但作为一位政治家，他显然不具备帝国领航人的能力与资格。终于，秦始皇又将接班人的视线从胡亥转回到了扶苏的身上。扶苏年轻力壮，敢作敢为，具有从政的能力，又得到朝野上下的瞩目与信任，让他担任未来帝国的接班人，显然较胡亥更加合适。经过反复考虑，理智终于战胜了感情。在秦始皇弥留的最后时刻，他决定将帝国舵手的重担交到长子扶苏的肩上。可是，经过他一年多来的犹豫和摇摆，他一手置下的潘多拉盒子已经不可能销毁。他一死，赵高、胡亥、李斯立刻联手在他的尸体旁边矫诏置公子扶苏于死地，发动了大秦帝国历史上最为残酷的夺嫡政变。

前文说过，胡亥是一个没有政治抱负也没有政治野心的帝王之子，他人生的最大目的就是人生苦短，及时行乐。

当秦始皇突然死在出巡的途中，赵高劝诱胡亥篡改遗诏，取代扶苏，抢班夺权时，被胡亥一口回绝。

胡亥说："父皇的安排是当然的事情。明君知悉臣下，明父知悉儿子。父皇去世，不言封赏诸子，我作为儿子没有多话的余地。"回答赵高的引诱干脆利落，毫无贪恋政治权力的意思。可见此时的胡亥，还是一个知事明理、心地单纯的青年公子。

但是，长期以来他不问世事，与外界隔绝的生活环境，使他对父亲始皇帝和老师赵高产生了无可名状的、无法摆脱的心理依赖与实际生活上的依赖。秦始皇去世后，能够给他安全感的就只剩下赵高一人了。赵高的话，他不能不听，也不敢不听，因为他怕失去赵高这最后一位可以依赖的亲人。沙丘政变他所以附逆，根本原因就在于此，而不在于他有当皇帝的野心和欲望。

胡亥没有政治抱负的特点，在他当了皇帝后仍然没有改变。他成为大秦帝国的二世皇帝后，多次显露出生命苦短、及时行乐的心理倾向。

司马迁说：

> 二世燕居。

个"燕"字，颇含深意。它将胡亥追求安逸、贪图享受的心理与行为淋漓尽致地刻画了出来。

当上皇帝后，胡亥便与赵高商量：

> 夫人生居世间也，譬犹骋六骥过决隙也。吾既已临天下矣，

欲悉耳目之所好，穷心志之所乐，以安宗庙而乐万姓，长有天下，终吾年寿，其道可乎？

用我们今天的话来说，就是秦二世在宫中闲居无事，就把赵高叫来一同商议，对赵高说：“人活在世上，就如同驾驭着六匹骏马从缝隙前飞过一样短暂。我既然已经统治天下了，想满足耳目方面的一切欲望，享受我所能想到的一切乐趣，使国家安宁，百姓欢欣，永保江山，以享天年，这种想法能行得通吗？”

这就是胡亥想做皇帝的全部目的。用这样的皇帝来治国，大秦帝国还能有个好吗？

当陈涉发难，天下乱起之时，丞相李斯谏议胡亥节俭而爱民时，胡亥的回答更能反映出这位尸位素餐的皇帝心中的想法。

胡亥告诉李斯：

“寡人有个看法，是从韩非子那里听来的，他说‘尧统治天下，殿堂只不过三尺高，柞木椽子直接使用而不加砍削，茅草做屋顶而不加修剪，即使是旅店中住宿的条件也不会比这更艰苦的了。冬天穿鹿皮袄，夏天穿麻布衣，粗米作饭，野菜作汤，用土罐吃饭，用土钵喝水，即使是看门人的生活也不会比这更清寒的了。夏禹凿开龙门，开通大夏水道，又疏通多条河流，曲折地筑起多道堤防，决积水引导入海，大腿上没了白肉，小腿上没了汗毛，手掌脚底都结满了厚茧，面孔漆黑，最终还累死在外，埋葬在会稽山上，即使是奴隶的劳苦也不会比这更厉害了’。然而把统治天下看得无上尊贵的人，其目的难道就是想操心费力，住旅店一样的宿舍，吃看门人吃的食物，干奴隶干的活计吗？这些事都是才能低下的人才努力去干的，并非贤明的人所从事的。那些贤明的人统治天下的时候，只是把天下的一切都拿来满足自己的欲望而已，这正是把统治天下看得无上尊贵的原因所在。人们所说的贤明之人，一定能安定天下、治理万民，倘若连给自己捞好处都不会，又怎么能治理天下呢！所以我才想恣心广欲，永远享有天下而没有祸害。这该怎么办呢？”

胡亥说这话的时候，刚刚年过二十，为什么这么年轻就产生了如此超前的人生迟暮感，实在是令人深思的一个问题。对此问题，李开元教授在《秦始皇的秘密》一书中这样解释：“多年来，胡亥目睹父亲一生汲汲于政务，宛若尧王禹帝般劳苦，而当天下伟业大成时，却面临病痛的折磨，苦于生命的短暂，到处寻药求仙，苦苦乞求得不到解脱，终于违愿逆情，突然撒手葬身于黑暗冷彻的地下。正是这种贴近父亲一生真相而早早地生出生命苦短的强烈感受，影响了胡亥的人生观。”

其实，胡亥一生，有三个人对他影响最大。通过这三个人，我们也许能够更准确地把握他的真实情况。这三个人分别是胡亥的母亲；父亲始皇帝；老师赵高。

秦始皇已经说得够多了；赵高我们在后面还要详论；只是秦二世的母亲还是个谜。

在大秦帝国的历史记录上，存在着一个十分奇怪的现象，这就是历史的档案上没有提到过秦始皇嬴政、秦二世胡亥、秦三世嬴婴三世皇帝的后宫皇后，哪怕是只言片语。

不过，令人高兴的是，司马迁在《史记·李斯列传》中为我们保存了这样一条珍贵的资料。在这篇文章中，透过秦二世的只言片语，或许能够发现一点蛛丝马迹。

当李斯等人请求秦二世罢免赵高时，胡亥不同意李斯处理赵高，为此他说道：

“何哉？夫高，故宦人也，然不为安肆志，不以危易心，絜行修善，自使至此，以忠得进，以信守位，朕实贤之，而君疑之，何也？且朕少失先人，无所识知，不习治民，而君又老，恐与天下绝矣。朕非属赵君，当谁任哉？且赵君为人精廉强力，下知人情，上能适朕，君其勿疑。”

在这里，胡亥提到自己“少失先人”。秦始皇去世时，胡亥已经二十岁，早过了少年时代，“少失先人”中的“先人”不是指秦始皇。那么，除了父亲秦始皇，胡亥所指的“先人”就只剩下他的母亲了。胡亥母亲的过早弃世，对于胡亥后来木讷性格以及享乐人生观的形成，肯定是会有所影响的。

母亲很早就弃世而去，父亲始皇帝劳累一生也未享受上真正快乐的人生。当上了皇帝的胡亥，自然更加感到时光的易逝，他要用巨大的权力去补偿自己有限的年华，及时行乐，从他个人的一贯表现来看，并不是一件难以理解的事情。

可是，作为皇帝，身为大秦帝国的一国之主，就必须日理万机地处理政治上的事务，把握好帝国这艘航船的去向。但是，这不是胡亥愿意做的事，更不是胡亥能够处理好的事。于是，他干脆就给自己找了一个代理人，这就是他的老师赵高。

秦始皇生前，胡亥对他的依赖近乎盲目；秦始皇死后，胡亥又将这种依赖之情自然转移到了赵高的身上。赵高是他的授业老师，长年的接触，这份感情旁人自然无法分享。在这种情况下，胡亥对于赵高的信赖几乎到了无以复加的程度。此后他的人生中所有的重大举动，都是在赵高的指导下充当了一个只会点头画圈的玩偶工具。

所以如此，是因为胡亥性格内向，不善言谈，不喜欢交往，做事无城府而又近乎鲁莽。由于没有政治头脑与从政能力，他表面上皇权在握，高高在上，其实内心深处十分地自卑。为了掩盖他的缺点与自卑，他干脆对赵高言听计从，把皇权委托给赵高，将国家大事全交给赵高去办理。皇权异化的结果，最终酿成了秦二世身死国亡的悲剧。具体表现在：

1. 秦始皇死后，胡亥听从了赵高的建议，逆父弑兄，勉强登上了他力不从心的皇帝之位。

2. 即位之后，又听从赵高的建议，诛杀兄弟姐妹与昔日的功臣。

3. 他听从赵高的建议，身居宫中，与群臣隔离开来，将处理国家大事的权力全部交给赵高代理。

4. 他将赵高视为唯一的至亲师友，知心话也只对赵高一人倾吐。

接下来的情况就是，在赵高干政日深，帝国危机日益严重的情况下，李斯等老臣上书要求罢免赵高。罢免赵高就等于罢免胡亥，离开了赵高，胡亥的一切就会不知所措，胡亥当然不会答应。他替赵高辩护说："你们说赵高有擅权生变的危险，此话从何谈起？他不因处境安逸就为所欲为，也不因处境危险就改变忠心。他品行廉洁，一心向善，靠自己的努力才得到今天的地位，因忠心耿耿才被提拔，因讲信义才保住禄位，朕确实认为他是贤才，而你们却怀疑他，这是什么原因呢？"

在表示了自己对赵高的信任后，胡亥又用几乎近于哀求的口气请求李斯等人不要多事。他说："朕年少时就痛失先人，人事上识知不多，不熟悉如何管理百姓，丞相年纪已大，来日不多。我不把国事托付给赵高，还能指望谁呢？况且赵高为人精明廉洁，竭尽其力，下能了解民情，上能顺适我的心意，请你们不要多疑了。”

正是出于对赵高的无限信任和依赖，当李斯等老臣坚决要求清除赵高时，胡亥选择了坚决站在赵高的一边。因此，当秦二世拿到李斯揭发赵高的奏章时，不是去思考一下，这位三十多年的老丞相话中有多少合理的东西，而满脑子担心的却是李斯会杀了赵高。于是，他赶忙找来赵高，提醒他要注意李斯。很快，他又接受赵高的建议将李斯等老臣逮捕下狱，交由赵高处置。

最后，当赵高已不需要二世这块招牌时，发动政变，在望夷宫要处死胡亥，胡亥在死前还请求让他苟活下去。

由此可见，胡亥的一生，最看重的是个人的肉体生命；当上皇帝前，他只是希望活得顺畅一些，长寿一些；当上皇帝之后，他仍然希望在人生享受上能够多去索取一点。临死前，他最大的愿望还是能够继续活下去，即使成为一介平民他也无怨无憾。他本就没有权力的欲望，政治上的抱负，却被赵高连哄带骗地拖下了水。他本想好好享受一番人生，可他的人生在他成为皇帝三年后就被赵高终结。从大秦帝国来说，胡亥篡位成功是这个帝国的悲剧。从个人的意义上讲，秦二世胡亥的一生，也是充满悲剧的一生。

揭开赵高身世之谜

在秦史中，赵高是秦二世胡亥的授业老师，也是秦始皇的中车府令，他既是沙丘政变的主谋，又是最后毁灭大秦帝国的主要人物。但是，有关赵高的身世，汉代以来，人们的理解却歧义甚多。

司马迁在《史记·蒙恬列传》中说：

“赵高者，诸赵疏远属也。赵高昆弟数人，皆生隐宫，其母被刑僇，世世卑贱。秦王闻高强力，通于狱法，举以为中车府令。高即私事公子胡亥，喻之决狱。”

这是迄今为止我们所能见到的最早的史料。从这个记载来看，赵高的先人是赵国人当无疑问。问题是，司马迁所说的“赵高昆弟数人，皆生隐宫”，这个“隐宫”究竟是指什么地方？

“隐宫”一词，本来就语义不明。东汉以后，一位刘氏作家索隐《史记》，对“隐宫”的解释是去势的宫刑。他认为：赵高“父腐刑，坐其家，没为奴婢。母通于人，生子皆承赵姓，并宫之，故高与昆弟数人皆生隐宫”。

唐朝时，张守节著《史记正义》。其书中关于“隐宫”的解释是“余刑见于市朝，宫刑一百日隐于隐室养之乃可，故曰隐宫，下蚕室也”。

如果按照上述的两种说法，赵高自然就是一个被去过势的宦官而已。

但是，在《史记·蒙恬列传》中，司马迁又为我们布下了一道迷魂阵，设置了另外一道障碍墙。

他说：

高有大罪，秦王令蒙毅法治之。毅不敢阿法，当高罪死，除其宦籍。帝以高之敦于事也，赦之，复其官爵。

赵高犯罪当死，秦始皇念其是个人才特赦并不奇怪。问题出在

“除其宦籍”四个字上。“宦籍”究竟是指官宦之凭证，还是特指宦官的出身？

可是，根据司马迁在《史记 · 秦始皇本纪》中的记载，赵高又明明是个有儿女的人。他的女儿嫁给了阎乐。阎乐曾任咸阳令，是赵高集团的得力干将，后来参加了望夷宫政变，胡亥就是直接死在他的手上。这条史料，又明确说明赵高不是宦官。

那么，赵高究竟是不是宦官呢？

实际上，司马迁从来就没有明确说过赵高是宦阉，不仅司马迁没有说过，东汉以前的所有史籍中都没有关于赵高是宦阉的记载。赵高是宦阉的说法，很可能是汉以后人对“宦”字理解的错误，或者是基于错误的文字“隐宫”所作的想象。

《史记 · 李斯列传》记载说赵高是“宦人”，有“宦籍”。这是赵高被认为宦阉的一条材料。然而，根据新出土的《张家山汉墓竹简》的解释，“宦”，就是在宫中内廷任职的意思。宦人，就是任职于宫内之人，相当于王或者皇帝的亲近侍卫之臣。宦籍，就是用来登录出入于宫门者的登记册。秦汉时代，不管是“宦人”还是“宦籍”的用语，都没有指被去势的男人出仕宫内的意思。当时，被去势后的男人被称为“奄（阉）人”，在宫中任职的阉人被称为“宦奄（阉）”，定义非常清楚。根据这个最新材料，赵高是任职于宫中的宦人，也就是皇帝的亲近之臣，而不是被去势了的宦阉。

另外，赵高因为犯罪，以“除其宦籍”作为惩处，可见宦籍在当时是一种很高的荣誉，拥有一定的地位，不是什么人都能得到的一种职务和出入皇宫大内的凭证。

由此可见，秦帝国时的“宦籍”，不是指宫廷之中专门伺候后宫的奄人，而是特指在宫廷之中、皇帝身旁任职的朝廷官员。

《史记·蒙恬列传》记载说“赵高兄弟皆生隐宫”。这是赵高被解释为宦阉的另一条材料。“隐宫”一词，本来就语义不明。后人将“隐宫”之“宫”解释为去势的宫刑，想当然地认为赵高的父亲受宫刑去势，母亲与他人野合生下了赵高兄弟。赵高兄弟冒姓赵，也受宫刑被去势成了宦官。以讹传讹，到了唐代以后，赵高一家都是宦阉的不经流言，就逐渐固定了下来。秦史专家马非百先生早就根据《睡虎地云梦秦简》指出，“赵高兄弟皆生隐宫”的“隐宫”一词，是“隐官”的误写。《张家山汉墓竹简》出土以后，隐宫的意义更加清楚明白。隐宫，既用来指称刑满人员工作的地方，也用来指称刑满人员的身份，与宫刑和去势完全没有关系。如果这种说法可靠的话，认为赵高是宦官的史论就将不击自倒。

我们可以继续根据《张家山汉墓竹简》的材料来作进一步推理。

在秦帝国的等级身份规定中，在隐宫生活劳动的人，其身份相当于现在的刑满释放人员。隐宫是秦帝国的一个收容性质的机构，在其中任职的官员就是隐官。秦帝国的法律注重公正，隐宫的地位虽然不高，但其婚姻却不受限制，他们可以与犯过罪的人结婚，其子女身份也同于普通平民。

赵高的父亲，很可能是一个在隐宫任职的下级文法官吏，他通晓法律，精于书法。赵高的母亲，犯罪受过刑罚，出狱后因为身体上有刑的烙印，不便见人，就一直在隐宫从事劳动生活。赵高有兄弟数人，都出生在隐宫，其中留下姓名者，除了赵高外，还有弟弟赵成。他曾经做过秦帝国的郎中令，参与过赵高发动的杀死秦二世的政变。

赵高的父亲精通法律、书法，但是政治、经济地位不高，生活很可能也不富裕，因此，赵高父亲课子甚严，希望通过孩子们的努力，将来有朝一日来改变他们家庭低微贫贱的地位。在赵高父亲的严格要求下，赵高兄弟很可能从小就在法律、书法等功课方面打下了扎实的基础。

秦国自商鞅变法以来，以耕战立国，以法律治国。军人，最受社会推崇；官吏，最为民人敬畏。秦国男子发家致富、成就事业的途径，不外从军和做官两条正道。大秦帝国是从前朝统一天下而来，自然也不例外。

低微贫贱的社会地位与生活环境，刺激着赵高兄弟的发愤图强。在这样的环境中，赵高从小就学会了察言观色、机灵善变，具备了勤勉好学、胆大心细、精明强干，甚至武功基础等成事品质。经过青少年时期的拼搏，加上比较好的机遇，赵高找到一份进入秦王宫廷服务的好差事。赵高进入宫廷后，很可能以他的能力与表现，很快得到了上级官员的赏识，将他举荐到了秦王嬴政的身边，从此，赵高开始了他的飞黄腾达直至祸国灭族的历程。

据司马迁说，赵高是因为三个特点为秦始皇信任与重用的。这三个特点就是：1. “强力”；2. “通于狱法”；3. “敦于事”。

从这三个特点来看：

1. “强力”指孔武有力，搏击本领高强。这是秦始皇身边任何一个卫士都必须具备的素质。赵高是中车府令，应该具备这样的素质。一般来说，去过势的男子的身体都不会太健康，更谈不上强壮有力了。赵高武艺出众、本领高强，从另一个视角看，也应该作为赵高不是阉宦的一个重要因素。

2. “通于狱法”，显然就是娴熟秦帝国的法律律令。秦始皇能够任命赵高为他最心爱的儿子胡亥做老师，由此可见，赵高的法律知识及其他帝国政治必需的知识，应是相当渊博的。

3.“敦于事”，是指做事果断干练、办事踏实。赵高犯法以律当斩，秦始皇因为爱惜赵高的办事能力而特别赦免他，由此也可知道赵高的办事能力应是相当强的。

实际上，赵高的书法，也堪称一流，在大秦帝国的高层官员中，能够与他相伯仲的，只有丞相李斯一人。他对秦帝国的文字改革，有相当大的贡献。他著有《爰历篇》六章，是大秦帝国官方指定的识字课本的一部分，也是有名的文字学著作。

这样看来，赵高应该是一个在许多方面都有很强能力的综合性人才。从秦始皇、秦二世父子二代对他不断升级的赏识和重用的程度来看，估计事实应该不会相差太远。

按大秦帝国的体制，中车府令是太仆的属下。太仆是帝国的三公九卿之一，负责掌管秦帝国的车马交通事宜，相当于今天的交通部长，下属有各类车府官署，苑马监令。中车府令，同各类车府令一样，官秩六百石，有副官中车府丞一人，官秩三百石，所属吏员约有数十人之多。以级别而论，中车府令只能算是个中级官吏。不过，由于中车府令是皇宫禁内的车府令，职务相当于皇帝的侍从车马班长，负责皇帝的车马管理和出行随驾，对于车马的驾驭和管理、保卫皇帝安全等能力方面都有极为严格的要求，职务至关重要，只有皇帝的绝对心腹亲近和应变能力很强的人才能担任，其位置与影响力一点也不可小觑。

根据秦帝国的法律规定，一般的车马驾驭，车手至少要经过四年的训练，四年后还不能熟练地驾驭车马，教官要受到严厉的处罚，本人也要服四年的劳役。合格的车手，要求年龄在四十岁以下，身高七尺五寸以上；步履矫健，追逐奔马疾驰自如；身手灵活，上下车随意自如；车技熟练，能够驾车前后左右周旋；强壮有力，能够在车上掌控旌旗；武艺高强，能够引八石强弩，在驰骋中前后左右开弓自如。中车府，聚集的都是大秦帝国车手与武功高手的精华，对于他们的要求，当然远在上述条件的车手之上。用现代的话说，人人都是驾车能手，个个都是大内武士；驾车、技击皆是帝国一流。中车府令，如果不具备上述基本素质，恐怕无法担当护驾这一至关重要的任务。这样看来，赵高不仅文采出众，而且还驾车、武艺超群，是一个不可多得的文武全才。

应该看到，升任中车府令，对于赵高来说，意义重大。这不仅在于他的职务得到了晋升，更重要的是，他从此能够接近皇帝，涉足帝国政治权力的中枢与核心。后来，秦始皇对他信任有加，将玉玺管印大权也交给他管理。加上他又是秦始皇最宠爱的幼子胡亥的教师，长期在秦帝国中枢权力的中心盘桓，如果机会适宜，完全可以一展雄心，从而影响到秦帝国的天下大局。大秦帝国后来历史的发展，也充分地证明了这一点。

篡夺皇权

公元前 210 年，即秦始皇三十七年七月丙寅，秦始皇在沙丘病亡，终年五十岁。

秦始皇在巡游途中意外地死去，大秦帝国的最高权力一时出现了真空地带。

在中国古代历史上，凡是涉及最高权力的承袭、交接、转移之际，往往都是危机四伏之时。事实表明，一系列不稳定的因素使得大秦帝国的权力交接更加凶险。这主要表现在：1. 秦始皇不停地寻仙求药，忌讳谈论死亡问题，迟迟没有确立他身后的帝国接班人。这就为阴谋家利用其他皇子施展阴谋留下了空间。2. 秦始皇突然死在外地，身边只有李斯、赵高等少数几个随从大臣，使废立大权实际上操纵在了几位随行者的手中。皇帝的遗诏、印玺落在他们手中，皇位能否平稳过渡很大程度上就取决于李斯等人是否忠诚。3. 幼子胡亥随行在秦始皇的身旁，他的取舍起到了决定性的作用。4. 中车府令赵高是一个颇有政治野心和才干的人，始皇帝猝死，机会千载难逢，他岂能白白地错过这次博弈的机会。

当时，丞相李斯因为秦始皇未立太子，恐怕国无君主，贸然宣布皇帝死讯会引起天下大乱，于是决定“密不发丧”，将尸体放在可以调节温度的辒辌车中。为了蒙蔽下属，每日照常令人服侍，送菜送饭；百官奏事也同往常一样，在辒辌车中进行，以掩人耳目。只有李斯、赵高、胡亥以及五六个宦阉知道始皇帝死了。当时，正值盛夏，天气炎热，秦始皇的尸体虽然置于辒辌车中，但已腐烂，臭气散发。诡计多端的赵高为了掩人耳目，假传诏令，让车载一石鲍鱼随辒辌车后，以鲍鱼之臭来掩盖秦始皇的尸臭。当时，消息封锁得十分严密，再加上秦始皇性格暴戾残忍，随行官员也无人敢去怀疑其他。

秦始皇死后，赵高便和胡亥商议，并拉拢李斯，密谋立胡亥为皇帝。

秦始皇临死前，曾令赵高作书通知远在上郡监军的长子扶苏至咸阳会丧并嗣位，赵高匿书不发。

赵高牢牢抓住皇帝继承权这个关键问题，利用他保管玺印及秦始皇遗诏这个关键权力，上下其手，趁他人不知道秦始皇病死的机会，东奔西走，密谋夺嫡政变的事宜。

十二年来，秦帝国就像一辆构造精密的巨型马车，在秦始皇的一手驾驭下高速奔走。始皇帝的突然去世，使这辆马车顿然失去了驾驭，留下了巨大的政治权力的空白。冥冥苍天之下，不安开始浸润。最最不安的还是距离秦始皇最近的中书令赵高。前文说过，赵高是一个胆大心细、做事果决的人物。秦始皇的猝死，让他感到了一种机遇的诱惑和渴望行动的兴奋。眼前的政治情形，令他忧心忡忡，又让他兴奋不已。仔细而迅速地计虑之后，他果断地将遗诏截留下来，决定导演一场宫廷政变，遏制扶苏，推上胡亥。同时，他开始游说决定这场博弈能否成功的关键人物胡亥和李斯。

赵高是胡亥老师，多年来一直教他书法和法律，颇得胡亥的亲近与信任，公子扶苏则信任蒙恬，而蒙恬之弟蒙毅也曾受秦始皇信任。赵高有一次犯法，蒙毅曾判处其死刑，只因秦始皇把他赦免，才免于一死。出于这样的考虑，赵高盘算：如果胡亥继位，那么大权就会落到自己的手中；如果扶苏继位，那么自己势必大权旁落，前途也很难乐观。于是，这个胆大妄为的阴谋家企图趁机篡改秦始皇的遗诏，立胡亥为二世皇帝。根据自己与胡亥多年的交往，赵高自信，他能够说服胡亥。

于是，赵高私下谒见胡亥说：

上崩，无诏封王诸子而独赐长子书。长子至，即立为皇帝，而子无尺寸之地，为之奈何？

赵高这番话带有刺探和挑唆的口气：主上驾崩，不闻分封诸子，独赐长子扶苏书，扶苏一到，嗣立为帝，如今公子无尺寸之土的封赏，难道一点也不着急吗？

胡亥的回答干脆利落：

> 固也。吾闻之，明君知臣，明父知子。父捐命，不封诸子，何可言者！

他认为知臣莫若君，知子莫若父，既然父皇无遗命分封诸子，为子自应遵守，没有多话的余地。

看来，此时胡亥的想法还比较简单，并没有争做皇帝的欲望。

赵高听了胡亥的想法，显然十分着急。如果胡亥不同意当皇帝，他的一切计划就会泡汤。

他劝说胡亥：

> 不然。方今天下之权，存亡在子与高及丞相耳，愿子图之。且夫臣人与见臣于人，制人与见制于人，岂可同日道哉！

赵高认为，胡亥的想法不对，如今天下大权的取舍定夺，全在胡亥、赵高和丞相李斯三人手中。要知道，控制别人和被人控制，这是大不一样的，此时的机会不能错过，愿公子快快计虑图取。

胡亥本来是个贪图享受、胆子不大、毫无经验的青年公子，一听到要他自立帝位，就显得有些紧张地说：

“废兄而立弟，是不义也；不奉父诏而畏死，是不孝也；能薄而材谫，强因人之功，是不能也。三者逆德，天下不服，身殆倾危，社稷不血食。”

从这个回答来看，当时胡亥还没有篡位的野心。他认为废兄长而立幼弟，这是不义；不奉父皇的诏令而畏死，这是不孝；才能浅薄，勉强依靠别人的帮助而成事，这是无能。行不义、不孝、不能的事情，天下不会服从，自身会遭到危险，国家社稷也会灭亡。应该说，此时的胡亥，头脑还是清醒的。

赵高到底是胡亥的老师，深知他的性格脾气和秉性。为了说服胡亥，赵高列举了先王的作为：

> 臣闻汤、武杀其主，天下称义焉，不为不忠。卫君杀其父，而卫国载其德。孔子著之，不为不孝。夫大行不小谨，盛德不辞让，乡曲各有宜百官不同功。故顾小而忘大，后必有害；狐疑犹豫，后必有悔。断而敢行，鬼神避之，后有成功，愿子遂之！

赵高认为汤武杀主，天下称义，不是不忠。卫君杀其父，国人皆服，孔子著明，不是不孝。做大事的人不可拘泥细端，隆盛的德行不必计较琐屑的礼节。事贵达权，怎可墨守，考虑小事而忘记大事，后必有害；顾虑重重，犹豫不决，后必生悔。决断敢行，鬼神尚且退避，放胆去做，行事定然成功，恳愿公子顺时而动。

实际上，胡亥亲眼看到父亲因为拥有皇权而为所欲为，活得畅快淋漓，也不是完全不想当皇帝。只是怕不合“圣人之道”。赵高这番劝诱终于引得胡亥为之心动。沉默半晌，胡亥叹息说：

> 今大行未发，丧礼未终，岂宜以此事干丞相哉。

他认为逝世的皇帝还没发丧，丧礼还未结束，怎能为了此事，去求丞相。

赵高见胡亥动摇，知道事情已经成功了一半。在这场皇权的博弈场上，胡亥是一枚关键的棋子，说动了胡亥，有了王者的棋局就可以启动。而这场博弈能否成功，丞相李斯的参与与否又是一个关键性问题。到了这个时候，赵高益发感觉到时间的急迫和事情的紧急。他忍不住出城喊道：

> 时乎时乎，闲不及谋！赢粮跃马，唯恐后时！

赵高认为，时间必须抢在前面，机会稍纵即逝。“不与丞相谋，恐事不能成。臣请为子与丞相谋之。”说着便去找丞相李斯商议。

丞相李斯，是大秦帝国老资格的政治家，在当时秦帝国的政局中，是仅次于秦始皇的权势人物。他的态度，直接决定着这场皇权博弈的胜败双方。如果不出意外，李斯的一票，投向扶苏则扶苏胜，投向胡亥则胡亥胜。

不过，对于说服李斯，赵高有着相当的把握。李斯的弱点，赵高早已研究得清清楚楚。赵高深信，利益所在，就是人生的选择所在。自己如此，李斯也是如此。他根据自己近二十年来与李斯的交往，认为李斯识见有余而胆气不足，私人欲望重于忠诚国家利益。打出皇子胡亥这张牌，出示的是未来皇帝的威慑力量，不怕李斯不就牢笼。

赵高找到李斯，开门见山地说：

上崩，赐长子书，与丧会咸阳而立为嗣。书未行，今上崩，未有知者也。所赐长子书及符玺皆在胡亥所，定太子在君侯与高之口耳。事将何如？

赵高先讲明始皇帝逝世，留下一封诏书给长子扶苏，让他到咸阳参加葬礼，立他为继位的皇帝。现在诏书没发出，始皇帝就逝世了，因此诏书的内容还没有人知道。接着，他富有深意地说，给扶苏的诏书和符节印玺都在胡亥那儿，定谁为太子，就在丞相和赵高的一句话了。如何行事，望丞相计量！

赵高的言辞尽管是刺探口气，可倾向是非常明确的。李斯听后勃然变色。他斥责赵高道：

安得亡国之言！此非人臣所当议也！

李斯认为，赵高的这番话纯粹是亡国之言；不是为臣者所应当谈论的。

赵高胸有成竹。他平静地对李斯说：

君侯自料能孰与蒙恬？功高孰与蒙恬？谋远不失孰与蒙恬？无

怨于天下孰与蒙恬？长子旧而信之孰与蒙恬？

赵高针对李斯的软肋，一针见血地连续提了五个问题：在下鲁钝，惊动丞相。权且换个话题：丞相您想想，您自己才能可以与蒙恬比较吗？功高劳苦可及蒙恬吗？谋略可及蒙恬吗？人心无怨，可及蒙恬吗？与皇长子扶苏的关系远近，可及蒙恬吗？

这完全是挑拨李斯同蒙恬的关系，想把李斯推到公子扶苏与蒙恬的对立面去。

李斯听后有些迟疑，思量后答道：

此五者皆不及蒙恬，而君责之何深也。

李斯说自己在这五个方面确实都比不上蒙恬，不过，此时此刻，赵君用政事的欠缺来指责老夫，不也过于唐突了吗？

赵高是个善于察言观色的人，他体察出了李斯心理的变化。于是顺势说道：

高固内官之厮役也，幸得以刀笔之文进入秦宫，管事二十余年，未尝见秦免罢丞相功臣有封及二世者也，卒皆以诛亡。皇帝二十余子，皆君之所知。长子刚毅而武勇，信人而奋士，即位必用蒙恬为丞相，君侯终不怀通侯之印归于乡里，明矣。高受诏教习胡亥，使学以法事数年矣，未尝见过失。慈仁笃厚，轻财重士，辩于心而诎于口，尽礼敬士，秦之诸子未有及此者，可以为嗣。

君计而定之。

赵高打开窗户说亮话，认为自己入事秦宫二十余年，未尝见秦封赏功臣延及第二代的，且将相后嗣，往往都被问罪诛亡。长子扶苏刚毅武勇，若得嗣位，必用蒙恬为丞相，到那时，你李斯难道还能够保全印绶，荣归乡里吗？再说我赵高曾受诏教习胡亥法律政事，数年来，未尝见胡亥有何过失。胡亥慈仁笃厚，轻财重人，明辨于心而木讷于口，诸公子中，无一能及，可以立为继嗣。赵高希望李斯赶快拿定主意，立胡亥为皇帝。

李斯一时主意不定，不愿深谈，起身相送说：

君其反位！斯奉主之诏，听天之命，何虑之可定也？

李斯告诉赵高：仰受主诏，上听天命，这便是他的主意，个人得失利害就用不着考虑了。

见李斯的态度坚决，赵高也变得强硬起来。他看透了李斯是软骨头。

他回复李斯说：

安可危也，危可安也。安危不定，何以贵圣？

也就是说，你自以为现在的处境很安定，但说不定会很危险呢！如果参加篡权行动，也许你以为很危险，但说不定会平安无事。一个人要是不能掌握自己的命运，怎能算是出类拔萃的聪明人呢？

李斯的致命弱点就是软弱。经赵高这么一威胁，李斯就害怕起来，他连忙解释说：

“斯，上蔡闾巷布衣也，上幸擢为丞相，封为通侯，子孙皆至尊位重禄者，故将以存亡安危属臣也。岂可负哉！夫忠臣不避死而庶几，孝子不勤劳而见危，人臣各守其职而已矣。君其勿复言，将令斯得罪。”

李斯认为自己本上蔡布衣平民，蒙皇帝提拔，才当上了丞相，并封为通侯，子孙都得重禄，这乃皇上特别优待，斯以安危存亡为己任。

李斯在赵高面前色厉内荏地表示：忠臣不避死，孝子不惮劳，斯但求自尽职守罢了。赵君勿再多说，以免老臣犯罪了。

赵高见李斯心口不一，并不紧张。他又进一步引导谈话的方向。

赵高说：

盖闻圣人迁徙无常，就变而从时，见末而知本，观指而睹归。物固有之，安得常法哉！方今天下之权命悬於胡亥，高能得志焉。且夫从外制中谓之惑，从下制上谓之贼。故秋霜降者草花落，水摇动者万物作，此必然之效也。君何见之晚？

赵高认为，圣人处事是随机应变的，无非是就变从时，看到事物发展的苗头，就能知道它原本的方向；看到事物发展的动向，就能知道它最后的结果。事物发展有其自身的规律，又怎能墨守常规呢？如今天下权柄掌握在胡亥手中，我已决定遵从胡亥意旨。唯与丞相相好多年，不敢不真情相告。从外制中谓之惑，从下制上谓之贼，秋霜降，草花落，水摇动，万物作，势有必至，理有固然，客观的形势，是足以决定人的行为和取舍的呀！丞相怎么到现在还不理解这其中的道理呢？

李斯欠身坐下，回答说：

> 吾闻晋易太子，三世不安；齐桓兄弟争位，身死为戮；纣杀亲戚，不听谏者，国为丘墟，遂危社稷。三者逆天，宗庙不血食。斯其犹人哉，安足为谋！

李斯仍有顾虑：晋易太子，三世不安，齐桓兄弟争位，身死为戮，纣杀亲戚，不听谏臣，国为丘墟，遂危社稷。总之，逆天行事，宗庙且不血食，斯亦犹人，怎好预此逆谋？

李斯没有严责赵高的篡权之罪，反将迂词相答，赵高已听出李斯的矛盾心理，于是抓住李斯的弱点，用高官厚禄这个杀手锏来进一步引诱威逼李斯。

赵高说：

> 上下合同，可以长久；中外若一，事无表里。君听之计，即长有封侯，世世称孤，必有乔松之寿，孔、墨之智。今释此而不从，祸及子孙，足以为寒心。善者因祸为福，君何处焉？

这是赵高对李斯最后一番利诱：上下合同，可以长久，中外若一，事无表里。丞相诚听高计，就可长为通侯，世世称孤，寿若乔松，智如孔墨，倘决意不从，必然祸及子孙，令人寒心！希望君侯尽快抉择，转祸为福。

李斯细细一想，这事关系甚大。胡亥与赵高早已串通一气，非独力所能制，况且赵高掌握着皇帝的卫队，我若不从，必有大祸临头，从了他们的计谋，又觉违心，一时无法摆布，内心充满着痛苦，禁不住仰天长叹，垂泪自语说：

嗟乎！独遭乱世，既以不能死。安托命哉！

李斯惶恐，李斯矛盾，他无法说服自己，也不敢拒绝赵高。在恪守臣节和保身固宠之间，在安定国本与攫取利益之间，李斯左右摇摆，软弱、自私的本性占了上风，最终，在赵高的利诱与威逼下，李斯屈从了。

司马迁说：

于是斯乃听高。

李斯的妥协，为赵高篡权打开了方便之门。赵高见李斯已有允意，欣然辞出，速报胡亥说：

臣请奉太子之明命以报丞相，丞相斯敢不奉令！

胡亥闻知李斯也肯依议，便与赵高密谋，假传始皇诏旨，立胡亥为太子。胡亥、赵高、李斯联手，开始夺权的实际行动。而这场博弈的关键，在于消灭最大的竞争对手长子扶苏。扶苏背后有蒙氏兄弟的奥援和三十万大军的支持。李斯是老练的政治家，赵高是搞政变的高手，他们认为，只能智取，不可力夺。于是，这三驾马车在秦始皇的尸体旁边，迅速销毁了秦始皇发给扶苏的书信，另外制定遗诏，把秦始皇给长子扶苏的诏书篡改为：

朕巡天下，祷祠名山诸神以延寿命。今扶苏与将军蒙恬将师数十万以屯边，十有余年矣，不能进而前，士卒多耗，无尺寸之功，乃反数上书直言诽谤我所为，以不得罢归为太子，日夜怨望。扶苏为人子不孝，其赐剑以自裁！将军恬与扶苏居外，不匡正，宜知其谋。为人臣不忠，其赐死，以兵属裨将王离。

李斯将书缮就，盖上御玺，托为秦始皇诏命，令胡亥的亲信送往扶苏、蒙恬率军驻扎的营地——上郡。

使者抵达上郡，扶苏收到诏书，泣入内舍，立刻就要自杀，蒙恬连忙阻拦说：

> 陛下居外，未立大子。使臣将三十万众守边，公子为监，此天下重任也。今一使者来，即自杀，安知其非诈？请复请，复请而后死，未暮也。

蒙恬毕竟老成练达，劝扶苏调查一下原委再说。胡亥派来的使者连番催促，速令自尽，扶苏为人仁义且性格刚烈，并不听从蒙恬的劝告，说道：

> 父而赐子死，尚安复请！

意思是说，父亲要我死，还有什么讨价还价的呢？说罢便取御剑自刎而死。

使者又催促蒙恬自杀，蒙恬不肯死，被使者逮走，囚禁起来。

使者将扶苏自杀、蒙恬就拘的消息尽快还报，胡亥、赵高、李斯大喜。他们回到咸阳，立刻为秦始皇发丧，拥立太子胡亥继位，是为二世皇帝。

胡亥荣登大宝，文武百官深信为始皇帝遗命，自然没有异议，相率朝贺。秦二世任命赵高为郎中令，经常在宫中侍奉左右，替他管理国家大事。这场皇权博弈最后以胡亥一方取胜而告终。

纵观中国历史，王位之争的政治现象比比皆是。具体到秦帝国而言，长子扶苏本是秦始皇的合法继承人，如果他不是那么刚烈、急着自杀，而是能够冷静地思考一下，不管是再请复核，还是抗命不从，大秦帝国的命运很可能都会因此而完全改观，胡亥、赵高、李斯的阴谋也将无法得逞。要知道，扶苏早已是深得秦帝国朝野上下人心的帝国未来的接班人，何况，站在他的身后的，还有蒙恬统帅的帝国最精锐的三十万大军。扶苏一死，蒙恬失去依托，整个局面彻底改观。本来各占一半胜算的局势，因为扶苏的自动出局而改变。从政治博弈这个意义上讲，不管怎么说，扶苏都将被打入“不是能够在政治上周旋驰骋的人物”之列。

赵高祸秦

公元前210年十月戊寅，大秦帝国敲响了新主人登基坐殿的庄严的钟声。胡亥登基，成为大秦帝国历史上的二世皇帝。

胡亥是在赵高的诱惑、怂恿和支持下，登上大秦帝国的最高权力宝座的。因此，他更加崇拜和信任他的这位老师，将朝中大权事无巨细全部授权于赵高。胡亥认为，通过他所信任的赵高，便可以实现他的皇朝长治久安、个人恣意享乐的愿望。

秦二世一即位，马上就任命赵高为郎中令。不久，又升他为中丞相。对于赵高，胡亥言听计从，到了令人难以置信的程度。

历史经验表明，君主专赖一人辅政是很危险的。

这是因为，权力很容易让人滋生腐败。权力的诱惑往往会让正常人变态。权力的异化，往往会让君主面临危险，让国家出现内乱等灾难。

当初，赵高在沙丘趁秦始皇猝死之机发动政变，目的不过是想保住自己多年来努力得来的荣华与富贵。在他看来，如果让长公子扶苏继承大统，他一定会被权力边缘化。不仅如此，扶苏的即位，也标志着他的宿敌蒙恬、蒙毅的得势，这是让赵高最不愿意看到的事情。为了战胜政敌，保住自己来之不易的权力与富贵，他也必须让扶苏失败，让他的学生胡亥登上大宝。

但是，得陇望蜀是人的本性。对于只知道追逐权势和利益的赵高而言，这还只是他在帝国权力角斗场上迈出的第一步。他的权力欲望是没有止境的。

胡亥与赵高，这一对见不得天日的君臣师徒，从现在开始，一个要极力设法保住篡夺来的皇位，一个在想方设法攫取更大更多的权力。他们都无心高瞻远瞩地来谋划帝国的未来，却紧紧地狼狈为奸，把全部精力都用在了除去政敌、消耗帝国能量的一系列不正当的勾当之上。在这师徒二人的一手导演下，大秦帝国终于不可避免地走向了灭亡。

前面说过，胡亥是用不正当手段夺得皇位的。胡亥即位以后，满朝皆是先帝的元老勋臣，人人功高位重，威压如芒刺在背。与一切用不正当手段夺取皇位的君主一样，上台以后，他必然要极力证明自己权力的合法性和自己无上的权威。只有这样，才能填补他心中的空虚，安抚他心中的烦躁与不安。

即位伊始，秦二世与赵高一起，便以极不自信的心态，认为其他公子以及朝臣已经洞彻了他们在沙丘所做的一切黑暗的勾当，决定利用皇权的威力将这些政敌全部除掉。

赵高告诉秦二世，“夫沙丘之谋，诸公子及大臣皆疑焉，而诸公子尽帝兄，大臣又先帝之所置也。今陛下初立，此其属意怏怏皆不服，恐为变”。

赵高还告诉秦二世：一朝天子一代臣，只有将不放心的人诛杀干净，才能保证自己在皇位上永远坐稳。

他给二世的办法是：

> 严法而刻刑，令有罪者相坐诛，至收族，灭大臣而远骨肉，贫者富之，贱者贵之。盖除去先帝之故臣，更置陛下之所亲信者近之。此则阴德归陛下，害除而奸谋塞，群臣莫不被润泽，蒙厚德，陛下则高枕肆志宠乐矣。(《史记·李斯列传》)

赵高的建议，一是先剪除先帝旧臣，越级提拔新人，以制造感恩的新贵取代居功的旧臣；二是疏远宗室、根诛觊觎皇位的人物；三是制造冤狱，使人人自危，上上下下陷于表忠自救的恐惧氛围之中而无暇他顾。

赵高不愧为权力斗争的高手，他的献策，让心虚智短的秦二世连连点头称是，全部批准实行。

一场动摇大秦帝国国本的行动开始了。

首先，大规模地剪除朝中的异己力量。

秦二世派遣御史曲宫为使者，乘专车抵达代郡，向蒙毅宣诏："先主要册立太子而你却加以阻挠，如今丞相认为你不忠诚，罪过牵连到你们家族，朕不忍心，就赐予你自杀吧，恩遇有幸。你自己考虑吧！"蒙毅自感冤屈，不肯自杀。他回答使者说："要是认为我不能博得先主的心意，那么，我年轻时做官为宦，就能顺意得宠，直到先主仙逝，可以说是能顺应先主的心意了。要是认为我不了解太子的才能，那么唯有太子能陪侍先主，周游天下，和其他的公子比起来，相差太远了，我还有什么怀疑的。先主举用太子，是多年的深思熟虑，我还有什么话敢进谏、还有什么计策敢谋划呢！不是我借口来逃避死罪，只怕牵连羞辱了先主的名誉，恳请使者大夫为此认真考虑，让我死于应有的罪名。况且，顺理成全，是道义所崇尚的；严刑杀戮，是道义所不容的。从前秦穆公杀死车氏三良为他殉葬，判处百里奚以不应得的罪名，因此，他死后有了'缪'的称号。昭襄王杀死武安君白起，楚平王杀死伍奢，吴王夫差杀了伍子胥。这四位国君，都犯了重大的过失，而遭到普天下人的非议，认为他们的国君不贤明。因此，在各诸侯国中声名狼藉。所以说：'用道义治理国家的人，不杀害没罪的臣民，而刑罚不施于无辜的人身上。'希望使者大夫认真地考虑。"使者知道胡亥、赵高的意图，并不听从蒙毅的申诉，于是诛杀蒙毅，而后回去复命。

二世又派遣使者前往阳周，宣诏赐蒙恬自杀："你的弟弟蒙毅犯有重罪，已经诛杀，依法牵连到你，你也要伏法。"蒙恬说："从我的祖先到后代子孙，为秦国累积大功，建立威信，已经三代了。如今我带兵三十多万，即使是我被囚禁，我的势力也足够叛乱。然而，我知道必死无疑却坚守节义，是不敢辱没祖宗的教诲，不敢忘掉先主的恩宠。从前周成王刚刚即位，还不能完全脱离小儿的背带和布兜，周公姬旦背负着成王接受群臣的朝见，终于平定了天下。到成王病情严重得很危险的时候，公旦剪下自己的指甲沉入黄河，祈祷说：'国君年幼无知，这都是我当权执政，若有罪过祸患，应该由我承受惩罚。'就把这些祷祠书写下来，收藏在档案馆里，这可以说是非常诚信了。到了成王能亲自治理国家时，有奸臣造谣说：'周公旦想要作乱已经很久了，大王若不戒备，一定要发生大的变故。'成王听了，大发雷霆，周公旦逃奔到楚国。成王到档案馆审阅档案，发现周公旦的祷告书，就流着眼泪说：'谁说周公旦想要作乱呢！'于是杀了那个造谣生事的大臣，请周公旦回归。所以《周书》上说：'一定要参差交互地多方询问，反复审察。'如今我蒙氏宗族，世世代代没有二心，而最终落到这样的结局，这一定是谋乱之臣叛逆作乱、欺君罔上的缘故。周成王犯有过失而能改过振作，终于使周朝兴旺昌盛；夏桀杀死关龙逄，商纣杀死王子比干而不后悔，最终落个身死国亡。所以我说犯有过失可以改正振作，听人规劝可以察觉警醒，参互交错地审察，是圣明国君治国的原则。大凡我说的这些话，不是用以逃避罪责，而是要用忠心规劝而死，希望陛下替黎民百姓深思熟虑地找到应遵循的正确道路。"使者说："我接受诏令对将军施以刑法，不敢把将军的话转达皇上。"蒙恬沉重地叹息说："我对上天犯了什么罪，竟然没有过错就被处死呢？”很久，才慢慢地说：“我的罪过本来该当死罪啊。起自临洮接连到辽东，筑长城、挖壕沟一万余里，这中间能没有截断大地脉络的地方吗？这就是我的罪过了。”

秦帝国是个重功劳业绩的国家，将帅记功升迁，官吏积劳累进，法治之下，吏治赏罚分明，一切井然有序。秦始皇统一天下以来，从未诛戮功臣，政权稳定。二世听信赵高的阴计，开无过诛杀功臣的先例，在帝国政府中，不安的情绪开始滋生。

秦二世三年，赵高又罗织罪名，将左丞相李斯、右丞相冯去疾、将军冯劫等最后一批元老重臣下狱处死。经过赵高的狂杀乱砍，秦始皇赖以维系帝国政治统治的骨干力量全部被清除出了政权机构，帝国政权的支柱已经轰然倒塌。

其次，屠戮胡亥的兄弟姐妹。

诛杀蒙氏兄弟，动力在于赵高与李斯。他们为了自己的利益，内外同心协力，施压说服二世皇帝，铲除了自己的政敌。待政敌除尽，他们又揣摩着二世皇帝的意图，将屠刀伸向了秦始皇的其余儿女。

赵高网罗罪名，将秦公子十二人戮死于咸阳，公主十人杀死于杜县，财产一律没收，亲近之人多被株连。

公子将闾兄弟三人被软禁于宫内，最终被定以“不臣”之罪判处死刑。公子将闾最是谨慎重礼的人，他实在是冤屈不服，对传达判决的使者申辩道：“朝廷的礼节，我从来不敢不服从；朝廷上的序位，我从来不敢不遵守；接受上命而有应对回答，我也从来不曾有过失辞欠礼，何以叫作不臣？只求明了自己的罪名而死。”使者只是说自己是奉诏书行事，催促将闾服罪。专制独裁政权，君要臣死，臣不得不死。一人之下，所有的人没有生存的制度性保障，至于罪名的罗织，从腹谤心诽到莫须有，不过是欲加之罪何患无辞而已。可怜将闾兄弟三人含冤饮剑自杀。

在杀戮的恐惧之中，公子高曾经打算逃亡，又担心株连他的家族，走投无路之下，上书二世请求让自己为始皇帝殉葬。二世准其奏，赐钱十万筑墓陪葬于始皇帝陵，于是没有株连公子高的家族。

据史书所载，公子高上二世皇帝书说："先帝无恙的时候，臣下入内则被赐与饮食，出外则使乘坐车马；御府的衣物，中厩的宝马，臣下都有受领。先帝仙逝，臣下应当从死而未能速行，这是身为人子而不孝，身为人臣而不忠。不孝不忠，无以立名于世，臣下请求从死，愿意陪葬在骊山脚下。切切恳求，愿主上恩幸，哀怜准许。"皇子王孙日暮途穷之哀鸣，读史至此令人震撼。

据考古学家考证：在秦始皇陵墓附近，尚有许多殉葬的坟墓。其中：

第七号墓，墓主为男性，年龄在三十岁左右，头、身、四肢分离。

第十号墓，墓主为男性，年龄在三十岁左右，头、身、手、足骨分离，倒置于椁室头厢内。

第十一号墓，墓主为女性，年龄在三十岁左右，骨骼完整，仰身直肢，上下颌骨左右错动。

第十二号墓，墓主为男性，年龄在三十岁左右，头骨置于椁室头厢盖上，肋骨及其他骨骼置于头厢内。

第十五号墓，墓主为男性，年龄在三十岁左右，头、身、四肢分离，置于椁室头厢盖上，头骨在椁室外乱土中，头的右颞骨上插有铜镞一支。

第十六号墓，墓主为男性，年龄在三十岁左右，上半身尸骨在椁室内，头骨在椁室头厢的盖上，下肢骨在填土中。

第十七号墓，墓主为女性，年龄在二十岁左右，头、身、下肢分离，左脚与胫骨分离，两臂伸张作趴伏状。

第十八号墓，有铜剑一把，未见人骨。

八座墓中，出土七具尸骨，五男二女中，六人身首四肢分离，显然是被酷刑肢解而死，一人尸骨完整但上下颌骨错位，显然是被绳索缢死。秦二世之残暴，由这七具尸骨的惨状可以得到验证。

秦始皇的三十多个儿女，除了公子扶苏是先被逼已经自杀外，其他数十名公子、公主就这样全部被杀。

秦二世即位以来，恐怖和迫害像瘟疫一样扩散开来，群臣人人自危，百姓们也惊恐不安。不到一年的时间，山雨欲来的气氛，已经弥漫整个秦帝国。用星象家的话来说，大厦将倾，前兆显明。

秦二世一系列倒行逆施的行为，不仅没有达到他从此可以高枕无忧、尽情享乐的目的，相反，却导致了天怒人怨，使他陷入了更加危险的境地。最重要的是，郎中令赵高利用秦二世的昏聩，轻而易举地铲除了自己周围的所有政敌，彻底架空了秦二世，他自己成了咸阳宫实际上的真正主人。至此，秦帝国的皇权出现了本质性的异化。

赵高专政、皇权异化的结果，便是赵高不再满足于他的中丞相之位，政治野心更加膨胀起来。下一步，到了他不再需要秦二世这块招牌的时候，便是他们师徒二人彻底分道扬镳、你死我活的时候了。

赵高架空秦二世的手法，说来也十分简单，只有两条：

1. 针对胡亥独行恣睢的特点，劝说他禁绝一切规劝，讳过拒谏，将他与众大臣对立起来。

赵高教导秦二世：“明君独断，故权不在臣。”只有不准“俭节仁义之人立于朝”，“谏说论理之臣间于侧”，“烈士死节之行显于世”，皇上才能“荦然独行恣睢之心而莫之敢逆”。秦二世接受了赵高的建言，从此拒绝大臣的一切忠告，甚至臣下报告国家的真实情况也会招致杀身之祸。

2. 针对胡亥没有从政经验、极不自信的特点，赵高劝胡亥“深拱禁中”，“但以闻声，群臣莫得见其面”。

赵高的理由是：皇帝年纪轻轻，“未必尽通诸事”，如果和大臣一起议论朝政，难免讲出一些不正确的话，做出一些不合理的决策，这样，就会遭到群臣的轻慢，皇上就会无法“示神明于天下”。赵高建议秦二世自闭深宫，把各种政务交给他去直接与朝臣们商议办理，“如此则大臣不敢奏疑事，天下称圣主矣”。不谙政事机关的二世竟然听信赵高的这一套，从此，“不坐朝廷见大臣，居禁中”。他将一切政务交给赵高办理的结果，必然会导致帝国最高政权中“事皆决于赵高”的局面。

赵高并不满足于专擅朝纲，他还想当帝国的皇帝。这个目的，如果说在秦二世刚刚即位时还显得十分遥远的话，但是眼下，赵高已经成了咸阳宫实际上的主人，秦二世不过成为了一块名存实亡的招牌而已。为了达到篡权夺位的目的，在内忧外患的国情面前，赵高加快了行动的步伐。为此，他施展了一套颇为精彩的连环计：

1. 对于代替二世做皇帝，赵高毕竟还有点心虚胆怯，他想先试试自己在朝堂上说话的分量。于是，他便想出了一个“指鹿为马”的办法。

《史记·秦始皇本纪》中记载：

八月己亥，赵高欲为乱，恐群臣不听，乃先设验，持鹿献于二世，曰："马也。"二世笑曰："丞相误邪？谓鹿为马。"闻左右，左右或默，或言马以阿顺赵高，或言鹿。高因阴中诸言鹿者以法。

通过这种办法，赵高明确知道，朝臣对他有三种不同的态度。

第一种人，是当着皇帝的面支持赵高，把鹿也说成是马的人。这种人是自己夺取皇位的支持力量，应当放手加以提拔，加大利用力度。

第二种人，是在朝堂上沉默不语的人。他们虽然不肯屈从，但也不敢当场揭穿赵高的把戏。这种人是中间力量，人数众多，应当加大拉拢与利诱的力度。如果时机成熟，赵高相信，自己荣登大宝，这帮人也是不敢公开反对的。

第三种人，则是明显站在秦二世的立场上不把赵高放在眼中的人。他们敢当着朝廷、众臣的面拂逆赵高的意愿。这种人肯定是死硬的保皇派，必须除掉才放心。

事实也正是这样，指鹿为马事件后，凡是在朝堂上把鹿说成鹿的人，全部被赵高在暗中找个理由残酷处死。

朝中又少了许多反对的声音，赵高也朝国家神器的方向上又迈进了一步。

2. 利用"指鹿为马"事件的余威，将秦二世骗进上林斋戒。

赵高指鹿为马，秦二世不但不去怀疑赵高此举的意图，反而倒过来怀疑自己的神智是否出了毛病。秦二世见赵高硬是指鹿说马，不由大惊，自以为遇到了怪异之事。司马迁说："二世惊，自为惑，乃召太卜，令卦之。"太卜当然也是赵高的人，他按着赵高的意思，去进一步搞昏这个糊涂皇帝的心智。太卜占言：皇帝是由于春秋郊祀和宗庙祭祀时“斋戒不明，故至于此”。占卜之后，秦二世竟然也毫不怀疑，马上“入上林斋戒”。赵高此举，意在将二世与朝臣隔离，以便他继续施展他的下一步的阴谋。

3. 设计将二世调离咸阳，然后找机会除掉这个已经没有了用处的招牌。

在上林苑斋戒期间，秦二世噩梦不断，其中一个梦，让他心惊肉跳，整日陷入恐慌之中。

在梦中，秦二世坐在銮辇中，一路颠簸，不知要去向何方。忽然，道旁从林中跳出一只十分凶残的老虎，上前一口就将銮辇左旁的白马活活咬死。秦二世惊中号令侍卫随从杀死猛虎，可是这班人个个也是腿软脚麻，不是逃避，就是畏缩不敢向前……

醒来后，秦二世越想越怕，急召太卜入宫占梦。不用说，这个占卜的老先生又是赵高安排的人。占梦的结果，太卜说是“泾水为祟”。为什么泾水作怪就会做这样的梦，占梦的人没有说，秦二世似乎也觉得没有必要去问。心智已乱的他，乖乖地按着赵高设计好的圈套，立刻又离开都城咸阳，马不停蹄地到达数十里之外泾水之畔的望夷宫，去祭祀泾水。

秦二世认为，既然梦中是白虎咬了他的左骖，一定是它饿了，这个饿主，很可能就是泾水河神托虎形现身的结果。于是，秦二世便让人杀了好多匹白马，沉于泾水，以供河神享用，希望能借此消灾免祸。糊涂的秦二世还不知道，他的大祸已经临头了。

赵高看到时机已经成熟，便指令自己的女婿咸阳县令阎乐与自己的弟弟郎中令赵成，诈称宫中有变，拥兵直扑远离朝臣之地的望夷宫。秦二世身边的卫队本来就是赵高指定安排的亲信，很快，阎乐就扑到了秦二世的身边。

《史记》中记录了这个场景：

当阎乐率领军队直扑秦二世住处之时，秦二世才大惊而起，急呼左右侍卫护驾。但是，这群平日里只会唯唯诺诺的侍卫，今天真的就如秦二世在上林苑做过的梦状那样，个个抱头鼠窜，只顾自己的性命。无奈之下，秦二世只好躲进卧室，环顾左右才发现，身边只有一个平日里木讷畏缩的宦官，他已经成了一个真正的孤家寡人。

二世问："这帮人怎么竟敢如此对待朕呢？"

宦官回答："这也不能全怪他们，皇上也有许多不足之处。"

听了此言，二世自当上皇帝以来第一次没有发火："赵高作乱，难道你们早就知道？"

宦官默然。

秦二世长叹："你为何不早告诉朕呢？如果早告诉朕，事情也不至于会落到这个地步。"

宦官说："正因为臣没有告诉你，所以臣才能苟活到今天。要是臣早多言一句，早就已像别人一样被你杀掉了，哪里还能活到今日？"

听到这里，秦二世终于明白了。

秦二世终于平静了下来，但他还不想死，也不甘心死。

面对阎乐"足下骄恣，诛杀无道，天下共畔足下，足下其自为计"的大声斥责，秦二世哀求道："我想见丞相一面，可以吗？"

"不行。"

秦二世恳求："我愿意退位，到一个郡做个王，行吗？"

"不行。"

秦二世讨价还价：“那做个万户侯总可以了吧？”

“不行。”

事情到了这个地步，秦二世明白赵高是一定置他于死地而后安了。但秦二世仍不死心，他黯然泣下：

“愿足下禀明丞相，放胡亥一条生路，我愿与妻子同为黔首，好吗？”

阎乐不禁感到好笑，昔日那个作威作福不可一世的天子到哪里去了，他不耐烦起来：

“我奉丞相之命，为天下人来诛杀足下，你说那么多又有何用？”

说着，阎乐“麾其兵进”。

在万般无奈之下，秦二世只好在悔肠百转中饮剑自刎。

这个做尽了不该做的坏事的皇帝，在位三载，死时年仅二十三岁。

赵高逼死秦二世后，一个巨大的诱惑开始在他的面前不停地晃动起来。“帝王将相，宁有种乎？”始皇帝父子能做皇帝，为什么我赵高就不能一试？有道是宁为鸡首不为牛后，有奶便是娘。如果我做了皇帝，谁还敢再去揭我过去出身卑贱的老账？谁还敢在我面前说个不字？

赵高充分估计了他即将要迈出的关键性一步的种种阻力：

第一种，是嬴秦宗室。秦始皇的血胤已经斩尽杀绝，嬴秦宗室的余脉在赵高的残酷打击下也早已日薄西山、气息奄奄。依照秦国长期以来按军功授爵的制度，剩余的几个宗室残孽，也不过是一介平民，早已像寒风中的野草，自保尚来不及，何遑有其他的想法？

第二种，是朝中大臣。不能说反对者没有。但对手与敢于公开叫板者早已经借秦二世之手杀得干干净净，剩下的众大臣也早已是自保头颀、噤若寒蝉了，谁还敢去以他全家的性命与荣华富贵来下这个赌注？

第三种，是关东群盗。虽然项羽已大破秦军的主力，刘邦大军也正在迅速挥师西进，但为什么就不能与他以讲和的方式讨价还价？实在皇帝做不成的话，也可以做一个关中王，还不是一样地荣华富贵？

主意打定，赵高就派出特使去向刘邦求和，约好“分王关中”。

接着，赵高志得意满，“引玺而佩之”，召集众臣，打算由自己表演一场新的“登基大典”。

但是，这一次，赵高看到的却是“百官莫从”的景象，甚至他从众人冷森森的目光中看到了自己血淋淋的结局。

赵高退缩了。

但是，他不会放弃已经篡夺到手的权力，他要再找一个像秦二世那样的木偶，继续在舞台的后面操纵国家的大局。

于是，赵高根据群臣的意见，“乃召始皇弟，授之玺”，妄图继续推行他的宦官专政。

不过，令赵高想不到的是，秦三世子婴，可不是秦二世胡亥那样昏庸，他虽然被赵高推荐为王，但明眼人都能看出，赵高的用心无非是让他扮演一个比二世更无用的木偶角色，这是子婴绝对不能同意的事情。

子婴看到二世的下场，深知自己的处境危险，于是他以患病无法去告庙为由，设局等赵高自己找上门来。

司马迁在《史记·秦始皇本纪》中说：

子婴即位，患之，乃称疾不听事，与宦者韩谈及其子谋杀高。高上谒，请病，因召入，令韩谈刺杀之，夷其三族。

事情的发展果然如子婴所料，多年来一贯算计别人的赵高，一不小心，自己终于也坠入了别人设计好的陷阱。

公元前 206 年 8 月，子婴告庙祭祖，登上了风雨飘摇中的秦国大宝。

但是，经过秦二世、赵高三年来的瞎折腾，大秦帝国已经病入膏肓，到了无可救药的地步了。

第六章

天亡：一曲未尽国已亡

时机的错失

富有政治经验和得天下人心的公子扶苏的自杀和对政治毫无兴趣的公子胡亥继位，是大秦帝国盛衰的一个分水岭，也是秦帝国成为歧路羊的一个重要信号。

全国统一后，“元元黎民得免于战国，逢明天子，人人自以为更生”。经过多年的战乱，人们对战争早已心生厌恶。大家对国策的转变充满了期待，希望这个新生的帝国政权能够转变政策，行仁政，宽徭役，发展生产，与民休息。但是，秦始皇未能实现这种转变。到秦始皇末年，天下已经出现了“苦秦久矣”的呼声。

秦二世即位后，人们把希望的目光一时聚集到他的身上，渴望他能够改弦更张，实行仁政。

司马迁在《史记》中说：

“当今秦二世登上王位，普天之下没有人不伸长脖子盼着他调整政策。受冻的人穿上粗布短袄就觉得很好，挨饿的人吃上糟糠也觉得香甜。天下苦苦哀叫的百姓，正是新皇帝转变政策、建立权威的凭借。如果二世有一般君主的德行，能够任用忠贞贤能的人，君臣一心，为天下的苦难而忧心；丧服期间就改正先帝的过失，割地分民，封赏功臣的后代，封国立君，对天下的贤士以礼相待；把牢狱里的犯人放出来，免去刑戮；废除没收犯罪者妻子儿女为官家奴婢之类的杂乱刑罚，让被判刑的人返回家乡；打开仓库，散发钱财，以赈济孤独穷困的士人；减轻赋税，减少劳役，帮助百姓解除急困；简化法律，减少刑罚，给犯罪人以自新的机会，使天下的人都能注重节操，修养品行，各自谨慎对待自身。这样以威信仁德对待天下，天下万众就会归心。如果天下民众都欢欢喜喜安居乐业，唯恐发生变乱，那么，即使有奸诈不轨的人滋生事端，民众却没有背叛主上之心，图谋不轨的人无法掩饰他的奸诈，暴乱的阴谋就可以被阻止。”

历史留给了秦二世和秦帝国足够的机遇。如果秦二世登基伊始，能够抓住这次机遇，秦帝国的历史还有重新书写的机会。可惜，秦二世不具备做皇帝的本领，他即位以后，仍然继承了乃父那一套残酷暴虐的统治政策，甚至变本加厉，比其父的统治更加严厉与残暴。这样，秦帝国政权就丧失了政策转变的最后的契机，已不可避免地踏上了走向灭亡的道路。

司马迁继续总结道：

“秦二世不实行与民休息的办法，却比秦始皇更加暴虐无道。重新修建阿房宫，使刑罚更加繁多，杀戮更加严酷，官吏办事苛刻狠毒，赏罚不当，赋税搜刮没有限度，国家的事务太多，官吏们都治理不过来；

百姓穷困已极，而君主却不加收容救济。于是奸险欺诈之事纷起，上下互相欺骗，蒙受罪罚的人太多，道路上遭到刑戮的人前后相望，连绵不断，天下的人都陷入了苦难。从君卿以下直到平民百姓，人人心中自危，身处穷苦之境，到处都不得安静，所以容易发生动乱。因此陈涉不凭商汤、周武王那样的贤能，不借公侯那样的尊贵，在大泽乡振臂一呼而天下响应，其原因就在于民众正处于危难之中。所以古代圣王能洞察开端与结局的变化，知道生存与灭亡的关键。统治民众的方法，就是要专心致力使他们安定罢了。这样，天下即使出现叛逆之臣，也必然没有人起而响应，得不到帮助的力量。所谓处于安定状态的民众可以共同行仁义，处于危难之中的民众容易一起做坏事，说的就是这种情况。尊贵到做了天子，富足到拥有天下，而自身却不能免于被杀戮，就是由于挽救倾覆局势的方法错了。秦二世之所以遭到身死国亡的下场，其原因正在于此。”

秦始皇生前，虽然阶级矛盾尖锐，但在他的统治时期，天下毕竟没有大乱；从统治集团内部来看，政治危机也并未显现。秦始皇并非平庸之辈，统一之业不必去说，就是在他的晚年，他仍然雄风不减。他不辞劳苦，巡游全国；勤于政务、兢兢业业；权术娴熟，精明强干，皇权并未旁落。在治理国家的政策上，他虽然犯有很大的错误，但尚能让帝国政权保持一定程度的弹性与活力，拥有无与伦比的权威，故终秦始皇之世，帝国基本上保持了平静无事。秦帝国所以短命而亡，原因不在秦始皇，而在于他的短寿和继承者非人。秦二世时，由于从上到下实行残酷的打击，无情的摧残，无休无止的过分剥夺，使得统治集团内部众叛亲离，人人自危，丧失了最后一点凝聚力；也使得广大的民众阶层无法再正常地生活下去。秦帝国的统治，失去了最后一点基础，结果必然导致“历史性的发动”。公元前 209 年 7 月，征发的闾左戍卒陈胜、吴广在大泽乡起义，大秦帝国的丧钟终于敲响。

烽烟再起

秦二世元年七月，一支前往北方边境服兵役的队伍因大雨困驻在泗水郡蕲县大泽乡（今安徽宿州市东南）。

连日来，大雨绵绵，河道涨水，湖泊泛滥，道路泥泞，交通阻断。

这支被困的队伍约有九百人，是从帝国中南部各郡征调的戍卒，受命前往帝国的北部边郡渔阳（今北京密云一带）驻防屯守的。这支队伍，由两名军官统领，他们被称为将尉，是相当于县尉一级的武官，类似于我们今天的县武装部长。按照秦帝国的军制，军队由什伍制编成，士兵五人编为一伍，设置伍长一人统领；两个伍编为一什，设置什长一人统领；五个什约五十余人编为一个屯，设置屯长一人统领；两个屯约百人编为一个百人队，设置百人长一人统领；五个百人队约五百人编为一个五百人队，设置五百人长一人统领；两个五百人队约一千人编为一个千人队，设置千人长统领。这支九百人的队伍，大约相当于两个五百人队；两位将尉，相当于两个五百人长。在他们手下，约有近十名百人长和近二十名屯长。陈胜和吴广，是这支被困队伍中的两名屯长。

陈胜是南阳郡阳城县（今河南方城）人，吴广是陈郡阳夏县（今河南太康）人，他们都是家境贫穷的农民。他们被征入伍，实在是有些异常。帝国以武力立国，军队是国家的根本，从军立功是国民人生出路的主要途径，与个人的土地财产、地位荣誉等直接相关。从军是光荣的事情，帝国的兵士主要从家境小康的中等人家中选拔征发。有恒产者有恒心，中产阶级有稳妥的进取心，对于家庭和国家责任心强，最利于组织的健全和稳定；另一方面，帝国士兵的武器盔甲等装备由政府提供，一般的生活用品则要由服兵役者自己负担，因此没有一定资产的家庭，从军会有相当的困难。多年以来，帝国以军队建设为中心，形成了一套完整而严密的制度，培育出了一个数量庞大的拥有土地财产、有爵位、有尊严的中产阶层，确保了军队有稳定而优秀的兵源，这是大秦帝国之所以强大无敌的一个重要的原因。也正因为此，无产贫穷的人家，一般不在帝国征兵的对象当中。

帝国的法律和制度，确实合理而且公平，有效地维系着秦帝国这架巨大的机器，使之有条不紊地运转。不过，到了始皇帝的晚年，这架机器的运转，开始出现了问题，频繁不断的徭役和兵役的征发，使国民困苦不堪，广大民众陷入了超负荷的苦难的泥潭。二世皇帝即位以后，劳民征调比秦始皇晚年更有过之而无不及。遵循二世皇帝的旨意，始皇帝时的未完工程不但不能停止，还得加紧进行。骊山陵要赶快完工，阿房宫要大干快上，匈奴要严防，长城要修筑，南方军队的兵源粮草要补充，皇帝出巡的道路要修筑，无不需要大规模的人力、物力的征调。中等人家的征调，几乎已经穷尽。无奈之下，下等贫家的征发，也是不得已而为之。当时的贫穷人户，被称为“闾左”。古时以富强为右，贫弱为左。所谓“闾左”，居闾里之左也，用今天的话来说，就是贫民区。陈胜、吴广所在的这支九百人的队伍，就是来自闾左。大规模征发闾左从军入伍，对于大秦帝国来说，实属罕见异常，相当于置帝国国民于全面动员的紧急状态。无论如何，按照帝国当时的既定制度，陈胜、吴广等人都属于不应征发者。以秦帝国的常情来看，不能自立的穷人，难以承担从军的经济负担；被强征编入军队以后，自己贫穷困苦，军队也不安稳。无休止的、大规模的征兵，无路可走的民众就可能走上极端，破坏现存的社会秩序。

陈胜其人，司马迁在《史记》中曾专门为他立传。他年轻的时候，曾经受雇为人耕田，对于贫穷低贱有切肤的痛感。按常情，他当是无田的雇农，是不在征发之列的无产贫户。陈胜既不能殖产，也不能出仕，在为人耕田休息的时候，常常仰天叹息。他曾经对一起受雇种田的同伴们说，将来如果发达富贵了，不要互相忘记啊。种田人多是安分的人，大家笑话他说，为人耕田取佣，吃饭活命而已，谈什么发达富贵。同是种田人，心志迥然不同。陈胜叹息道："嗟乎，燕雀安知鸿鹄之志哉！"陈胜是不满于现实的人，他的志向，是想要改变现状。吴广的个性与陈胜不同，但在贫穷和不安分上，却与陈胜是息息相通的。

陈胜一行抵达渔阳的日期，是比照征调戍卒的规定预先定好的。根据大秦帝国的法律，军队不能按照预定时间抵达指定地点，将受到军法"失期罪"的指控。如果指控成立，犯失期罪者将被斩首处死。大雨不止，道路泥泞不可通行，日期一天天逼近，大家越来越不安起来。陈胜和吴广不是顺天安命的人，他们私下商量对策，认为预期抵达渔阳已经无望，为了求生只有逃亡。不过，弃军逃亡被抓住也是死罪。同样是死，不如干脆掣旗造反。

陈胜对吴广说："天下长久苦于秦政的苛暴。我听说二世皇帝是始皇帝的小儿子，不应当立为皇帝，皇位的继承者是长公子扶苏。扶苏因为多次劝谏，被打发到到北部边疆去监军将兵。现在有人听说扶苏无罪而被二世皇帝诛杀了。大多数百姓都知道扶苏很贤明，还不知道他已经死了。项燕是楚国的大将，军功卓著，爱抚士卒，楚国人怀念他。有人以为他已经战死，也有人以为他逃亡在外。如果我们利用扶苏和项燕的名义号召天下，一定会得到广泛的响应。”吴广听后深表赞同，遂决定以秦公子扶苏和楚将项燕的名义来号召大家反秦。

凡举大事，必须有名目。名不正则言不顺，言不顺则事不成。陈胜、吴广虽说都是出身下层贫民，但从他们为举事所策划的大义名分来看，他们不但对当时的政治局势有密切的关注，而且有相当的政治头脑。始皇帝以暴力灭亡六国，统一天下，同时又以苛暴的办法治理天下。“天下苦秦久矣。”始皇帝死，百姓曾经有所期待，盼望颇有仁名的公子扶苏能够即位实行仁政。殊不知扶苏不明不白被杀，少子胡亥即位，暴政不但没有缓和，反而变本加厉，有过之而无不及。高压困苦之下，借助于对于仁者的怀念，对暴君作隐喻的抗争，正是民情国情所在。以扶苏、项燕的名义举事，反暴政而不反秦政，不仅顺应举国民情，而且利于对秦政府和秦军进行瓦解与动摇。不过，把这两个先后死去的人放在一起，却不免有点滑稽。要知道，项燕是楚国大将，是在抗击秦军、保卫楚国的战斗中死在沙场上的。扶苏却是秦始皇的长公子，是大秦帝国的名正言顺的储君。他们的相同点在先后两个不同的时代里为人们所怀念。把这两个人放在一起居然能产生同样的号召力而不矛盾，这只能解释为底层民众心目中的政治界限并不那么明显，他们看中的是道德与人情的化身，看重的是能维护他们利益的人。同样，这也反映出了陈胜、吴广发动与领导斗争水平的粗疏和幼稚。

当然，以旧国而言，陈胜和吴广都是楚国人，故里依然是旧日楚国的乡音习俗，记忆里楚国人的归属意识依然浓厚。大泽乡在泗水郡蕲县，过去也是楚国的领土。十四年前，楚国大将项燕统领楚军保家卫国，在这里与秦将王翦率领的六十万秦军激战，结果楚军战败，项燕自杀，楚国由此而亡。蕲县，成了项燕及其数十万楚军的国殇之地，楚国人对于项燕的怀念，绵延不断。身在蕲县，同行的都是出身于旧楚国地方的戍卒，走投无路之下，借助记忆中的英雄，以恢复故国山河相号召，最能集聚人心，激发斗志。

大义名分确定，二人心里仍然有所不安，悄悄找到卜者算命一决。卜者是个明白人，占卦结果当然吉祥："二位同心行事，事情必会成功。不过，中间还会有些曲折，二位何不卜问于鬼神？"卜者的话，往往是一语双关，鬼是死者的精魄，问于鬼，死事也。鬼又逼人，问于鬼，以鬼威逼人也。双关语的理解和选择，在于听者的意图和解读。陈胜、吴广闻言窃喜，心思落定，顺着自己的心情揣摸卜者的话意，决定借助鬼神的力量来影响和号召众人。他们用朱笔在帛布上写上"陈胜王"三字，放入打捞上来的鱼腹里，混在伙夫买来的鱼中。戍卒们开膛看到帛书，很是有些惊怪。晚上，吴广又偷偷潜入驻地近旁神祠中，点燃篝火，模仿狐狸的叫声，作"大楚兴，陈胜王"的呐喊。秦汉时代，鬼神占卜盛行。夜里闹鬼，众人惊恐不安。天亮以后，戍卒们再见到陈胜，潜意识中的感觉已经开始不同。

吴广素来善待部下，很得人心。在第二天吃饭的时候，吴广故意数次挑起逃亡的话题，惹得将尉大怒，将尉命令当众鞭笞吴广。吴广不服，将尉拔剑威吓，吴广借势挺身夺剑，在陈胜的配合下，将两名将尉杀死。混乱当中，陈胜和吴广召集众人大声疾呼："大家遇雨失期。按秦律，失期当处斩刑。即使有幸不被处死，支边戍守，十有六七也是死。壮士不死而已，死要死得值得。放眼当今天下，王侯将相，宁有种乎！"一切合于预期策划，那鱼腹帛书、篝火狐鸣的把戏，这时候已经起了重大的作用。在人们的心目中，陈胜已经成了受命于天的圣主，同行的戍卒都愿意跟随陈胜、吴广揭竿起义。于是，众人以两名将尉的首级作为祭祀的牺牲，设坛结盟，九百人都袒露右臂以为标记，举行隆重的誓师仪式，他们一致推举陈胜为将军、吴广为都尉，宣布斩木为兵，揭竿起义。

陈胜、吴广在大泽乡发动兵变具有一定的偶然性。如果不是连日天降大雨，道路阻隔，这支戍卒队伍或许就会按时到达指定的地点。另一方面，这个偶然事件的背后其实又有着太多的必然性因素。如果秦二世不加重民众的负担，不去打破帝国能够承受的极限，不去压榨民众身上最后一点的血汗和力量；如果秦二世不是政更暴、役更繁、赋更重、法更苛，乃至"发闾左"，规定"失期，法当斩"，让本不应该充当戍卒的民众不因为失期而害怕处死，陈胜、吴广也许就不会铤而走险，揭竿起义。退一步讲，即使陈胜预谋揭竿造反，但凡能够有一条活路的基层民众，也会因顾及到自己的老婆孩子而不会去积极响应的。秦二世的暴政终于激起民变。大泽乡的星星之火，马上就要成为燎原之势。秦二世的亡国政策，现在就要开始自食其果了。

历史在筛选中等待

张楚政权建立后，陈胜集团与秦帝国之间的斗争有了质的改变，这就是开始由屯戍兵引发的兵变变成了秦楚两个政权之间的较量。

以复兴楚国对抗秦帝国暴虐的大泽乡起义，最初的性质只不过是起于帝国屯戍兵的兵变。

起义发生后，陈胜攻占了驻地大泽乡，进而攻占了大泽乡所在的蕲县城。蕲县过去是楚国的领土，也是楚国大将项燕抗秦身亡的战场。在民众苦于徭役和暴政的时候，陈胜、吴广以项燕和复兴楚国的名义起兵蕲县，可谓是占尽了天时、地利和人和。蕲县民众积极响应和支持陈胜军。攻占蕲县以后，陈胜军一分为二，以符离（今安徽宿州南）人葛婴为将，统领部分军队向蕲县以东和以南的地区发展，陈胜和吴广统领军队主力向西进攻。西进的陈胜主力军沿浍河进军，首先攻克蕲县的西北邻县铚县（今安徽宿州西南），沿河继续北行，进入砀郡境内。进入砀郡以后，陈胜军攻占了酇县（今河南永城西），再折向东南，攻占谯县（今安徽亳县），西向进入陈郡，攻占苦县（今河南鹿邑）、柘县（今河南拓城西北），又乘势挥师南下，一举拿下了陈县。

陈县是陈胜军团攻下的第一座郡治大城。西周、春秋时期，陈是陈国的国都，战国时成为楚国的领土，战国末年曾经一度成为楚国的首都，秦灭楚以后设置陈郡，将郡治设在陈县。

攻占陈县以后，陈胜延请陈县地方有影响的人士，共同协商反秦大事。陈县的地方父老豪杰建议陈胜迅速建立政权，称王复兴楚国，以复兴后的楚国的名分号召天下，推翻秦帝国的暴虐统治。陈胜采纳了陈县父老豪杰的意见，以陈县为首都，建立起了张楚政权。

以张楚政权建立为标志，陈胜集团与秦帝国统治者之间的斗争发生了质的改变。由于有了王国政权，由屯戍兵引发的兵变就变成了国家政权之间的对抗。在张楚的旗帜下，关东各地人士，或者远道来归，亲赴陈胜麾下，或者就地起兵，呼应张楚的名分。孔子的后人孔鲋，带着孔氏的礼器来归附陈胜，做了张楚的博士官。魏国王室后裔魏咎、楚国的封君蔡赐、魏国的名士张耳和陈馀等等人士，纷纷汇集到张楚旗帜之下。

建都陈县的张楚政权，在陈王的主持下，迅速作出了一套军事部署：1. 以吴广为假王，统领楚军主力沿三川东海大道西进，直趋荥阳，伺机西取关中。2. 以宋留为将军，领兵东南攻取南阳，伺机攻取武关，直取咸阳。3. 以武臣为将军，领军北上渡黄河，攻取燕、赵地区。4. 以周市为将军，北向砀郡和东郡，攻取原魏国地区。5. 以邓宗为将，领军向九江方向进攻。6. 以召平为将，向广陵方向进军。在张楚军的迅速四面出击下，秦帝国在东方的各级官吏来不及准备、联络、协调，就在这种突然袭击面前，惊慌失措，失去了有效抵抗的能力。

起义初期的形势虽然朝着有利于张楚军的方向迅速而顺利地发展，但是，它同时也带来许多对张楚军不利的因素。一方面，它使以陈胜为首的义军领袖骄傲轻敌，对秦军实力及其反扑的能力，缺乏清醒的估计，因而缺乏必要的应急准备。另一方面，它又掩盖了陈胜集团的内部矛盾，以致在秦军主力反扑面前，由于旧贵族的分裂活动，各路军队调遣不灵，难于组织有效的反击。

周文一军顺利攻克戏地，标志着陈胜为首的张楚军的攻势已经达到了顶点。被起义军的巨大胜利吓得失魂落魄的帝国统治者开始清醒了。秦二世除了组织关中原有秦军拼命进行抵御外，又采取两项应急措施：一是接受少府章邯的建议，赦免修筑骊山陵的数十万刑徒，将他们武装起来，交由章邯指挥，迎击对咸阳威胁最大的周文一军。二是命令守卫北部长城线上的三十万精锐之师，由王离、苏角等率领，火速南下，全面镇压关东各路起事的义军。

章邯指挥的秦军在戏一举击败周文统帅的张楚军后，乘胜追击。周文抵抗乏力，退出函谷关后，据守曹阳（今河南灵宝县境），又被章邯打败，只得再退守渑池（今河南渑池西）。不久，周文在渑池兵败自杀，这支数以十万计的大军很快烟消云散。

这时候，由吴广率领的另一支起义军正被秦三川郡守李由挡在荥阳一带，欲进不能，欲弃不忍，屯兵坚城之下，两军成胶着状态。当周文兵败的消息传来时，吴广的部将田臧将进攻荥阳受挫的责任归于吴广并杀害了他。不久，在章邯军的进攻下，田臧战死，军队溃散。章邯一军乘胜进至荥阳城下，与李由内外夹击李归指挥的起义军，李归战死。至此，吴广统率的这一支义军也完全失败。

章邯连战连捷，昼夜东进。他一面派出一支军队，千里奔袭，击破了邓说率领的驻守东海（今山东郯城）的一支张楚军，一面亲自督率秦军主力击破伍徐统帅的驻守许（今河南许昌附近）地的另外一支张楚军。紧接着，就向陈胜的大本营陈城猛扑过来。陈胜亲自指挥张贺一军迎敌，陈西一战，张贺战死。陈胜退出陈城，率残兵经汝阳（命安徽阜阳）转至下城父（今安徽涡阳），为陈胜驾车的庄贾刺杀了陈胜，提着人头去向章邯邀功得赏。张楚政权彻底失败。

从大泽乡起义，到下城父陈王遇难，以陈胜为首的农民起义军的大部分都遭到了失败，秦末农民战争的第一个高潮结束了。

以陈胜为首的张楚政权，其兴也骤，其败也速。三个月之间，由九百疲惫戍卒，发展成近百万人的大军，扫荡了大半个中国，使强大的秦王朝摇摇欲坠，其发展之速，令人惊异。可是，待章邯率军东出函谷关与起义军对战，不到三个月，陈胜就兵败身死，数以百万计的军队也几乎全部溃散，其失败之速同样令人惊异。世界上不存在没有原因的结果。正如张楚军的迅速发展有着历史的必然性一样，其迅速失败同样也不是偶然的。

首先，从根本上说，农民阶级虽然是推动历史前进的中坚力量，但却具有很大的局限性。一方面，当它勇敢地反抗统治者剥削压迫的时候，能够显示出移山倒海的力量。另一方面，由于小农意识的作祟，他们只是在遭受残酷剥削压迫、生活不下去的时候，才会扯旗造反，缺乏改变本阶级现状的理性要求。正由于这种历史和阶级的局限，他们抵制不了剥削阶级享受思想的影响，最后往往成为剥削阶级政治上和思想上的俘虏。

其次，秦军力量暂时还很强大，军事部署与战略得体。起义军最初三个月的发展虽然是顺利的，但却没有大量消灭秦军的主力。这时的秦王朝由于二世皇帝与权臣赵高的倒行逆施，其实力与扫灭六国时相比，已经大为削弱了。然而，它毕竟是掌握了全国政权的统治者，不仅有着远较张楚政权丰富的统治经验，而且有着比起义军雄厚不知多少倍的物质基础，更有一支历经战斗锻炼、训练有素、装备精良的帝国军团，它的将领又是有着多年战争实践经验、通晓战略战术、能征惯战的骁勇之辈。当帝国统治者清醒过来之后，立即组织了对张楚军的凶猛反扑。章邯统率的主要由骊山刑徒组成的军队，按理似不应有太强的战斗力，但是，由于它以关中秦军为中坚，有一批具有实战经验的军事骨干，又有着章邯、司马欣、董翳这样一些颇具谋略的将领，一经对阵，孰优孰劣就判然分明。而由王离、苏角统帅的自长城线上撤下来的军队，更是秦军的精华，它对张楚军的优势是十分明显的。另一方面，章邯在与张楚军作战时采取的战略战术也是正确的。它利用张楚军兵分多路的弱点，采取了集中优势兵力各个击破的战术。出师之后，戏下一战，周文溃败，然后穷追猛打，连战曹阳、渑池，彻底打垮了这支军队。继而迅速东向，同吴广统率的另一义军主力展开决战，经敖仓、荥阳两役，又消灭了这支义军主力。在此之前，章邯一直坚持不分散兵力，始终集中一个拳头作战。因此，每次战役都集中了较张楚军绝对优势的兵力，掌握了战场上的主动权。周文、吴广两支义军主力被消灭以后，陈胜能够指挥的可战之兵已经不多了。这时候，章邯才分出一支兵力，远袭东海郡，击败了邓说领导的一支起义军；分出另一支部队，攻下颖川和郏县。自己则统率主力攻占许地，消灭了伍徐领导的起义军。然后，章邯又马不停蹄，攻陷陈城，拿下了陈胜的大本营。之后，又对败退中的陈胜残部紧追不舍，陷汝阳，克下城父，直到亲眼看到庄贾把陈胜的首级献到他的帐前。

毋庸讳言，章邯这种以消灭张楚军主力为目标，以捣毁“张楚”政权为目的的战略决策，是十分正确的。他的集中优势兵力，连续作战，不予敌人以喘息之机、每战必胜的战术原则都是奏效的。

相反，以陈胜为首的起义军，却在军事指挥上屡屡出现错误。义军初起，应者云集，大量反秦的农民抱着复杂的目的，潮水般地涌入起义队伍。两三个月之内，起义军由九百戍卒发展成为上百万的大军，这固然反映了反秦的大好形势，但也给起义军领袖提出了一系列不易驾驭的难题。百万大军，需要有一大批精通军事谋略的统帅和将领，而当时起义军中唯一的军事人才只有在项燕军中做过军卒的周文，其余包括陈胜、吴广在内，周市、田臧、宋留、伍除之辈，过去几乎都没有指挥过一兵一战，更遑论实战经验了。张楚政权建立后，骤然成为数以万计、十万计大军的统帅，他们一时很难胜任。一支能征惯战的军队，不仅要有一批能驾驭战争变化、精通战略战术的统帅，而且必须有严密的组织、严格的训练和严明的纪律，这对每日涌入起义军队大量参差不齐兵员来说，几乎是无法做到的。这样，起义军所拥有的数量上的优势，往往不易发挥，而缺乏训练的军队，也很难适应严酷的战斗。同时，军队应该有精良的装备，还应该有源源不绝的后勤供应，而张楚军却只能以夺取敌人的军需和临时的征调维持供应。与秦军相比，张楚军除了在人心向背上占着优势外，其余的方面，秦军几乎全部优于张楚军。这样两支军队在战场上一旦相遇，优劣胜败就自然不难判断清楚。

正因为张楚军缺乏高明的统帅之才，战略战术上的错误便一再出现。起义军攻克陈城，建立张楚政权以后，战略上没有确定主攻方向，而是四面出击，平均用力，一时间遍地开花，捷报频传。表面上看起来轰轰烈烈，实际上兵力分散，各部之间又缺乏必要的战略和战术上的协同，已经潜伏下了被各个击破的危险。而张楚军的领袖们，则被一时的胜利所陶醉，对秦军的反击能力缺乏清醒而正确的估计，当然也就无法做出应急的准备。当章邯指挥秦军在戏击败周文一军的时候，陈胜除了命令武臣救援之外，再也想不出其他应对的策略。周文一军溃败后，起义军还有几支部队保存着较大的力量。这时候，如果一方面命令周文残部迅速后退，不与秦军接触，避免被全歼的危险；另一方面，适当收缩兵力，合周文、吴广两部为一军后撤至义军较多的东方地区，既可以重新争取到战场上的主动权，又可以诱迫章邯军到对其不利的地区作战，局势或许可能出现转机。但陈胜及其将领，对战争全局缺乏高瞻远瞩的战略眼光与变通意识，一直持消极抵抗之态度，在阵地战中损兵折将，节节败退，致使被动的态势更加被动与恶化。另外，张楚政权建立以后，帝国政府在关东的防御体系几乎全部瓦解，形势要求陈胜把自己的指挥中心迁至交通便利的战略要地。但陈胜却把都城定在地瘠民贫、经济不发达的陈城，不仅难以给前线军队筹措足够的粮秣军需，而且远离当时的重要政治经济中心，对远在千里之外的前线军事，无法进行及时而有效的指挥。况且，这里地处平原，无险可守，一旦秦军压境，难以进行持久而有效的抵抗。当洛阳、大梁、南阳等名城打下来之后，陈胜应该把自己的都城迁到其中的任何一个地方，利用这里四通八达的道路网，随时调整部署，进退自如，左右逢源。但陈胜计不出此，始终局促于陈这样一座无险可守的小城。后来，当章邯率军兵临城下时，陈胜不是迅速向秦嘉、项羽、刘邦等控制的地区靠拢，而是向义军力量薄弱的东南方向逃跑。本来可以避免败亡的最后一线生机，在陈胜的手中溜走了。如此，命运之神就拿走了对张楚政权的最后一点青睐。

第三，陈胜的政治、军事素质的欠缺，使他不足以领导反秦斗争取得最后的胜利。陈胜本是一个没有知识素养的底层农民，虽然他有着“王侯将相，宁有种乎？”的远大抱负，但缺乏团结和领导部下及号召旧贵族的政治能力。起事之后，他没有提出民众倾心的政治口号，也没有制定出简明可行的应急政策。特别是，他不善于统驭部下，不敢严肃纪律，是非不分，赏罚不明，助长了部下各自为政、任意胡为的坏风气，致使张楚政权始终未能形成一支纪律严明、行动统一、具有顽强战斗力的军队。六国旧贵族加入起义队伍以后，一面要求陈胜缓称王，一面却热衷恢复六国的旧有统治。他们一旦手中有点力量，就千方百计地摆脱陈胜的控制，迫不及待地割据称王。他们根本不理会陈胜的号令，甚至在起义军主力陷于危机之时袖手旁观。当吴广受阻荥阳，周文在章邯反击下节节败退、急需救援的时候，武臣不经陈胜同意，就在邯郸自立为赵王，拥兵割据。当陈胜命令火速发兵救援周文、吴广军的时候，他们对陈胜的命令置若罔闻，反而乘机派韩广等率兵夺取以前燕国的土地。这批旧贵族把战国时期纵横家借敌以自重、乘人之危而谋一己之私利的纵横捭阖之术，都拿来对付陈胜了。陈胜此时自身岌岌可危，当然无力对武臣等严行惩罚。此一乱命而不受惩罚的榜样一出，野心家立刻群起效尤。韩广以武臣对付陈胜的办法对付武臣，如法炮制，在旧燕国贵族的支持下，自立为燕王。齐国旧贵族田儋杀掉秦朝的狄令，自立为齐王，并公开袭击陈胜派出的周市一军。而周市在平定原魏地以后，千方百计要求陈胜立旧魏国贵族魏咎为魏王，陈胜也依其所请，把自己本来可以支配的力量，变成了异己的势力。这些旧贵族在拥有土地，获得“王”的头衔之后，纷纷拥兵自重，不服调遣，大大削弱了张楚军的力量，致使张楚政权在章邯的猛烈攻势下孤掌难鸣，彻底陷于失败。

最后，作为一个农民起义军的领袖，陈胜也缺乏改造自身的能力。张楚政权建立以后，当数以百万计的起义军战士正在前线与秦军浴血苦战，最后的胜利还很渺茫的时候，陈胜就已经在区区弹丸之地的陈城，开始修缮宫室，置办用具，心安理得地做起帝王的美梦来了。不仅如此，他称王以后，就忘记了自己昔日“苟富贵，毋相忘”的誓言，独断专行，冤杀无辜，大摆帝王的威风，严重脱离了他本来应该代表的劳苦大众。在陈胜称王以后，当年与之一起佣耕的伙伴闻讯前来探望这位曾经誓言不忘故旧亲朋的老朋友时，见到的却是宫门深沉，警卫森严。后经“遮道而呼”，总算见着了。这些伙伴以为，他们还可以像昔日佣耕时那样随便谈笑。但是，陈胜已经不是从前的陈胜，为了维护今日的王者威风，陈胜竟然向这些昔日朋友举起了屠刀。面对故人心寒、人员失散的状况，陈胜并不觉醒，反而任用佞臣朱房为中正，胡武为司过，监司群臣，用严刑峻法，完全凭个人好恶随时惩办自己不称心的将领。结果，人人自危，奸佞者趋进，忠直者离去。陈胜于是陷于众叛亲离的窘境，这自然大大削弱了张楚政权的力量。

陈胜的失败标志着秦末农民战争第一阶段的结束。陈胜虽死，但他点燃的斗争烽火并没有熄灭。以刘邦、项羽为首的其他起事队伍继续高举反秦的火炬，把陈胜未竟的事业推向了新的辉煌。

秦二世元年九月，项梁和项羽起兵于江东地区，史称项氏江东起兵。

项羽，名籍，字羽，公元前 232 年生于下相县。他的祖父，是楚国名将项燕。公元前 224 年，项燕统领楚军，大破入侵的秦军；次年，秦举国攻楚，项燕被秦将王翦围困在泗水郡蕲县兵败自杀，楚国也由此而亡。项燕死时，项羽只有九岁，由叔父项梁抚养长大。始皇帝统一天下以后，同所有的六国贵族一样，项氏一族失去了旧有的封地特权，成为帝国治下的编户齐民。楚国灭亡以后，项梁成了项氏一族的主心骨和头面人物。项梁交游甚广，下至闾里民间，上至县郡官府，所及之处，编织起一道严密的关系网。这道关系网，不仅关系到项梁的一生，对于秦末乱世的历史，也添具了些许色彩。

项梁因为杀人在家乡待不下去，就带领项羽一道向东南迁徙，定居于会稽郡吴县。吴中人士景仰项氏名族，纷纷依附在项梁的门下。客居吴中的项梁，隐然成了民间社会的领袖、地方上的头面人物，其影响和势力之大，连郡县官吏都对他另眼相看，成为会稽郡府、吴县县庭的座上客。吴中地方上有大的徭役征发和丧葬祭祀等事情，项梁往往被推选来主持其事。受世代名将家世渊源的熏陶，项梁深谙兵法，富有组织能力。他在受托为地方举办事情的时候，暗中用兵法规范组织宾客子弟，有意识地在使用中考察用人。吴中地区人力物力的调配使用，早就在他的掌握当中。

项羽跟随项梁来到江东的时候已经成年。他身高八尺有余，力能扛鼎，才气过人。项梁呵护项羽长大，让他读书写字，项羽不感兴趣，于是又让他去学习剑术，项羽又中途而废。项羽认为："学习写字，不过可以书写名字而已；学习剑术，不过一对一对打而已。要学，就要学习与万人对敌的本领。"于是项梁教授项羽兵法，项羽大喜，学了个大概，又无意深入下去。

始皇帝第五次巡游天下，进入会稽郡经过吴县，项梁与项羽一起前去观瞻。万人空巷的盛大行列中，项羽遥望始皇帝的车马行列，冷冷说道："彼可以取而代之也。"项梁大惊，一把掩住项羽的嘴告诫说："不要妄言乱说，有灭族之祸。"不过，从此以后，项梁对项羽另眼相看。凭他的阅历眼光，他觉察出项羽非同寻常。此时的项羽，年纪在二十三岁，正当江东起兵的前一年。

二世元年七月，陈胜起兵，关东大乱，会稽郡也受到波及而政局不稳。观望到了九月份，会稽郡代理太守殷通感到帝国大势已去，天下政局的重新组合已经不可避免。殷通是秦政府直接任命的地方大员，不是当地人，他素来看重项梁的家世能力，以为要在本郡起兵必须借助项梁的威望。他请项梁来郡府商议大事，希望项梁能够助他一臂之力。项梁、项羽叔侄借此机会杀掉殷通，召见会稽郡与吴县的官吏和地方豪杰，晓之以起兵反秦复楚的大义。得到他们的支持后，项梁被推任为会稽郡太守，全面负责郡政，项羽出任郡都尉，协助项梁统领军队。在项梁的主持下，会稽郡各县动员征兵，经过挑选，得到精兵八千人。这支八千人的军队，成为后来项氏驰骋天下的核心力量。因为其成员都是会稽郡属下各县的江东子弟，史书上称之为江东子弟兵。

二世元年九月，芒砀山中，一名信使急匆匆地从沛县赶来，给刘邦送来重大消息。来人叫樊哙，本是沛县城里杀狗贩卖的狗屠。刘邦押解民工去骊山，樊哙就在被押解的民工当中。刘邦释放民工落草芒砀山，樊哙不愿离去，一直跟随下来。樊哙是条鲁莽的汉子，勇猛仗义，不过他粗中有细，忠心耿耿，很得刘邦信任。落草芒砀山以来，刘邦与丰邑家中的联系，与沛县旧交的通信，多由樊哙在两地间往来传递。

樊哙带来的消息是，因为陈胜、吴广起事，沛县震动，政情不稳。县令眼见周围地区纷纷易帜反秦，局势一天天失控，于是有意顺应大势，改换旗帜。沛县令不是本地人，当地的事都是依靠本地出身的役吏办理。由于事关重大，沛县令招来役吏萧何与曹参商量办法。萧何是沛县的主吏掾，负责一县人事考核和日常事务；曹参是狱掾，负责沛县的司法工作。萧何和曹参都赞同县令的主张，同时也表示了自己的担心。他们对县令说："您是秦的县令，现在有意率领沛县吏民反秦，固然是大家都好的事情，不过，沛县的年轻人能不能如愿听从，实在没有把握。您的旧部，原泗水亭长刘邦逃亡在外，手下有近百人，多是沛县的年轻人。如果能够将刘邦一行招回来，利用他来震慑众人，大事或许可以成功。"于是，县令同意并让萧何派人召回刘邦。

芒砀山离大泽乡和陈县都不远，陈胜起义的消息，刘邦已经有所耳闻。不过，毕竟是偏僻在山里，难以把握局势，不便贸然举动。樊哙的到来，使刘邦极为兴奋，当即带领手下启程，直奔沛县县城。

当刘邦一行赶到沛县城下时，却见城门紧闭，戒备森严。原来，樊哙离开沛县以后，沛县令对于召集刘邦回来的决定反悔，他怀疑萧何、曹参串通刘邦，意图胁迫和危害自己，于是下令关闭城门，逮捕萧何、曾参。萧何和曹参都是在县衙门工作多年的豪吏，耳目多，消息快，在追捕到来以前，已经潜出沛城，与刘邦谋划起新的起事方案来。

沛县吏民，多是刘邦、萧何、曹参的故旧和属吏，在刘邦的劝说后，很快就行动起来，里应外合，杀死县令，开城迎接刘邦进城。

接着，建立沛县政权的难题摆在了桌面之上。以当时的形势而论，有三种力量可以左右政局：一是以萧何和曹参为代表的沛县旧政权的中下级官吏；其二是沛县地方的父老豪杰，即民间政治势力；其三就是刘邦从芒砀山带来的近百人的队伍。萧何和曹参是县吏中的头面人物，地位高，人缘广，组织能力强，算是很好的人选。不过，二人都是文法之吏，属于辅佐型的人物，长于在既有的组织中行动，再说二人家族大，顾虑也多，不愿意承头起事。王陵是沛县有数的豪杰，但与萧何、曹参之类的沛县属吏，往来不多，大家对他并不放心。推来选去，最后还是觉得刘邦合适。刘邦曾经做过泗水亭长，虽然地位在萧何、曹参之下，毕竟是旧日沛县官吏圈子里的人物，官民上下易于接受。加上他敢作敢当，为人厚道，由他来领头，最能为各方接受。经过协商以后，大家一致推选刘邦为首领，主持沛县军政大事。起事后，刘邦很快组织起一支二三千人的军队。这支军队，都是沛县人，以地缘结成，号称沛县子弟兵，成了未来刘邦军团的核心。汉帝国政权初期的朝臣阁僚，多是出自这批丰沛故人。

沧海横流，方显英雄本色。项羽、刘邦起兵以后，因陈胜失败一度沉寂下去的反秦斗争很快又掀起了新的高潮。推翻秦帝国统治的重任，奇迹般地落在了这两个楚地新出现的强人的身上。

陈胜大泽乡起兵、项氏会稽起兵和刘邦沛县起兵，是决定秦末汉初历史走向的三件大事。秦末农民战争直到楚汉相争的历史，大体是由陈胜、项羽和刘邦三位英雄主导。陈胜建立张楚政权，开创诛暴灭秦的大业；项羽消灭秦军主力，决定秦亡的命运，奠定分割天下的基础；刘邦攻入关中，迫使秦帝国政府投降，最终成就反秦大业。司马迁在综述这一段历史时说：发难反秦，由陈胜开始；暴厉灭秦，出于项氏；平定海内，成就帝业，则是刘邦。五年之间，天下政局的主导递次嬗变于三人，自开天辟地以来，天命之授受移转，未曾有过如此急切。《史记》将陈胜记入王侯世家，将项羽和刘邦写进帝王本纪，无一不予以高度的评价；司马迁又著“秦楚之际月表”，将从秦末之乱到汉帝国建立之间的这一段历史，视为秦楚之际，这种尊重历史的写法确是良史大家的神来之笔。

巨鹿：成与败的临界点

在风起云涌的反秦高潮中大势已去的秦帝国，凭借着章邯出色的帅才，几乎奇迹般地扭转了局面。

章邯兵锋所指，先是将陈胜、吴广大军一一歼灭；接着又在定陶大败楚军并杀死楚军主帅项梁。随后，他又以雷霆万钧之势攻下赵国邯郸，在巨鹿将赵王歇围而不攻，企图吸引各国援军，打算通过巨鹿一战彻底消灭各地的反叛力量，为帝国在关东地区恢复与重建统治秩序。

章邯的这个战略计划看起来是完美的，也是可以实现的。秦军占尽优势、以逸待劳，诸侯各军则参差不齐，战斗力不强。灭亡关东的叛逆势力，席卷天下的光荣与梦想将要再一次实现。已经摇摇欲坠、满目疮痍的大秦帝国很可能因此而迎来了一线希望的曙光。

可是，人算不如天算。也许是老天有意不让大秦帝国渡过此劫，在这个一战定胜负的时刻，秦末最有天才的军事家项羽登场了。

项羽自知实力悬殊，来到巨鹿后便开始精心谋划。他决定以少对多，用闪电战来瓦解秦军的战斗意志。

在项羽面前，站立着两个强大的对手：一是由秦朝名将蒙恬打造的边防军，这是帝国军团百战百胜的铁血精锐。这支军队久经沙场，曾击败北方匈奴，带领他们的正是当年灭亡楚国的大将王翦的孙子、出身于将门世家的大将王离。

另一个对手就是由多次围剿反秦义军的章邯率领的百战之师，虽然大多数由骊山刑徒组成，但因跟随章邯多次实战，其战斗素质和军事素养已与正规军团相差无几。

为补充大军所需的粮草，章邯在棘原到巨鹿之间建立甬道，直接通往黄河附近，用以运输粮草，由帝国军团中最勇猛的大将苏角率军巡回保护粮道。苏角以残忍善战闻名，没有多少诸侯敢动劫粮的心思。所以在巨鹿，项羽要面对的是四十多万精锐的帝国正规军，而且将领都是当时的名将。

再看项羽这边，刚从宋义手里夺来了兵权，人心不一；兵力也只有五万人，势单力薄。巨鹿城外虽然驻扎有燕、魏、齐各路诸侯援军，但他们畏惧秦军声势之盛与兵力之强，谁都不敢与秦军正面交锋，指望得到他们的帮助，简直比登天还难！

项羽深知局面之险恶，他对秦军进行了细致的观察，发现了秦军的弱点。秦军的战略布局是：王离的军队围住巨鹿，章邯的军队驻扎在巨鹿的南边，一边构筑甬道运输粮草，一边随时对救助巨鹿的援军进行打击。而弱点就在两钳之间的心脏部位，也就是苏角护卫的粮道。

项羽察知了秦军的疏漏之处，决意从这里果断下手。为试探虚实，项羽派出盗贼出身的当阳君英布和蒲将军，先率两万先头部队渡河，攻击苏角部署黄河北岸的军队。秦军的甬道大多可以连接到驻军堡垒，但也有些甬道布置在比较偏僻的位置，英布就专门选择这种甬道进行攻击。由于兵力不足，英布并不想攻占甬道，他的目的只在于破坏。他将军队分成数十个小组，分别选择攻击数处守卫薄弱的甬道，以切断秦军的补给。

为了保护甬道而分成多处驻守的秦军没有想到，楚军一旦出击就是如此凶悍，他们虽然奋力抵抗，但因为过于分散和麻痹大意而无济于事。还没等到秦军反应过来，英布的先锋敢死队已经切断了秦军的甬道。

接到英布取得胜利的捷报，项羽立即下令全军渡河。渡河之后，项羽下令将所有的渡船全部凿沉，将所有的炊具全部打碎，将所有的营房全部烧毁，每个人只带三天的口粮，怀着必死的决心来和秦军决战。这就是成语“破釜沉舟”的典故由来。

狮子在绵羊的率领下，成了一群绵羊；绵羊在狮子的率领下，则全部变成了一群急欲捕咬猎物的凶猛饿狮。

在震耳欲聋的呐喊声中，项羽的军队犹如疾风暴雨一般向秦军扑去。项羽决心给秦军一次致命的打击，把主力汇合在一起，直接进攻甬道，断王离军队的粮草。章邯听到消息后，立刻带军援救甬道。项羽以逸待劳，迎头痛击，章邯没有料到项羽孤注一掷，以决战打救援。章邯的军队与项羽军队稍事接触，便被项羽打了个措手不及。而项羽击退章邯军队后，立刻马不停蹄地对王离军展开猛烈的攻击。一日之内，楚军与秦军连续交战九次，楚军连战连捷，破秦军甬道，拔秦军壁垒，秦军主帅王离被俘，副将苏角被杀，另一名秦军副将涉间眼见大势已去，不忍辛苦运来的粮秣为敌军所得，乃下令焚烧粮秣，自己冲入火海中自焚而死。

当楚军攻击王离军时，各路反秦援军不敢轻举妄动，都到军营的外壁上观看虚实动静。巨鹿城外的原野上，楚军旗帜鲜明，金鼓严整，将士的喊杀声惊天动地，人人奋勇当先，不顾一切击杀秦军。秦军军阵，步步溃退；秦军军营，逐一起火；秦军将士，身首分离。日出两军开战，日中生死逼迫，日斜过午，楚军大捷，王离军败局已定。目瞪口呆观望于壁上的诸侯援军，这时方才省悟过来，纷纷开营出兵，配合楚军攻击溃退的秦军，加入到痛打落水狗的行列，与巨鹿城的赵军里应外合，全歼了王离秦军。历经五百年没有衰竭过战斗意志的大秦军团，在项羽如狼似虎的攻击面前土崩瓦解。曾经踏平六国、扫荡匈奴的大秦雄师，自此一蹶不振。

战斗结束以后，项羽传令召见诸侯将领。诸将战战兢兢，穿越尸骨堆积如山、鲜血集流如河的战场，来到用作楚军统帅部的王离军帐大营。战尘弥漫之中，刀光闪动之下，进入军营辕门的诸将，无不低身膝行，诚惶诚恐。当他们来到项羽面前时，没有人敢抬头仰望。经过这次战斗，各路诸侯对项羽归心畏服，一致公推项羽为诸国联军统帅。

巨鹿，因项羽而一战成名。

其实，巨鹿之战，秦军如果不犯骄傲及轻敌等错误，项羽未必能取得如此辉煌的胜利。

首先，秦军主帅章邯在一系列的胜利面前滋生了骄傲轻敌的情绪。秦军围困巨鹿长达数月，不是对反叛力量以自己的优势兵力去抓紧时机各个击灭，而是想毕其功于一役，等反叛力量大集结后再展开决战，一役定乾坤。

其次，秦军在战术上也犯了轻敌与急躁的毛病。如果王离不是轻敌与急于求胜，而是当项羽军队急于决战时用强弓硬弩射定阵脚，集中兵力严阵以待援军，那么完全可以抵御一至二天。楚军远道奔袭，所带粮食又少，如果不能马上进行决战，必然会陷入被动的状态。届时项羽虽有盖世之勇，也会因为不能持久而失败覆亡。

第三，即使巨鹿失败，秦军也并未丧失元气，如果秦二世能够及时派遣援军或作一系列鼓舞士气的工作，秦军胜败仍是未定之数。可惜朝廷昏庸、佞臣当道，将章邯逼上了绝路，大秦帝国的命运就以这场战役为临界点，彻底走向了覆亡。

巨鹿大捷之后，接下来的工作，就是往西进军，攻取关中。

但是眼前还有一个最大的敌人，就是驻守在棘原的章邯的秦军主力。

章邯虽然在巨鹿之战中败于项羽，但项羽以击溃敌军意志为目的的战术运用并没有消灭秦军的有生力量，章邯的手下仍然有二十多万秦军，胜负之局并未尘埃落定。偏偏就在这关键时刻，主持秦帝国实际工作的赵高与前线统帅章邯之间起了内讧。

在秦末的风云际会、狼烟四起中，章邯算得上是一个杰出的将才。如果不是他以少府的身份临时组建骊山的劳役之师，虚弱已极的秦帝国在三年前就已经土崩瓦解了。正所谓“狡兔未死，走狗先烹”，摆在章邯面前的形势总是严峻的。巨鹿之战后，他所面对的不再是能不能打胜仗的问题，而是无论胜败，都将无法逃脱赵高的迫害。此时的秦帝国，赵高专权，贤臣良将已经几乎被他诛杀殆尽，剩下章邯的这一线救命的稻草，赵高还是不愿放过，他认为章邯越级向秦二世奏事，决定将章邯赶尽杀绝。

当巨鹿之战失败后，章邯请求咸阳发兵增援时，把持朝政的赵高将奏章搁置一旁，采取了隐瞒不报、不理不睬的态度。后为二世所知，责令赵高对此事作出解释时，赵高又决定杀掉章邯所派的特使司马欣。幸而，司马欣中途改换路径才免于遭难。

可以想象得到，章邯此刻的心情一定是悲愤到了极点。终于，在走投无路的情况下，章邯选择了缴械投降，退出了本不应该退出的秦末历史的大舞台。原本打算再次血战一场的项羽，轻轻松松地就收编了秦将章邯和他的二十多万秦军将士。

按理说事情到此为止，楚军取得了完全的胜利，接下来的任务就该是进兵关中，直逼咸阳了。然而糟糕的是，收降过来的秦兵怨言四起，于是项羽在头痛中下达命令，把秦卒全部活埋。一夜之间，几十万秦军全部变成了冤鬼，最后幸存下来的，只有章邯、司马欣和董翳这三个光杆的将领。

在中国历史上，这是继长平之战白起坑杀赵国降军四十余万后的又一个大事件。项羽在这个事件上所表现的残酷，比“杀人机器”白起更加过之而无不及。

当时的白起，面对已经饿得眼睛发绿的赵国降军，根本不知如何来接纳他们，为了粮食分配更为了秦国的利益不得不大开杀戒。事后，白起还因承受不了这一心理冲击而病了相当长的一段日子，临死之前仍对坑杀赵军事件耿耿于怀、愧歉不已。相比之下，天性残忍的项羽似乎就没有这么多心理压力，项燕、项梁两代先辈皆死于秦军之手，本来就使项羽对秦军充满了仇恨，起义之初领叔父项梁之名进攻襄阳的时候，就因进攻受阻而将襄阳屠城。很多人以此指责项羽如此残暴的行径，认为这种灭绝人性的行为导致了人心的向背，从而导致了项羽最终的失败。其实，如果我们用纯粹理性的眼光来看这件事情，就会发现当时的项羽并没有太多的选择。在冷兵器时代坑杀降卒，毕竟不能和屠杀平民相提并论。何况留着这二十万犹疑不定的敌国降军，不管是放在战场还是后方，都是一个随时要爆炸的定时炸弹，当时急于灭秦的项羽一时还想不出更高明、更妥当的解决办法。

巨鹿之战后，项羽率领军队向秦帝国的核心地带——咸阳进军，很快就到了函谷关外。这时距离受楚怀王指令宋义、项羽北征，正好一年零三个月。

楚军的先头部队到达函谷关外，抬头一看，发现守卫函谷关的居然不是秦人的军队，而是楚军刘邦的军队。

当时，楚怀王派了两路人马去解救赵国之围，项羽奔赴巨鹿，直接面对秦军的主力，而给刘邦的任务是往西对付零散的秦军以牵制秦军主力的注意力。现在，刘邦居然抢在他的前面入关夺下了帝国的都城，这个事实让项羽气愤不已。

更让人生气的是，当项羽派人叩关时，守关的将士居然扬言：没有刘邦的命令，不能放任何人进来。

一代战神项羽已经破了秦军主力，名望正是如日中天，根本没有将刘邦放在眼中，愤怒的他立刻派遣英布猛烈攻打函谷关。

虽然函谷关地势险要，但守关将士原本也是楚军，见项羽军势雄壮无敌，便和英布妥协，项羽军队很快地进入了函谷关。

进来之后打算怎么办？难道真的要和刘邦决一雌雄吗？项羽一时还拿不定主意，因此他暂时将军队驻扎在新丰鸿门附近。

现在，我们暂时放下暴跳如雷的项羽，来看看刘邦在他的西征途中，干了哪些可圈可点的事情。

刘邦入关

公元前 207 年九月，当宋义、项羽等率楚军主力渡过黄河、北去救援赵国的时候，刘邦接受楚怀王之命，率领一支军队开始了向秦都咸阳的进军。

在此之前，楚怀王曾与各路义军首领相约：“先入定关中者王之。”以此激励他们争做进军咸阳的先锋。然而，由于当时秦军力量从总体上还强于各路义军，鉴于周文的惨败，不少义军首领都不敢承担这一重任。只有项羽“怨秦破项梁军”，自告奋勇，愿与刘邦共同承担入关破秦的重任。但是，楚怀王周围的一班谋臣老将都认为项羽不是统兵入关的最佳人选，他们向怀王建言：

“项羽为人，剽悍猾贼。前次进攻襄城，尽坑降卒。凡他率军所过之处，无不烧杀残灭。若令他独立出征，即令获胜，也将成尾大不掉之势。何况楚兵自举事以来，陈王、项梁俱皆无成。皆因单纯依凭武力，不足服人，故而失败。此番应遣一忠厚长者，仗义西行，沿途约束军士，告谕秦父老兄弟。秦地百姓苦其主久矣，今诚得忠厚长者往，毋侵暴，必能完成任务。项羽剽悍，决不可遣。沛公素宽大长者，必能胜任此责，而且不会滋生二心。”

楚怀王接受了谋臣老将们的建议，任命项羽为宋义的副手，命令宋义、项羽率楚军主力北上，承担起对付秦军主力的重任。同时选任刘邦作为进军关中的统帅，在黄河以南开辟反秦的第二战场。此后的实践证明，楚怀王对刘邦的任用，确实是一次正确的选择。

由于秦军主力集中于黄河以北，在项羽猛烈的攻势下自顾不暇，根本不可能顾及其他地方的战况态势。更由于秦帝国已无机动的兵力集中防守黄河以南，所以减少了刘邦进军途中的阻力。与宋义、项羽军北上救赵的同时，刘邦统率一支不足万人的队伍，也踏上了进军关中的征程，由彭城出发，经砀（今安徽砀山南），收编散在该地的陈胜、项梁散卒，转军北上。攻破城阳（今山东菏泽北）后，又在杠里攻击秦军。接着，挥师迅速南下，公元前 207 年十月，在成武（今属山东）击破秦东郡尉指挥的一支秦军。在达栗（今河南夏邑），并刚武侯柴武军四千余人。紧接着，与魏将皇欣、武蒲合攻秦军于昌邑（今山东金乡），未能取胜。随即挥军奔西南，下高阳（今河南杞县境）。此时，著名策士郦食其来归。刘邦听从郦食其的建议，派他为说客，招降了秦的陈留（今河南开封南）郡守，取得大量粮秣军资。同时，郦食其之弟郦商又率四千人马来归，使刘邦军力大增，成为一支数万人的劲旅。三月，刘邦督军与郦商指挥的陈留兵共攻开封（今河南开封西南），未拔。旋即北上，与秦将杨熊激战于白马（今河市濮阳），再战于曲遇（今河南中牟境）东，连连获胜。杨熊败退荥阳，被秦二世派来的使者斩杀。接着，刘邦挥军南下，直下颍阳（今河南禹县南），继而应谋士张良建议，转军西北，攻占原韩国的大片土地，占领了太室山中险要的战略要地轩辕。此时，赵国将军司马印率军准备渡过黄河，抢先入关。刘邦为阻止他的行动，迅速由轩辕北上，攻占平阴（今河南洛阳西北），切断了渡口的交通。之后，刘邦大军主力南下，与秦军激战于洛阳以东，稍稍失利，即脱离战斗，回军阳城（今河南登封东）。此时，刘邦已决定不循当年陈胜军进军路线由函谷关进入关中，而是走南阳、武关一线。于是，刘邦集中军中的骑兵，以最快的速度直奔南阳。刘邦军与南阳郡守指挥的秦军在犨（今河南鲁山东南）东相遇，一番激战，南阳郡守败北，急忙带领残兵败将退保宛城（今河南南阳）。刘邦的军队几乎占领了整个南阳郡，唯宛城秦军拼死固守不下，不易攻克。刘邦不愿在宛城纠缠，于是引兵绕过宛城西行，准备弃宛于不顾，全力向武关前进。但是，谋士张良认为，西去路上秦兵尚众，背后如留下秦兵据守的坚城，一旦敌军前后突击，义军必将陷于非常危险的境地，必须解决宛城守敌，然后才可进军咸阳。刘邦接受张良的建议，在西去的路上秘密回军、在宛城之南抄小路星夜返回宛城。由于刘邦行动迅速而诡秘，宛城守军毫无觉察。待郡守黎明得到消息的时候，刘邦军已将宛城严严实实地围了三层。郡守惊恐万状，预感到大难临头，打算自刎，一死了之。他的舍人陈恢力劝郡守不要自寻短见，指出还有比死更好的出路。他往见刘邦，说服刘邦招降南阳郡守：

“我听说足下和楚怀王曾有约定，先入咸阳者为关中王。如今足下却尽全力来攻打宛城。宛连城数十，吏民众多，粮食给养充足。闻足下攻下颍阳后曾有屠城之举，故宛城吏民自以为投降必死，故皆拼死坚守。今足下虽有精兵猛将，未必朝夕可下，且士卒死伤必多。若舍宛城不攻，引兵西进，又有腹背受敌之患。今为足下计，莫如招降南阳郡守，赐以封爵，使其留守宛城，通道输粮，足下则带宛城军卒一同西行。秦地各城守军见足下如此厚待降吏，必定争相开门应纳，足下自可长驱入关，一路畅通无阻。”

刘邦本是从谏如流之人，一听陈恢的意见有道理，便欣然采纳，接受宛守吕齮的投诚，并封其为殷侯，封陈恢千户，兵不血刃地取得了整个南阳郡。七月，刘邦大军西行，因有刘邦宛城纳降的先例，所遇秦将大部分都开城纳款，刘邦未折一兵一卒，即顺利地占领丹水（今河南淅川县境）、析（今河南西峡县）、郦（今河南南阳市北）、胡阳（今河南唐河南）等城。刘邦用严格的军纪约束士兵，每攻克一地，都严禁士兵掳掠扰民，给百姓留下了良好的印象。八月，刘邦率众攻破武关（今陕西商南县境），打开了通往咸阳的门户。此时，项羽已结束了巨鹿之战，招降了章邯，也开始从东面进军咸阳。

在项羽、刘邦大军从东、南两面进逼咸阳的时候，秦帝国统治集团的内部矛盾进一步激化。秦二世在赵高的教唆下大肆杀戮宗室贵族和朝中重臣后，却发现大权已经被赵高完全窃夺。赵高指鹿为马，专权罔上，加剧了与二世的矛盾。他唯恐二世诛及自身，就与其弟郎中令赵成、女婿咸阳令阎乐合谋，抢先下手，杀死二世。赵高以秦地缩小，六国后人皆已继立为理由，立秦宗室子婴为秦王，同时派出使者来到刘邦军中，提出共同分王关中的计划。刘邦怀疑赵高的诚意，没有答应，只是借秦军麻痹之机攻取了武关。九月，子婴与其二子合谋，刺杀赵高于斋宫。然后，遣将士据守峣关（今陕西蓝田县境），抵御刘邦大军，企图做最后的努力。正在此时，刘邦的大军也进至关前，刘邦采纳张良的建议，一面遣郦食其、陆贾游说守关将领，以重利引诱他们投降，使他们失去戒备，松懈防务。一面命令士兵悄悄绕过峣关，翻越蒉山，从关背后偷袭秦军，一举成功，占领峣关。然后继续北进，全歼兰田的秦军。至此，秦军的最后一点有生力量损失净尽，首都咸阳的能战之军已经寥寥无几，子婴成了一个光杆秦王，手下再也没有什么力量能够阻止刘邦大军夺取咸阳了。

公元前206年十月，刘邦的大军进驻灞上（今陕西兰田县境）。此去咸阳，只不过百里之遥。秦王子婴守着诺大一座咸阳，既无可战之兵，又无可守之险，只得接受刘邦“约降”的条件，下令秦军残余停止抵抗。他自己则“素车白马，系颈以组，封皇帝玺、符、节”，到咸阳以南五十里的轵道（今西安市内）旁，恭恭敬敬地向刘邦投降，并迎接刘邦大军入城。子婴出降，标志着秦帝国正式灭亡。秦国自襄公八年开国以来，延续了五百七十一年的历史，至此结束。

凭心而论，子婴既不是低能儿，也不是胡亥之类的昏暴之主，观其立王五日即与其二子合谋刺杀赵高于斋宫，“三族高家以徇咸阳”的举措，不能不承认他是一位头脑清醒、才能卓异、行动果决的帝王。然而，秦帝国经过秦二世的暴虐统治，已经彻底失掉民心，也斫尽了维护自身统治的最后一点生机。子婴纵有天纵之才，历史给他提供的时间和空间都不容其施展了。

雄才大略的秦始皇创建的不可一世的大秦帝国，仅仅经过十五个年头，就在刘邦军队的进攻下灰飞烟灭。中华帝国固有的矛盾所导致的农民起义和农民战争，也预示了秦以后一个又一个帝国王朝的命运。刘邦统率的这支军队，自公元前 207 年（秦二世三年）九月奉楚怀王之命自彭城出征，到公元前 206 年十月（汉元年）在咸阳之南的轵道旁以胜利者的姿态接受秦王子婴的投降，历时仅一年零一个月。其进展之迅速，战果之辉煌，实在令人惊异。

一年之中，这支军队避实就虚，越山涉水，斩关夺隘，攻城略地，迂回曲折，从中原到关中，长驱三千余里；历经十数次激烈战斗，终于结束了大秦帝国在中国政治舞台上的表演，完成了历史赋予的重大使命。队伍也由出发时不足万人，发展成拥有十多万人的精锐之师，成为项羽军以外实力最强的一支军事力量，为日后在楚汉战争中战胜项羽、再次统一中国奠定了坚实的基础。

刘邦自从响应陈胜、吴广举行丰沛起义，到夺取咸阳，共历时三年。在前两年中，他的军队基本上是在别人支配下作战，虽然也获得不少成功，但队伍没有大的发展，直到从彭城西征，也还不足万人。可是从公元前 207 年九月刘邦一军开始独立作战，纵横驰骋黄河以南一年多时间里，不仅取得了一系列战役的胜利，推翻了大秦帝国的统治，而且使这支军队壮大了十倍以上。

刘邦军队在如此短暂的时间内迅速发展壮大并取得如此重大胜利的原因何在?

概括起来说，客观条件给刘邦一军的成功提供了最大的可能性，而刘邦及其文臣武将所发挥的主观能动性又使这种可能性迅速而有效地变成了现实。

从客观条件来讲，刘邦是一个时代的幸运儿。在秦末鹿死谁手未定的关键年代，命运之神将更多的钟爱毫不吝惜地给予了他。当陈胜、吴广在大泽乡发出划时代的怒吼之后，全国云集景从，造反的旗帜一时间在关东四处飘扬。在最初众多起事的队伍中，刘邦在丰沛拉起来的那支队伍并不出众，不仅力量弱小，而且也没有六国旧贵族那样具有影响力。一个亭长、几个县吏，再加上一帮吹箫屠狗的亡命徒，统率的又都是从乡村田野里走出来的赤贫之辈，实在有点寒伧。这支军队不要说与陈胜、吴广、项氏叔侄的队伍不能相比，就是较之秦嘉、英布以及齐、燕、赵、魏诸国之师也不可同日而语。然而，它却后来居上，一年之后即发展成仅次于项羽军的一支强大的军事力量，而在秦帝国灭亡后，又成为与项羽角逐天下的主要竞争对手，其发展之迅速和顺利是其他力量不可比拟的。

可以说，在当时数以百计的反秦力量中，在通往八百里秦川的征途上，历史给刘邦一军安排的，恰恰是一条阻力最小、成功系数最大的道路。当时秦军最主要的军事力量有两支：一是章邯统率的拱卫首都咸阳的关中精锐部队，一是由王离、苏角、涉间等统率的守卫长城、对付匈奴骑兵的勇武之师。此时这两支大军都集结在黄河以北。不消说，秦军如此安排本身就是一种战略错误，因为黄河以北的义军并未构成对它最大的威胁。依照楚怀王的安排，对付秦军这两支劲旅的任务由宋义、项羽统帅的楚军承担。后来，项羽杀掉宋义，独自指挥楚军主力。他最后进击的目标虽然也是关中，对于咸阳更是志在必得，但是，这却是进军咸阳的多种路线中阻力最大的一条路线。因为它必须战胜秦帝国最强悍的无敌兵团，还需要横渡黄河天堑，飞越高山雄关，不仅胜负本身是个未知数，即使战况顺利，也要耗掉不少时间。果然，当项羽挥军血战巨鹿，招降章邯残部于殷墟，以气吞山河的之势将两支秦军主力解决，统率四十万胜利之师风风火火地赶到咸阳的时候，秦王子婴的投降仪式已经过去两个多月，夺取关中的首功已经记在刘邦的功劳簿上了。与之相反，刘邦进军的黄河以南，秦军的防御几乎就是一片空白。帝国的防御力量绝大部分都是郡守、县令们统带的地方武装，人数既少，战斗力也很弱，并且，由于在章邯以后秦帝国始终未能出现一个能够指挥和协调各地军事行动的有威望的统帅，各郡县之间就难以互相配合与支援。如此一来，秦帝国暂时还保有的那些郡县就成为一个个孤立的军事据点。刘邦军队的力量虽然不大，但始终集中使用，因而在对付每一个郡县的武装时，构成了对秦军的绝对优势，再加上刘邦招降纳叛的政策以及其他因素的配合，所以每次战役几乎都以刘邦军的胜利而告终。同时，刘邦在进军途中，还能不断地吸收陈胜、吴广和项梁的溃卒以及其他小股反秦队伍，因而使自己的队伍得到迅速的扩大。反观项羽以外的其他各路反秦义军，有的隶属于项羽的麾下，受制而不易发展，有的局促于一隅而难以扩大，最后都难成气候。刘邦一军自奉命西征以来，独树一帜，既不受制于他人，又不局限于一隅，而是独立自主地在黄河中下游最富庶的地区行军作战。而这一地区恰恰是陈胜起义军战斗洗礼过的地方，一方面有良好的群众基础，得到百姓的拥护；另一方面又有充足的兵源和粮秣，扩兵和军资供应皆不成问题。这一切，显然给刘邦一军的胜利发展提供了得天独厚的条件。

诚然，客观条件的确给刘邦进军关中的胜利提供了最大的可能性，但是，要将此种可能性变成现实却要求当事人最大限度地发挥自己和群体的主观能动性。这其中，刘邦及其部下精心的谋划，正确的战略策略和打得赢就打，打不赢就走的机动灵活的战术指挥，就是把可能变成现实的最重要的条件。刘邦在萧何、张良、郦食其、陆贾、曹参、周勃、樊哙等文臣武将的协助下，不仅选取了一条阻力最小的进军路线，而且通过采取迂回曲折、避实击虚、分化瓦解、集中优势兵力各个击破敌人的战略战术，将政治手段与军事手段交互并用，从而以最小的代价取得了最大的战果。比如，对陈留和南阳两座重兵据守的坚城，刘邦听从郦食其和张良的建议，采用招降的办法化敌为友。对武关和峣关两处险关，刘邦听从张良建议，以谈判掩护进兵，用“诈”取胜。而当起义军进驻灞上，秦帝国失去抵抗力量之后，刘邦又不失时机地向子婴发出最后通牒，以迫降手段避免了对秦都咸阳的攻坚。每一次战役，虽然作战对象不同，地理条件各异，使用的战术有别，但几乎都解决得干脆利落，痛快淋漓，轻轻松松。

在整个进军过程中，刘邦一直虚心听取谋臣策士提出的正确意见，这是取得胜利的重要原因。在高阳传舍，他不计较郦食其以长者自居的傲慢态度，虚心向他求教攻取陈留的方略。结果郦食其凭自己的三寸不烂之舌说降陈留郡守，使刘邦不费一兵一卒而获得一座坚城和大批粮秣军资，力量大大增强。刘邦第一次兵临南阳时，因估计宛城不易攻克而绕城西进，经张良陈述利害得失后，立即改变部署，星夜回师，再围宛城。在宛城守军惊恐不安之时，又听从南阳舍人陈恢的建议，以优渥的条件顺利招降。当然，更重要的还在于刘邦及其谋臣战将，在秦末农民战争造成的“伐无道，诛暴秦”的有利形势下，敢于藐视暂时还显得强大的敌人，以雄伟的气魄，敢于斗争、敢于胜利的气势，毅然走向与强敌决斗的战场，而在每次具体战役中，又能缜密思考，精心部署，以少胜多，以自己的决心和行动，去赢得每一个具体的胜利。

同时，刘邦从起事那天起，就特别注意自己军队的纪律的整顿，因而获得“宽大长者”的美誉。在进军关中的路上，刘邦更是注意军队纪律的严明，约束士卒不掳掠，不妄杀，不扰民，因而能够得到沿途百姓的普遍拥护与帮助，使这支军队如虎添翼，所向披靡。

最后，刘邦一军的胜利，还得益于秦帝国总体上的战略失误。关中是秦帝国的发祥地和根据地，又是全国最富庶的地区之一，经过秦国数百年、秦朝十多年的经营，不仅集中了大量粮秣军资，经得起长期战争的消耗，而且由于它对原秦民和六国之民实行不同的政策，关中之民还普遍拥护这个帝国。如此优越的地理民情在军事上是一笔极其宝贵的财富，如果充分利用，发挥其在与反秦义军斗争中的作用，集中兵力固守关中，那么鹿死谁手，在短时期内就会成为一个未知的数。当年，秦国在同六国斗争时就很好地利用了这一地理优势，每次出征不顺时立即退回关中，扼守函谷关，御敌于关门之外。纵使军事上有些损失，由于后方根据地十分巩固，生产发展，社会稳定，资财丰饶，军队很快能恢复元气。尽管东方六国两次合纵、协力攻秦，终究无可奈何。秦末农民起义爆发后，如果帝国统治集团稍微有点战略眼光，在出关镇压各地反秦力量的同时，始终在关中保持一支强大的军事力量，以便在关东尽失的情况下凭借关中的地理优势进行最后的抵抗，这样即使不能挽救秦帝国的灭亡，也至少会给刘邦军队在关中的作战造成极大的困难，延迟其取得胜利的时间。不过，此时的帝国君臣早已失去了统一六国时的进取精神和勃勃生机，有一点能力的大臣早就被赵高清洗一空，与政治上的腐败相联系，军事上的失误就是不可避免的了。以胡亥、赵高等为代表的帝国统治集团是一群昏庸、腐朽、愚昧的无能之辈，已经失去了常人对形势变化的感应能力，自然也不会制定出对付反秦义军的有效战略和策略。所以，当秦帝国的主要军事力量被消灭在巨鹿战场上以后，空虚的关中就只能在刘邦的马前举起降旗。曾经天下无敌的大秦帝国死得如此窝囊与迅速，这是连反秦力量也意想不到的事情。奇怪的历史安排与历史安排的奇怪，构成了大秦帝国最后一段命运交响曲的主旋律。

最后一段插曲

进入咸阳以后，有人建议诛杀秦王子婴，遭到了刘邦的拒绝。刘邦说："当初楚怀王遣我入关，是因为我宽容大度，不做斩尽杀绝的事情。如今人已投降，还要杀他，有伤祥和，为天不容。"刘邦所以不杀子婴，从深层面看，实际有着他精细的考虑。依照楚怀王之约，刘邦当领有秦国作关中王，秦国将成为刘邦未来的国土，秦人将成为刘邦未来的臣民。从子婴开城投降起，刘邦已经自视为秦王，开始考虑统治秦国的战后政策和建国方略。子婴开城投降，代表了秦国官民的归附。对子婴的处置，也将表示新政权对秦国官民的态度。刘邦是关东楚国人，在秦国毫无根基，子婴是旁系新主，既无逼人之势，又得到秦国官民的同情与好感。对于刘邦来说，善待子婴，不仅有利于眼下安定秦国的军心民心，而且今后统治秦国时，子婴也是大可以利用的人选。刘邦于是厚待子婴，对秦国的宗室大臣一律既往不咎，下令各级官吏各司旧职，维持现状，一切听从他的统一指挥。

刘邦进入咸阳，一度惊叹秦都的富丽繁华，感慨兴奋之余，准备就在咸阳宫中长期留驻下来。从关东跟随而来的部下们，也都大开眼界，兴奋难抑之情，远远胜过刘邦。他们纷纷进入秦宫和仓库，掠取珠宝财物，寻找妇人美女。张良是个清醒的人。他约樊哙共同说服刘邦打消入居秦宫的念头，下令查封所有的府库财物，全军退出咸阳，还军灞上。混乱当中，还有一位头脑清醒的人，他在别人惊羡于美人珠宝之时，却将秦政府的律令文书、档案图录等文件全部取出，带回军中，这就是日后汉帝国的首任丞相——萧何。

还军灞上以后，在萧何的主持下，刘邦宣布废止秦帝国繁杂苛刻的法律，简单约法三章，以维持战后的秩序：杀人者死，伤人及盗抵罪。刘邦又亲自召集关中的父老豪杰，晓谕以除暴秦入关安民的旨意。他说，秦法严酷，秦中父老也久受其苦，“我之所以来到关中，是为父老兄弟们除害，绝不会有报复侵害，希望大家不要惧怕。我之所以还军灞上，是为了等诸侯各军到来后，共同确认楚怀王之约，别无他意”。对于关中及蜀地各郡县，刘邦派部下与秦的主管官吏一同前往，布告安民，一切维持原状不动。

秦灭六国，秦人与六国人结怨甚深，如今最怕诸侯国军入关以后挟仇报复。得到刘邦的抚慰宽待政策，关中安定，人人喜乐，纷纷牵牛宰羊，赍酒食前来灞上慰问刘邦军队。刘邦推辞不受：“仓库粮食多，军队不缺粮，父老乡亲不必破费。”秦国上下见刘邦如此通情达理，爱护百姓，人人唯恐刘邦不做秦王。

正是在这种情况下，项羽率领大军进入关中。对于收集到的关于刘邦想做关中王的各种情报，项羽不由心生怒意。他本意要立刻与刘邦决一雌雄，消灭这一竞争对手。但刘邦乖巧，自知力量众寡悬殊，眼下不是项羽的对手，因而前往项羽大营亲自向项羽解释一切。

在鸿门宴开宴之前，项羽和刘邦已经谈判讲和，讲和的条件相当苛刻：刘邦将咸阳及关中移交项羽，投降刘邦的秦王子婴、秦朝的官吏和军队，全部交由项羽处理，刘邦只领本部人马，暂驻灞上，随同联军各部，统一听从项羽的指挥。鸿门宴上，项羽之所以不杀刘邦，除了种种人际和情绪上的因素而外，最根本的原因是刘邦完全接受了项羽提出的讲和条件，做了最大限度的隐忍屈服。项羽和平解决刘邦问题，掌握了所有军队的指挥权以后，立即率军进入秦都咸阳。

项羽进入咸阳以后，完全推翻了刘邦的安抚政策。首先杀掉秦王子婴，诛灭嬴姓宗族，断绝秦王室的血胤。他实施报复，比照当年秦军攻占诸侯国后的做法，掠取秦朝宫室的财宝妇女，焚毁咸阳宫城殿堂，对未完工的阿房宫和始皇陵等庞大建筑，也彻底加以破坏。据史书记载，咸阳大火伴随项羽毁灭秦都的行动，三个月之久还未熄灭。

项羽进入咸阳后，曾有谋士韩生劝说他定都关中。韩生认为，关中阻山带河，土地肥沃，人口众多，四面有险关可守，又经过秦历代的经营，最具战略攻守位置，在此定都，必可成就霸业。然而，新安坑杀秦军降卒以后，项羽已经失去了在关中立足的民意。入咸阳以来，又毁坏秦都宫室陵园，无意在关中滞留的意向，已经明确无疑。项羽不是一个具有远见卓识，能够把握时机的政治家。他怀土恋乡，功成名就之后，唯一想法就是早早荣归故里，在先祖坟前告祭成功。他以“富贵不归故乡，宛若锦衣夜行，无人晓得”为理由，将韩生的重大战略建议，草草打发回绝。韩生退出来后，感慨万端，忍不住冒出一句话来：“人说楚国人暴躁，宛若猴儿戴帽，人模人样却不能持久，今日看来，果然如此。”此话传到项羽耳朵里，项羽当即下令将韩生扔在锅里活活煮死。看来，项羽是一个性情中人，始终无法用理智控制自己的情绪。

施行了对于秦都的破坏，报复了秦灭楚国的深仇大恨之后，项羽开始着手处理战后问题。战后的首要问题，就是对于秦国的处置。按照楚怀王之约，先入关中者王秦，刘邦应当做秦王。定约之初，楚怀王拒绝项羽的主动请缨，派遣刘邦入关，将唯一称王的机会交付给刘邦，项羽由此对楚怀王和刘邦皆怀不满。刘邦闭关据守，引来项羽的愤怒和猜忌。鸿门宴和解，虽然没有杀掉刘邦，但对刘邦的猜疑和防范并未曾消除。不让刘邦王关中，已是项羽的既定方针。项羽派人到彭城向楚怀王报告灭秦大功告成，请求根据约定，分割关中分王秦国的三位降将，对于刘邦等其他将领，考虑另作封赏。项羽请示楚怀王的真意，表面上是请求楚怀王废弃旧约，便宜处理秦国问题，其更深的意图，是试探楚怀王对于新形势的认识和反应，特别是对于自己的态度。

楚怀王从来不信任项羽。他拒绝项羽入关攻秦的请求，事先断绝项羽成功称王的道路，是出于主动的防范。项羽杀宋义夺军权，楚怀王被迫承认既成事实，任命项羽为上将军，是出于无可奈何。项羽招降秦军，约许章邯为雍王，对抗楚怀王之约，楚怀王更是无可奈何。如今，项羽正式请求楚怀王毁弃旧约，楚怀王虽然还是无可奈何，却明确地表达了自己的意见，“按照先入关中者王秦的约定执行”，回答非常干脆与坚决。

在陈胜死后，楚怀王之约，是楚怀王即位以后制定的天下公约和战略规划，也是以楚国为盟主的反秦阵营的未来行动纲领和计划蓝本。楚怀王之约规定：1. 反秦战争的基本目标，是复兴六国，诛灭暴秦。2. 六国政权的建立，正统在于王政复兴，恢复被暴秦所中断的六国旧王族的政治权力。3. 暴秦政权必须被摧毁，秦国将予以保留，新的秦国王政，由首先进入关中、摧毁暴秦政权的功劳者出任。楚怀王之约，一方面是对当时已经形成的六国复国、各国王政复兴的天下政局的肯定和确认，通过扶持和肯定六国的王政复兴，杜绝各种实力人物擅自称王的野心。另一方面，对于群雄并起中，最有野心和实力的人物，楚怀王之约用秦国王位虚位以待，做了正面而富有诱惑的引导，不分贵贱，不论国别，首先攻入关中灭亡秦国者为秦王。

对于项羽来说，承认楚怀王之约，就是承认七国复国、王政复兴的原有天下秩序。如果按照这个政治秩序来分配天下，楚怀王熊心、赵王赵歇、齐王田市、魏王魏豹、韩王韩成、燕王韩广，再加上新的秦王刘邦，就几乎将天下的权益瓜分干净。如果顺从这个秩序，项羽和各国将领都将回到各自的国家去做将军，讨封求赏，任人宰割，这是项羽根本不可能容忍的事情。项羽清楚地知道，如今的自己，功高不仅震主，早已震动天下，挟如此无赏之功，举世已经没有可以行赏之主了。至于楚怀王，从来不信任自己，自己也从来没有将楚怀王放在眼里。因此，当楚怀王的回答传达到项羽军中时，项羽决定，废弃楚怀王之约，由自己主宰，按照论功行赏的原则，重新分割天下，建立新的政治统治秩序。

项羽召集各国各路将领说："楚怀王是我项氏所立，没有功劳勋阀，岂能专断主持天下公约！天下纷乱之初，暂时拥立六国后人为王以诛伐暴秦。然而，被坚执锐，风餐露宿三年，终于灭秦定天下，靠的是诸位将领和我项籍的力量。"诸位将领跟随项羽征战，与项羽同利，都表示愿意听从项羽的安排。

时势造英雄。当时形势下，项羽被时势推到了决定历史方向的天下主宰的地位上。英雄造时势，居于天下主宰地位上的项羽，将根据自己的选择决定历史的方向。不过，英雄的选择，是既定形势下的有限选择。就当时的项羽而言，他的选择范围不外有三种：1. 回归战国时的体制；2. 继承秦帝国的新体制；3. 重起炉灶，根据情势建立新的秩序。回到战国，就是实行楚怀王之约，回复七国正统，这个方案已经被项羽否认。继承秦帝国的体制和秩序，就是重建统一天下，由自己来做皇帝，各路诸侯不会答应。秦末乱起以来，各地军民殊死斗争，其最基本的目的，是要消灭秦帝国及其体制，恢复列国并立，这是秦末起事的大义名分，难以违逆。况且，秦帝国和秦王国只是收缩和扩大之别，继承秦帝国首先必须继承秦王国的领土和臣民，项羽坑杀秦军降卒，焚烧秦都咸阳，已经表明了彻底摧毁秦帝国，决不让其死灰复燃的决心，他无意做秦始皇。这样，留给项羽的方案，就剩下了第三条。于是，他折中古今，调和现实，在中国历史上首次实行了霸王主持下的封王建国体制。

项羽首先将楚怀王升格架空，尊称为义帝，迁徙到南楚地区的郴县（今湖南郴州），使之远离于新的统治秩序之外。他将已经复国的关东六国，即楚、赵、魏、韩、燕、齐，加上秦国的领土，以秦帝国的郡为单位，重新打乱分割为十九个王国。

1. 将秦国分割为雍、塞、翟、汉四国。封章邯为雍王，以废丘（今陕西兴平东南）为首都，统治咸阳以西的地区；封司马欣为塞王，以栎阳为首都，统治咸阳以东的地区；封董翳为翟王；以高奴（今陕西延安北）为首都，领有秦的上郡；封刘邦为汉王，以南郑（今陕西汉中）为首都，统治汉中、巴和蜀三郡。

2. 将魏国分割为西魏和殷两国。魏王豹迁徙到河东一带，以平阳（今山西临汾）为首都，为西魏王。封司马卬为殷王，以朝歌（今河南淇县）为首都，领有黄河北部的河内郡。

3. 将赵国分割为代和常山两国。将赵王歇徙封为代王，以代县（今河北蔚县北）为首都，统治赵国的北部地区。封张耳为常山王，将赵国旧都信都改名为襄国（今河北邢台），作为常山国的首都，统治赵国的东部地区。

4. 将韩国分割为韩和河南两国。韩王成的领土和王号不变，仍旧以阳翟（今河南禹县）为首都，领有颍川郡。封申阳为河南王，以洛阳为首都，领有三川郡。

5. 将燕国分割为燕和辽东两国。徒封原燕王韩广为辽东王，以无终（今天津蓟县）为首都，统治原燕国的东部地区。封燕国将军臧荼为燕王，以蓟（今北京）为首都，统治原燕国的西部地区。

6. 将齐国分割为胶东、齐、济北三国。徙封原齐王田市为胶东王，以即墨（今山东平度东）为首都，统治齐国的东部地区。封田都为齐王，以临淄为首都，统治齐国的中部地区。封田安为济北王，以博阳（山东泰安东南）为首都，统治原齐国的北部地区。

7. 将楚国分割为西楚、九江、衡山、临江四国。项羽自立为西楚霸王，以彭城（今江苏徐州）为首都，统治今天的安徽、江苏、浙江的大部分地区，以及山东和河南的部分地区，领有原属于楚国和魏国的九个郡。封英布为九江王，以六县（今安徽六安）为首都，统治楚国南部的九江郡。封吴芮为衡山王，以邾县（今湖北黄冈北）为首都，大致领有楚国南部的衡山郡。封共敖为临江王，以江陵（今湖北荆州）为首都，统治楚国南部的南郡。

项羽分封诸王建立列国，首先是对秦始皇用暴力消灭六国、建立统一秦帝国的一次大否认。在当时，这是形势的驱使，是各路反秦义军的目标，没有人能够拂逆。项羽分封诸王建立列国，也是对楚怀王被拥立以来，六国复活的政治秩序的一次大修正。他依据军功大小，打破了原来必须拥立六国之后的旧框框。项羽杀秦王子婴，对其他的六国旧王，皆做了不同程度的迁徙贬抑。他将楚怀王迁徙到南楚郴县，使他空有义帝之号而远离政治。他将赵王赵歇迁徙到赵国北部，贬抑为代王；将齐王田市迁徙到齐国南部，贬抑为胶东王；将燕王韩广迁徙到辽东，贬抑为辽东王；魏王魏豹保留了魏王之号，却被迁徙到河东一带；韩王韩成也保留了韩王之号，却不让他回国，被强行带到彭城，后来加以杀害。

项羽分封诸王建立列国，其基本原则是按照军功行赏，同时考虑同他的关系亲疏而定。自己军功最高，分得天下的最大部分。其余分得好土好地的新封诸王，都是跟随项羽在反秦战争中立有突出军功的将领们。项羽分封诸王建立列国的理念，和周初的大分封有相通之处。他所追求的以霸主名义号令天下的政治秩序，似乎又接近于春秋五霸的霸业政治。项羽所开创的这种封王建国制度，是他融汇古今、对应现状的结果，成为秦帝国走向汉帝国、郡县制走向郡国制、中央集权走向地方分权、绝对皇权走向相对皇权之间的一个过渡。历史行进到这里，启动了某种试验的程序，在不稳定的状态中，展现出由统一帝国到联合邦国的嬗变趋势。但是，自秦始皇统一天下、建立大秦帝国之后，大一统已经成为中国历史发展的必然趋势。项羽这种貌似合理公平的分封制，代表了少数人的利益，事实上已经成为历史前进的桎梏。表面上的稳定，掩盖着事实上的不稳定。这种分封方式的本身，就已经蕴含着动乱的因素。此后中国大地上，依然是风云不定的变局。

接下来楚汉相争，战乱又进行了四年。公元前 202 年，刘邦在垓下最后打败项羽。是年二月，刘邦即帝位。他缔造的帝国，成了中华民族的主流姓氏，史称西汉，历史从此才真正掀开了一个新篇章。

第七章

安魂：百代都行秦政法

"秦政"文化符号的形成

秦始皇已死，秦帝国已亡，但是作为中国政治文化的一个重要的典型符号，两千年来，人们却一直在瞩目于斯，争论于斯。经过秦汉两代不同目的的政治宣传与社会批判，经过历史长期的积淀与筛选，"秦始皇政治"已经成为一种文化符号化了的反面教材，深深铭刻在人们的现实政治生活和历史的记忆之中。

这是因为，任何一种文化体系都会自觉或不自觉地创造出一批人格化的文化典型，重要者甚至会成为一个国家或者一个民族长久使用的文化符号。例如，中国古代的正面人物"尧舜""周公""孔孟"，反面人物"桀纣""周幽""秦皇"等类，就是因为中国政治的发展需要以及后来各王朝为巩固统治的现实目的而选择出来的正反两个方面的文化典型。

必须指出，源于先秦的政治价值体系和帝王评价方式是"秦始皇政治”符号化的文化动因。春秋战国时期，在周文化的基础上，思想家与社会政论家们形成了一套理论化的以“有道、无道”形式出现的政治价值评价体系。这种政治价值体系以周文化为基础，将中国有道政治划分为“皇、帝、王、霸”四个层级，将中国的无道政治归入“暴君政治、社会战乱”的一类范畴。

在先秦，一论及“有道政治”，人们必提尧舜禹时代；一论及“无道政治”，人们又必然会联想到夏桀、殷纣、周幽三王的黑暗统治。这种政治文化范式经过春秋战国长时间的积累，到秦汉时代终于有机会进行一次大的总结。秦既然因为“残暴”而二世即亡，“秦始皇政治”的凶残在汉代人们的眼中又明显高过夏桀、殷纣、周幽的政治。自然而然，经过汉代统治者的精心策划与汉儒们的鼓噪宣传，“秦始皇”“秦政”就成为一种与三王政治相对立的“坏政治”的典型，再经过后代各王朝的系统抽象与升华，中国政治的反面典型“秦始皇政治”就作为一种政治文化符号代代传承了下来。这其实是一种政治的误导，绝不完全是历史的真实。但是经过千百年来文化意识的积淀，人们已经习惯了这种将错就错的东西，也习惯将这种将错就错的东西当作一种文化去警示后代的治国理政者。荀子说过：“善言古者，必有节于今。”从另一方面看，将“秦始皇政治”作为中国政治文化的反面典型虽然有悖于客观的历史评析方法，但从中国政治文化的发展角度看，还是具有十分重要的意义的，它所起的作用主要表现在：1. 它为中国的政治文明树立了一个标杆，成为后世历代统治者的资治通鉴。2. 它强化了人们对暴君暴政的认识和批判监督的力度。

千古功过谁评说

自秦而后，两千多年来，历朝历代对于秦始皇功过的评价和探讨就从来没有停止过。

1. 秦帝国时代对秦始皇的颂批

关于秦始皇的评说，早在秦始皇在世时就开始了。这种评说带有时代的烙印，以肯定与歌颂居多。这是因为，从秦始皇本人来说，他想通过自我评价与臣民认可的方式，肯定自己推行的政策，强化自己的专制统治；从秦始皇政策的执行者来说，一方面是获取秦始皇宠信的资本，另一方面也是为了帮助秦始皇建功立业，实现大秦帝国天下一统的宏愿。

秦灭六国后，朝中大臣从政治需要出发，即开始竭力称颂秦始皇的统一功绩。

王绾、冯劫、李斯等人说：

> 昔者五帝地方千里，其外侯服夷服，诸侯或朝或否，天子不能制。今陛下兴义兵，诛残贼，平定天下，海内为郡县，法令由一统，自上古以来未尝有，五帝所不及。(《史记·秦始皇本纪》)

他们认为，从前五帝时，疆土只有千里大小，外面是侯服、夷服，诸侯有的称臣入贡，有的却不臣服，在上的天子无法完全控制他们。如今，秦王兴正义之师，诛灭暴乱的残贼，平定天下，分国家为若干郡县，法律政令统一，这是上古以来从不曾有的功绩，连五帝都赶不上。

对此评价，秦始皇本人也是赞同的。

司马迁在《史记·秦始皇本纪》中说：

> 秦王初并天下，令丞相、御史曰："异日韩王纳地效玺，请为藩臣，已而倍约，与赵、魏合从畔秦，故兴兵诛之，虏其王。寡人以为善，庶几息兵革。赵王使其相李牧来约盟，故归其质子。已而倍盟，反我太原，故兴兵诛之，得其王。赵公子嘉乃自立为代王，故举兵击灭之。魏王始约服入秦，已而与韩、赵谋袭秦，秦兵吏诛，遂破之。荆王献青阳以西，已而畔约，击我南郡，故发兵诛，得其王，遂定其荆地。燕王昏乱，其太子丹乃阴令荆轲为贼，兵吏诛，灭其国。齐王用后胜计，绝秦使，欲为乱，兵吏诛，虏其王，平齐地。寡人以眇眇之身，兴兵诛暴乱，赖宗庙之灵，六王咸伏其辜，天下大定。今名号不更，无以称成功，传后世。其议帝号。"

天下统一后，秦始皇在咸阳宫设酒宴，七十博士向前祝寿，仆射周青臣称颂说：

> 他时秦地不过千里，赖陛下神灵明圣，平定海内，放逐蛮夷，日月所照，莫不宾服。以诸侯为郡县，人人自安乐，无战争之患，传之万世。自上古不及陛下威德。

周青臣认为从前秦国的领土不超过千里，全靠始皇帝的神灵明圣，平定天下，把蛮夷赶走了，日月所照临的地方，没有不称臣顺服，把当年诸侯王的土地改置成郡县，每个人安居乐业，不必为战乱忧愁，这伟大的功业可以流传万世，自上古以来没有人能赶上这伟大的威德。秦始皇听后，非常高兴，认为这些称颂真实地反映了他的实际功绩。

公元前220年至公元前210年，秦始皇先后五次出巡，足迹几乎遍及全国，七次立碑刻石。所刻石碑也都是大力宣扬秦始皇统一全国的功业。

峄山刻石上说："皇帝立国，维初在昔……讨伐乱逆，威动四极……经时不久，灭六暴强。……世无万数，施及五帝，莫能禁止。乃今皇帝，壹家天下，兵不复起……黔首康定，利泽长久。"

泰山刻石上说："皇帝临位，作制明法，臣下修饬。廿有六年，初并天下，罔不宾服。"

琅琊台刻石上说："皇帝之功，勤劳本事。上农除末，黔首是富。普天之下，抟心辑志。器械一量，同书文字……六合之内，皇帝之土。西涉流沙，南尽北户。东有东海，北过大夏。人迹所至，无不臣者。功盖五帝，泽及牛马。莫不受德，各安其宇。"

碣石门刻石上说："皇帝奋威，德并诸侯，初一泰平。堕坏城郭，决通川防，夷去险阻。地势既定，黎庶无繇，天下咸抚。男乐其畴，女修其业，事各有序，惠被诸产，久并来田，莫不安所。"

会稽刻石上说，"皇帝休烈，平一宇内，德惠修长……义威诛之，殄熄暴悖，乱贼灭亡，圣德广密，六合之中，被泽无疆。"

郭志坤在《秦始皇大传》一书中认为，这些刻石从下列方面热情地歌颂了秦始皇统一天下的伟大功绩：

第一，刻石大力宣扬和歌颂了秦始皇发动统一战争的正义性。如在芝罘刻石上说："六国回辟，贪戾无厌，虐杀不已。皇帝哀众，遂发讨师，奋扬武德。"

第二，刻石反复歌颂了秦始皇统一六国后所带来的社会安定，如在芝罘东观刻石上说："武威旁畅，振动四极，禽灭六王。阐并天下，灾害绝息，永偃戎兵。"

第三，刻石充分肯定秦始皇为巩固国家统一所颁发的种种法规的必要性。对于那些有利于国家统一的措施，刻石都给予热情的称颂。如琅琊台刻石说，"器械一量，同书文字。日月所照，舟舆所载。皆终其命，莫不得意"。

总之，今天看来，这些秦朝当事人对秦始皇的肯定与颂扬不能简单地看成是对秦始皇的个人崇拜，它实际上是对大秦帝国统一大业的一种肯定，对统一所带来的积极成果的一种讴歌，也是为巩固秦帝国大业所作的必要舆论宣传的一个重要组成部分。

当然，有称颂就会有批判。据《史记》等书记载，秦帝国建立前后，对于秦始皇的批评意见就已经出现。如果归纳起来的话，主要可集中在下列几个方面：

第一，关于秦始皇的为人。

帮助秦始皇打江山的谋士尉缭说：

> 秦王为人，蜂准，长目，挚鸟膺，豺声，少恩而虎狼心，居约易出人下，得志亦轻食人。我布衣，然见我常身自下我。诚使秦王得志于天下，天下皆为虏矣。不可与久游。

他认为秦始皇“少恩而虎狼心”，只可共患难，不可共享福。

替秦始皇寻找神仙与仙药的方士侯生、卢生说：

> 始皇为人，天性刚戾自用，起诸侯，并天下，意得欲从，以为自古莫及己。专任狱吏，狱吏得亲幸。博士虽七十人，特备员弗用。丞相诸大臣皆受成事，倚辨於上。上乐以刑杀为威，天下畏罪持禄，莫敢尽忠。上不闻过而日骄，下慑伏谩欺以取容。秦法，不得兼方不验，辄死。然候星气者至三百人，皆良士，畏忌讳谀，不敢端言其过。天下之事无小大皆决於上，上至以衡石量书，日夜有呈，不中呈不得休息。贪于权势至如此，未可为求仙药。

他们批评秦始皇“刚戾自用”，独裁专断，集权于一身，让朝中大臣皆成为了尸位素餐的具员。

第二，针对秦始皇的错误决策而提出不同意见者。

针对秦始皇废分封、行郡县的主张与措施，博士齐人淳于越进谏说：

> 臣闻殷周之王千馀岁，封子弟功臣，自为枝辅。今陛下有海内，而子弟为匹夫，卒有田常、六卿之臣，无辅拂，何以相救哉？事不师古而能长久者，非所闻也。

他认为秦始皇不封子弟为帝国的羽翼是一个错误。

当秦始皇决定坑儒时，长子扶苏进谏说：

“天下初定，远方黔首未集，诸生皆诵法孔子，今上皆重法绳之，臣恐天下不安。唯上察之。”

显然，扶苏不同意秦始皇对儒生采取的简单粗暴的镇压办法。

第三，批判秦始皇耽于安乐、不恤百姓的错误。

侯生亲口对秦始皇说过：

“今陛下奢侈失本，淫泆趋末。宫室台阁，连属增累。珠玉重宝，积袭成山。锦绣文彩，满府有余。妇女倡优，数巨万人。钟鼓之乐，流漫无穷。酒食珍味，盘错于前。衣服轻暖，舆马文饰，所以自奉，丽靡烂漫，不可胜极。黔首匮竭，民力单尽，尚不自知。又急诽谤，严威克下，下暗上聋，臣等故去。”（《说苑·反质篇》）

他批评秦始皇不恤民力，只顾自己贪图享受。

当然，上述各类批判意见在当时并不占舆论的主流。对秦始皇统一六国功绩的颂扬才应当是当时社会上的主流声音。

2. 大汉君臣对“秦政”的指责

大汉帝国建立后，从政治的需要出发，统治者注意汲取秦帝国夭亡的教训。“秦制”“秦政”的批判也就因为汉朝统治者的鼓励在思想界、政界变得日益普遍起来。汉人对秦始皇的批评很多。也许是因为秦帝国二世而亡的缘故，汉朝统治者及其思想家们在总结秦亡教训、巩固专制统治方面增加了很多的理性思索的因素。秦王朝灭亡之后，各阶层的思想家、政论家对秦始皇的秦政进行了系统的总结和批判。

据郭志坤先生的统计，仅《史记》中看到汉人谈及以亡秦为戒的事，就有八十一处之多，其中指责秦始皇施行暴政有六十七次之多。主要代表观点有：

西汉政论家晁错的评析。

晁错任汉文帝的太常掌故，景帝时又任为御史大夫。他对秦亡的教训作过比较系统的总结。

晁错认为：

“秦……任不肖而信谗贼，宫室过度，耆欲亡极。民力罢尽。赋敛不节。矜奋自贤。群臣恐谀。骄溢纵恣，不顾患祸。妄赏以随喜意，妄诛以快怒心。法令烦僭，刑罚暴酷，轻绝人命，身自射杀，天下寒心，莫安其处。”“秦之戍卒，不能其水土，戍者死于边，输者偾于道。秦民见行，如往弃市。”（《汉书·晁错传》）

晁错的评析大量涉及秦始皇本人的专横习性给秦帝国带来的危害，目的当然是警戒西汉统治者免蹈秦夭亡的覆辙。

西汉思想家董仲舒认为：

> 秦始皇“师申商之法，行韩非之说，憎帝王之道，以贪狼为俗，非有文德以教训于下也。诛名而不察实，为善者不必免，而犯恶者未必刑也。是以百官皆饰虚辞而不顾实，外有事君之礼，内有背上之心，造伪饰诈，趣利无耻；又好用惨酷之吏，赋敛亡度，竭民财力，百姓散亡，不得从耕织之业，群盗并起。是以刑者甚众，死者相望，而奸不息。”（《汉书·董仲舒传》）

这里，董仲舒的批评是不无偏颇的，他所极力攻击的“师申商之法，行韩非之说”，其实是不能全盘否定的。当然，他的这段话也触及了一些秦亡的教训。

贾谊和司马迁认为：

向使婴有庸主之才，仅得中佐，山东虽乱，秦之地可全而有，宗庙之祀未当绝也。

在他们看来，如果当时子婴具备一点平庸君主的才能，只要仅仅得到中等资质的臣佐，山东六国故地虽然混乱，秦国的土地仍然可以得到保全，宗庙的祭祀也就不会断绝。因此，他们在分析秦帝国夭亡的原因时，总是指责秦王子婴的懦弱投降。

客观上说，能否把秦帝国夭亡的原因完全归结于秦王子婴呢？不能。东汉史学家班固就认为，由于秦始皇在推行自己政策中的种种失误，尤其他晚年的暴虐，秦的灭亡是必然的，所谓“河决不可复壅，鱼烂不可复全”。汉代有这样一种流行的看法：“秦始皇起罪恶，胡亥极。”班固盛赞此说，认为这种看法是“得其理矣”。班固指出，在分析秦王朝灭亡时，仅仅去责备即位才几天的秦王子婴，是不公正的。他说：“秦之积衰，天下土崩瓦解，虽有周旦之材，无所复陈其巧，而以责一日之孤，误哉！俗传秦始皇起罪恶，胡亥极，得其理矣。”班固还认为子婴并非如同某些人所说的那样无能。对赵高的处置就足以体现子婴的才华，他说：“吾读《秦纪》，至于子婴车裂赵高，未尝不健其决。”这些的评述多少触及了一些根本性的问题，如秦帝国长期积弊过多，积重难返等。

两汉政治家、思想家几乎一致认为，秦帝国夭亡的祸根是秦始皇种下的，如果非要用一个字来概括的话，那就是集中表现在“暴”这个字上。

司马迁认为秦夭亡的原因是秦始皇没有把取天下和守天下的方法

区别开来所造成的。他说："秦离战国而王天下，其道不易，其政不改，是其所以取之守之者（无）异也。孤独而有之，故其亡可立而待。"（《史记·秦始皇本纪》）这就是说秦国已经脱离了战国诸侯纷争的局面，步入全国统一的时代，然而治道不变，政令不改。以"暴"取天下，又是以"暴"守天下，如此用以取天下与守天下的方法完全一样，秦帝国的灭亡就是必然的了。司马迁还做了一个假设，他认为秦始皇在天下一统后如能以"仁义"治国，或是"先诈力而后仁义"的话，秦帝国或许就不会灭亡。他说："借使秦王计上世之事，并殷周之迹，以制御其政，后虽有淫骄之主而未有倾危之患也。"（《史记·秦始皇本纪》）这就是说，秦始皇用打江山的办法来治理天下，秦帝国哪会有不夭亡的道理。司马迁的评价具有分析性的特点，他提出的取天下和守天下不能用同一方法的观点是很一针见血的。

汉代思想家，特别是汉代统治者为什么要如此强烈地批判秦始皇的政治呢？这里有三个方面的原因：

他们需要打着"诛暴秦"的旗帜来争取民心。

秦末陈胜、吴广以"伐无道，诛暴秦"的旗帜来号召天下人造反。刘邦起事时，从陈胜的手中接过"伐无道，诛暴秦"的旗帜，提出了"天下苦秦久矣"的口号。刘邦攻占秦都咸阳后，召来了各县的父老豪杰，宣告说："父老苦秦苛法久矣，诽谤者族，偶语者弃市。吾与诸侯约，先入关者王之．吾当王关中。与父老约，法三章耳：杀人者死，伤人及盗抵罪。余悉除去秦法。诸吏人皆安堵如故。凡吾所以来，为父老除害，非有所侵暴，无恐！且吾所以还军霸上，待诸侯至而定约束耳。"与此同时，刘邦还派人和秦吏巡回各县乡邑，将约法三章告谕众民。在废除秦法的感召下，秦人大喜，争先持牛羊酒食，献给刘邦的军士。此后，汉统治者在许多场合宣告秦始皇以及秦帝国的罪恶，其根本目的在于争取民心，稳定与巩固自己的统治。

以亡秦为戒，警戒统治者励精图治。

汉高祖刘邦尽管是打着“诛暴秦”的旗帜进入秦皇宫殿的，可是一看到辉煌富丽的宫室、数以千计的美女、帷帐、名犬，良马、贵重的珍宝，他一时还真想沉湎于其中，想留住在皇宫里好好享受一番。为此，大将樊哙劝告刘邦不要走秦王朝帝王的老路，当面质问刘邦：“沛公欲有天下邪？将欲为富家翁邪？”刘邦回答说：“吾欲有天下。”樊哙针对刘邦想取天下的雄才大略，进一步劝说：“今臣从入秦宫，所观宫室帷帐珠玉重宝钟鼓之饰，奇物不可胜极，入其后宫，美人妇女以千数，此皆秦所以亡天下也。愿沛公急还灞上，无留宫中。”刘邦不听。张良同刘邦“从客言天下事甚众”，此时张良又劝道：“夫秦为无道，故沛公得至此。夫力天下除残贼，宜缟素为资。今始入秦，即安其乐，此所谓‘助桀为虐’。且‘忠言逆耳利于行，毒药苦口利于病，愿沛公听樊哙言。”（《史记·留侯世家》）张良告诫刘邦：因为秦皇无道，所以他才能来到秦宫。如果要代天下百姓消灭无道的暴秦，就应该注意生活节俭、作风淳朴，如今，你刚走进秦宫，就想沉迷于享乐，这就是人们常说的“助桀为虐”了，而且“忠言逆耳利于行，毒药苦口利于病”，希望你接受樊哙的建议。于是，刘邦听从了二人的劝告，回到灞水之滨扎营。以亡秦为戒，具有很强的说服力，汉初的统治者经常得到这方面的告诫。在这一点上，可以说是秦政留给后世统治者的“一份宝贵的财富”了。

是汉代统治者贯彻“与民休息”政策的需要。

汉初统治者总结秦亡的教训，他们看到秦始皇父子的骄奢妄为，滥用民力，严刑苛法，使国家残破，社会凋敝，使民众变心，从中，他们感到要想保持国家和社会的安定，稳固自己的统治，黄老之学所提出的“无为而无不为”的方略，就是暴秦后一剂有效的良药。因此，他们一反秦帝国的严政苛税，推行黄老的无为政治，采取“与民休息”的缓和阶级矛盾的明智政策。萧何并没有什么出众的能力，但他知道下层，了解群众，特别知道“民之疾秦法”(《史记 · 萧相国世家》)，所以萧何能够顺应民心，而更改国家的法律。曹参接替了萧何的相国职位，对秦始皇的暴政又进行清算，认为为君者要“无为”。司马迁说：“参为汉相国，清静极言合道，然百姓离秦之酷后，参与休息无为，故天下俱称其美矣。”(《史记 · 曹相国世家》)

到了文景时期，统治者更加注意以亡秦为鉴，在力所能及的限度内实施宽厚节俭的政策，“惩恶亡秦之政，论议务在宽厚”(《汉书 · 刑法志》)，废除了一些严刑苛法，如诽谤妖言法、妻孥连坐法、断残肢体的肉刑等，并减轻笞刑。这样，帝国制度终于在中华大地上牢固地扎下根来，中国历史上第一个封建盛世——文景之治，已经为期不远了。

3. 唐宋时期对“秦政”的总结

汉人对秦政的评论偏于苛责，这是历史注定的事情，谁也无法更改。但随着时间的推移，后世评论者的个人感情与政治需要色彩必然减少，其看法也就会渐趋客观与公正。

三国时期，曹操的评论就比较客观。他认为：“夫定国之术，在于强兵足食。秦人以急农兼天下，孝武以屯田定西域，此先代之良式也。”

这里不只是对秦始皇功业的肯定，也把秦皇与汉武联系起来，使人们看到秦始皇的政策、制度对后世的影响。

晋朝傅玄评论说："秦始皇之无道，岂不甚哉：视杀人如狗彘。狗彘仁而用之，杀犹有节，始皇之杀人，触情而已，其不以道如是。李斯又深刻峻法，随其指而妄杀人。秦不二世灭，李斯无遗类。以不道愚人，人亦以不道报之。人仇之，天绝之，行无道，未有不亡者也。"（《傅子·问刑篇》）这里的评论虽带有指责的性质，但据实评说，令人信服。

历史的经验与教训足资后人借鉴。一个既富且强的秦帝国，没有多久就夭亡了，这是令后代政治家们相当震惊的事情。唐太宗经常与大臣们讨论历代兴衰，特别是秦朝和隋朝灭亡的原因，并引以为戒。唐太宗说："秦始皇初亦平六国，据有四海，及末年不能善守，实可为诫。"大唐初期，君臣们观点一致：秦之所以灭亡，是由于秦始皇及二世的暴虐无道；汉之所以衰弱，是由于汉武帝之骄矜与好大喜功。因此，他们注意汲取历代昏朽的皇帝丧国亡身的教训，仰慕前代所谓圣明君主的德政。唐太宗甚至"鉴前代成败事，以为元龟"。

贞观六年，唐太宗对侍臣说："朕闻周、秦初得天下，其事不异。然周则惟善是务，积功累德，所以能保八百之基。秦乃恣其奢淫，好行刑罚，不过二世而灭。岂非为善者福祚延长，为恶者降年不永？……朕每将此事以为鉴戒，常恐不逮，为人所笑。"（《贞观政要·君臣鉴戒》）他还说："秦始皇平六国，隋炀帝富有四海，既骄且逸，一朝而败，吾亦何得自骄也？言念于此，不觉惕焉震惧。"（《贞观政要·灾祥》）唐太宗的这些评述都比较客观而实在，既肯定了秦始皇初并天下的善政，又批评了他晚年的恣肆奢淫。

唐太宗常常以秦亡为戒。他曾想建造宫殿，可是想起秦帝国的下场就做罢了。他说："秦始皇营建宫室，而人多谤议者，为徇其私欲，不与众共故也。朕今欲造一殿，材木已具，远想秦皇之事，遂不复作也。"(《贞观政要·俭约》)

唐太宗以及他周围的人，对秦始皇的秦政是多加指责的。这种指责当然是为了对他自己以及下面的臣僚起警戒作用，并不是要全盘否定秦始皇。他们骂"始皇暴虐"(《贞观政要·贡赋》)、"奢侈"(《贞观政要·规谏太子》)，指责秦始皇"背师古之训，弃先王之道"(《贞观政要·封建》)，还说"秦政强辩，失人心于自矜"(《贞观政要·慎言语》)，"始皇无度，水银为江海"(《贞观政要·俭约》)。他们还把秦帝国看作是超出了历史常规之外的反常现象。礼部侍郎李百药就把秦排除在中国历史的"正统"之外，说秦像闰月一样，是多余出来的，称之为"暴秦运距闰余"(《贞观政要·封建》)。这些说法显然是过分了。

但从总体上讲，唐太宗以及他周围的重臣们对秦始皇之政的过失所作的系统的总结，是为了从中较为充分地吸取历史的经验教训，因此没有因过错而抹煞他统一天下的功绩。唐太宗对群臣说："近代平一天下，拓定边方者，惟秦皇、汉武。"(《贞观政要·贡赋》)这可以说是对一个前代帝王的最崇高的评价了。唐太宗还说："朕提三尺剑以定四海，远夷率服，亿兆乂安，自谓不减二主也。"这固然是唐太宗的炫耀之辞，但从这里可以看出秦始皇统一中国的功绩给后人留下的深刻影响。大诗人李白说："秦王扫六合，虎视何雄哉！挥剑决浮云，诸侯尽西来。明断自天启，大略驾群才。收兵铸金人，函谷正东开。铭功会稽岭，骋望琅琊台。

刑徒七十万，起土骊山隈。尚采不死药，茫然使心哀。连弩射海鱼，长鲸正崔嵬。额鼻象五岳，扬波喷云雷。鬐鬣蔽青天，何由睹蓬莱？徐市载秦女，楼船几时回？但见三泉下，金棺葬寒灰。”这也是对秦皇一生所作的一次客观的评价。

唐太宗以及他周围的大臣对秦始皇之政的评论集中反映在《贞观政要》这部书中。此后，唐朝历代统治者都非常重视这部著作，“书之屏帷，铭之几案”（戈直《贞观政要·序言》），被列为宫廷皇子皇孙的必读书籍。唐宪宗李纯、文宗李昂、宣宗李忱，都把它奉为经典，反复阅读，苦心研讨。唐代统治者对秦始皇和隋炀帝败亡教训的认识最为深刻。在统治者的影响下，整个唐代政治思想界讨论和评述秦始皇政治得失的氛围十分浓厚，对秦王朝灭亡的原因展开过两次热烈的大讨论。后来，宋代统治者也对此展开过讨论，比较大的讨论也有两次。

第一次是唐太宗时代。唐太宗在贞观初年发动群臣讨论这样一个问题：“周武平纣之乱，以有天下，秦皇因周之衰，遂吞六国，其得天下不殊，祚运长短若此之相悬也？”尚书右仆射萧瑀回答说：“纣为无道，天下苦之，故八百诸侯，不期而会。周室微，六国无罪，秦氏专任智力，蚕食诸侯。平定虽同，人情则异。”“人情”者，人的品性行为之谓也。这也就是说，周和秦两个朝代不同结局的原因是由于周武王和秦始皇的人品不同所造成的。这种说法是不正确的。唐太宗也不同意这种分析，他说：“不然，周既克殷，务弘仁义；秦既得志，专行诈力。非但取之有异，抑亦守之不同。祚之修短，意在兹乎！”（《贞观政要·辩兴亡》）唐太宗认为，周代的时间长是因为周天子奉行仁义，秦朝的时间短是因为秦始皇及二世专事暴虐。这次讨论是以唐太宗的意见为最后的总结。

第二次是唐宪宗时期。自从安史之乱以后，藩镇割据之势已成，唐帝国的中央集权已经大为削弱。为什么会出现这种局面呢？政治思想界讨论了这个问题。当时有一股思潮，认为秦亡的原因是由于没有实行分封制，“夏、商、周、汉封建而延，秦郡邑而促”。柳宗元认为，夏、商、周、汉这四代实行分封制，统治时间都很长，秦朝实行郡县制，而统治时间却很短促。以韩愈为代表的思想家认为，秦亡的原因是由于没有实行分封制。他说：“秦之王天下也，无分势于诸侯，聚兵而焚之，传二世而天下倾者，纪纲亡焉耳。”（《韩昌黎集·杂说》）柳宗元不同意这种看法，认为说这种话的，完全是不懂得治国之道的人。他说：“魏之承汉也，封爵犹建；晋之承魏也，因循不革。而二姓陵替，不闻延祚。今矫而变之，陲二百祀，大业弥固，何系于诸侯哉？”（《封建论》）其意是，魏朝继承汉朝的时候，还是有诸侯封爵的事；晋朝继承魏朝，制度照旧，没有改革，然而魏、晋两朝很快就衰落了，并没有因为实行分封制而延长他们的朝代。现在唐朝改变了汉以来的分封制，完全采用州县制，实行以来，已将近两百年的时间，国家基业更加巩固，这跟分封诸侯又有什么关系呢？究竟是什么原因使秦朝灭亡这么快呢？柳宗元的解答是：因为秦朝统治者残酷压迫与剥削民众，“人怨于下”，所以一呼而应，揭竿而起，一下子就推翻了秦的统治。“咎在人怨，非郡邑之制失也”。这也就是说，秦帝国所以夭亡，在于酷刑苛税激起了百姓的怨恨，“失在于政”，并不是因为郡县制度不好。柳宗元在充分肯定了郡县制的同时，又批评了秦始皇为政之失，这是很有道理的。柳宗元在《六逆论》中又进一步说：“胡亥任赵高而族李斯。乃灭。”可见他所谓“失在于政”，除了指秦始皇本人在为政上的失误外，还指秦二世时赵高专政，改变了秦始皇的政治措施，加重了对广大人民的奴役与剥削。这就充分肯定了秦始皇废分封、立郡县，第一个统一中国的贡献。柳宗元生活在八、九世纪之交，上距秦完成统一已经约一千多年。他回顾了秦以后的历史，能够分析地看待历史人物，这是难能可贵的。柳宗元还说："秦之所以革之者，其为制，公之大者也；其情私也，私其一己之威也，私其尽臣畜于我也。然而公天下之端自秦始。"(《封建论》) 这里说的"公"和"私"与我们现在理解的"公""私"是有所区别的。柳宗元说的"其情私也"，是指推行的政策是出于个人私利的目的，而"公天下"，是指对天下有益，即认为秦始皇那样做有利于天下公众。柳宗元如此充分地肯定秦始皇统一中国的历史功绩，是了不起的。

第三次是宋神宗时期。王安石是北宋杰出的政治家和思想家，在宋神宗赵顼时曾两次出任宰相。他面对北宋王朝的艰危时局以及借鉴历代王朝衰亡的教训，实行变法，他的言行在中国历史上占据着一定的地位。

关于大秦帝国灭亡的原因，王安石认为，这是秦始皇父子加强王室、削弱诸侯的缘故所致。

王安石说："周强末弱本以亡，秦强本弱末以亡。……秦戒周之亡，郡而不国，削诸侯之城，销天下之兵聚咸阳，使奸人虽有覦心，无所乘而起，自以为善计也。及其敝，役夫穷匠操锄櫌棘矜以鞭笞天下，虽欲全节本朝，无坚城以自婴也，无利兵以自卫也，卒顿颡而臣之。彼驱天下之众以取区区孤立咸阳，不反掌而亡，无异焉，强本弱末之势然也。后之世变秦之制，郡天下而不国，得之矣，圣人复起不能易也。"(《王

文公文集·周秦本末论》）

王安石所谓“秦强本弱末以亡”的看法，其实是“秦郡邑而促”（《封建沦》）观点的翻版。此说早已被柳宗元否定与推翻。所以，这种看法的重新提出，没有得到任何附和意见。

就在王安石变法前后，另一位重要人物司马光也在他所编纂的《资治通鉴》中表达了关于秦亡原因的看法。司马光编纂《资治通鉴》的目的在于“专取关国家盛衰，系生民休戚，善可为法，恶可为戒者”（司马光《进通鉴表》），他对历代治乱成败安危之迹也作过一番的剖析。他不同意王安石对秦亡原因的判断，认为秦亡的原因是由于暴虐。

司马光说：

“重以暴秦，害圣典，疾格言，燔《诗》《书》，屠术士。称礼乐者谓之狂惑，述仁义者谓之妖妄。必薙灭先圣之道，响绝迹尽，然后慊其志。虽有好古君子，心诵腹藏，壁扃岩鐍，济秦之险，以通于汉者万无一、二。”（《司马温公文集·河间献王王赞》）

司马光冠“暴”于秦，谓之“暴秦”，大骂秦始皇“燔《诗》《书》，屠术士”。他的观点基本上与汉人相类似。

第四次是南宋时期。此时正是宋朝理学盛行之时。朱熹是程颢、程颐的四传弟子，他继承了孔子、孟子以来的儒家思想，还特别发挥了程颐的思想，形成了一整套的程朱理学。他是宋代理学的集大成者，提出了“存天理，去人欲”的主张。朱熹借秦二世而亡的史实对秦政事和秦始皇进行了评论。秦王朝为什么很快就覆灭了呢？朱熹回答说：“秦至无道，决无久存之理，正使采公卿之议，用淳于越之说，并建子弟以自藩屏，不过为陈、吴、刘、项鱼肉之资，虽有故国之助，亦岂能以自安哉？……若秦之时，六国强大，诚不可以为治。既幸有以一之矣，则宜继续其宗祀，而分裂其土壤以封子弟功臣，使之维持参错于其间。以义言之，既得存亡继绝之美；以势言之，就使有如苏子之所病，则夫故国之助，根本之固者，又可于此一举而两得之，亦何为而不可哉？但秦至无道，封建固不能待其久而相安，而为郡县亦不旋踵而败亡，盖其利害得失之算初不系乎此耳。”（《朱文公文集·古史余论》）朱熹站在道德立场上看问题。他说：“秦至无道，决无久存之理。”认为秦始皇的革新措施同孔孟学说是相违背的。

唐宋时期对秦政的评说也具有一定的时代性，反映了那个时代的人们对秦政的认识水平，他们自说自话，并非完全具有客观性公正性。

4. 明清时期对秦政的研究

明清时期，人们对秦始皇政治的研究更加全面和深入。因为研究者大多数是学者或思想家，他们对于秦政的研究与探讨不是直接为现实政治服务，因而较汉唐论说能够更加客观与公正。

其观点主要体现在如下几个方面：

第一，明代思想家李贽盛赞秦始皇是“千古英雄”“千古一帝”，因为他“挣得一个天下”，即谓统一了中国。

李贽说：“祖龙千古英雄，挣得一个天下。又以扶苏为子，子婴为孙，有子有孙。卒为胡亥、赵高二竖子所败。惜哉！”（《史纲评要·后秦记》）李贽认为秦始皇统一了天下，不愧为千古英雄。如此统一的帝国，后来江山被胡亥、赵高所断送。对此，李贽甚为痛惜。

第二，认为秦始皇“掀翻一个世界”，即谓把战乱中的世界“掀翻”，开辟了一个新世界。

李贽说：“始皇出世，李斯相之，天崩地坼，掀翻一个世界。”（《史纲评要·后秦记》）秦始皇在统一六国的过程中，沉重地打击了六国贵族，许多贵族的世袭领地被摧毁。为了巩固和推进统一，秦始皇依靠中央集权的政治制度，在经济、政治、文化诸方面又采取了一系列改革措施：宣布“使黔首自实田”，在全国范围内从法律上肯定了土地私有；为了打击地方割据势力，把大批豪强迁到咸阳附近，加以控制。同时收缴兵器，堕毁过去割据的城堡、要塞，内长城等；统一文字、币制和度、量、衡，等等。这些都是推翻一个旧世界、创立一个新世界的有力措施。

第三，赞赏秦始皇创制立法。

明代政治家张居正说：“三代至秦，浑沌之再辟者也，其创制立法，至今守之以为利。史称其得圣人之威。”（《张文忠公全集·杂著》）

在张居正看来，秦始皇继承了秦的法治传统，在法律制度日益完善的基础上提出了全面实行法治的原则。因为，在一个国家的现实生活中，不但维护社会秩序、惩罚犯罪和解决民事纠纷需要法治，而且管理军事、外交、皇室警卫、社会治安、司法、交通、劳务、文化教育、手工业、商业等都需要法治，即所谓“事皆决于法”。所以，在秦始皇当政后着手进行统一六国的同时，就提出编纂成文法典的任务，即《芝罘刻石》所说的“大圣作治，建定法度”，或《琅琊刻石》所说的“皇帝作始，端平法度”。对于这一点，章太炎作了一番考察之后说：“人主独贵者，政亦独制。虽独制，必以持法为齐。”（《秦政记》）。他认为秦的君主是世世代代守法的。章氏在举了韩非在《韩非子 · 外储说右下》篇所谈过两个故事之后说：“秦皇固世受其术，其守法则非草茅缙绅所能拟已。”（《秦政记》）其意是说，秦始皇继承与接受了这个传统的治国方法，所以他的守法精神，决不是那些出身草野的没有政治修养的官僚们所能比拟的。

秦始皇“创制立法”对后世的影响，明清之际的不少有识之士也都敏锐地察觉到了这一点。对此，张居正指出：“周王道之穷也，其势必变而为秦，举前代之文制，一切铲除之，而独持之以法，……西汉之治，简严近古，实赖秦为之驱除。”（《张文忠公全集 · 杂著》）客观地说，秦始皇的“创制立法”不只是影响到汉朝，实际上也影响了中国整部政治文明史。

秦始皇的政治，既然如此，然而终于还是亡国，这难道是法治的过错吗?

在历史上，这一直是一个争论不休的问题。

在明清时期，也有不少政治思想家提出这样的疑问。

对于这种疑问，张居正明确回答，这不是法治的罪过，他说：“惜乎！扶苏仁懦，胡亥稚蒙，奸宄内发，六国余孽尚存，因天下之怨，而以秦而招，再传而蹙，此始皇之不幸也。”（《张文忠公全集 · 杂著》）

在张居正看来，秦亡的悲剧，一是秦始皇的继承人出了问题，二是六国旧贵族的潜在势力还很强大。

清末大儒章太炎赞同张居正的这种看法，他说：“秦政如是，然而卒亡其国者，非法之罪也。六国公族，散外闾巷之间；秦以守法，不假以虚惠结人，公族之欲复其宗庙，情也。”（《秦政记》）

那么，在继承人的无能和六国贵族余孽的作乱之间，哪方面占主导地位呢？

章太炎说："秦继世而得成王者，六国亦何以仆之争？如贾生之《过秦》，则可谓短识矣。"（《秦政记》）

章太炎认为，假如秦帝国继位的人不是胡亥而是成王（扶苏）的话，六国的贵族又哪能颠覆它呢？像贾谊在《过秦论》中那样咒骂秦始皇，可谓识见短浅的了。的确，仔细品味，章太炎的观点要比贾谊更加符合历史的实际。

第四，他们认为，"郡县之制陲二千年，而弗能改矣"。

废除分封诸侯，设置郡县，是秦始皇摧毁战国旧制，统一全国的关键措施。秦帝国以后的历代的政治家们，一直争论分封制和郡县制的得失利弊。唐代思想家柳宗元回顾了秦以后的历史说，秦始皇改分封为郡县的措施是"摄制四海，运于掌握之内，此其所以为得也"（《封建论》）。这就充分肯定了郡县制对巩固统一的作用。柳宗元高度赞扬秦制，赞扬唐承秦制的好处，在某种意义上，他也是针对当时各地藩镇割据的局面有感而发的。

明末清初思想家王夫之又进一步肯定了秦始皇变分封制为郡县制这个重大政治改革，并给予了高度评价，他说："两端争胜而徒为无益之论者，辨封建者是也。郡县之制陲二千年，而弗能改矣。合古今上下皆安之。势之所趋，岂非理而能然哉？"（《船山遗书·秦始皇》）

王夫之认为，分封诸侯的世袭，以及后来由分封制变为郡县制，都是社会历史形势发展的必然趋向，哪怕是"圣人"也不能违反。他还指出，"至于战国，仅存者无几。岂能役九州而听命于此数诸侯王哉？于是分国而为郡县，择人以尹之。郡县之法，已在秦先。秦之所灭者六国耳，非尽灭三代之所封也。则分之为郡，分之为县，俾才可长民者，皆居民上，以尽其才而治民之纪，亦何为而非天下之公乎？”他认为秦始皇把全国分为若干个郡，每个郡下面又分若干个县，使有才能治理人民的人都安置在民众的上头，担任一定的职位，以发挥他的才智去治理好民众的事，为什么不可以说这也是天下为公呢？

总的看来，明清时期的政治思想家在回顾历史之后，对秦朝政治的认识更加深入了一步，章太炎称颂秦始皇是一位伟大的人物。他说：“秦皇微点，独在起阿房，及以童男女三千人资徐福，诸巫食言，乃坑术士，以说百姓。其他无过。”（《秦政记》）

在章太炎看来，秦始皇的小小污点，只不过是兴造阿房宫以及坑杀了一批术士，除此之外，秦始皇没有过错。秦始皇完全可以同三皇五帝媲美。章太炎甚至认为，“借令秦皇长世，易代以后，扶苏嗣之，虽四三皇、六五帝，曾不足比隆也。”（《秦政记》）他认为假使秦始皇长寿，死后继位的又是扶苏而不是胡亥的话，那么，始皇的功劳，即使把他提到三皇五帝之列，变为四皇六帝，也还不足以比拟他的崇高。

这个时期的政治思想家在充分肯定秦始皇的历史作用的同时，还剖析了秦始皇取得成功的原因。到了清末和民国初年，不少思想家在分析秦始皇成功的客观原因之外，还结合秦始皇个人品性加以评论。

其一，“守法”。章太炎说：“建国之主，非起于草茅，必拔于缙绅也。拔于缙绅者，贵族姓而好等制；起于草茅者，其法无等，然身好踢跌，而不能守绳墨。独秦制本商鞅，其君亦世守法。”（《秦政记》）

章太炎认为：那些开国的君主，大致有两种情况，不是出身于草野平民，就是来自当官的阶层。来自当官阶层的，总是要使自己的皇族都尊贵起来，喜欢搞贵族等级制度；出身于草野平民的，他的法令不分等级，但喜欢任性不拘，而不能守法。惟独秦朝的制度，创自商鞅，秦朝的君主又是世世代代守法的。“秦皇为有守，非独刑罚依科也，用人亦然”。(《秦政记》)

章太炎还把秦始皇和汉武帝放在一起作比较后指出：汉武帝宠妾的外家特别富有，汉武帝宠爱霍光，让其辅佐幼主刘弗陵（汉昭帝）。汉武帝所任命的将军，尽量任他所宠爱的人，像卫青、霍去病、李广利等，对老将武臣如李广、程不识，不是加以摧残压制，就是废置不用。“秦皇则一任李斯、王翦，蒙恬而已矣”(《秦政记》)。

如此说来，难道秦始皇身边就没有阿谀奉承的亲信吗？不是。而是秦始皇能够“抱一、司契，自胜而不为也”。也就是说，秦始皇能够抓住一个根本，这个根本就是他亲自制定的政策法令，有了它就会自我克制而不违法。而汉武帝可不得了，他一发怒，大臣也保不住自己的性命，对于太守以下的地方官，他派出的“直指使”就可以擅自把他们杀掉。“世以秦皇为严，而不妄诛一吏也。由是言之，秦皇之与孝武，则犹高山之与大湫也，其视孝文，秦皇犹贤也。”在章太炎看来，世人都说秦始皇的刑法很严峻，但他却没有冤枉杀过一个官吏。这样说来，秦始皇和汉武帝相比，就像高山比洼地一样，他比汉文帝还要贤明呢。所以，章太炎赞颂秦始皇的“守法”精神，说“秦皇固世受其术，其守法则非草茅缙绅所能拟已”(《秦政记》)。

其二，“平政”。章太炎认为：“古先民平其政者，莫遂于秦。”即谓古代政治搞得最公正的，莫过于秦朝。何以见得？章太炎回答说：“秦皇负扆以断天下，而子弟为庶人；所任将相，李斯、蒙恬，皆功臣良吏也。后宫之属，椒房之嬖，未有一人得自遂者，富人如巴寡妇，筑台怀清；然亦诛灭名族，不使并兼”。(《秦政记》) 这里指出了秦始皇四个方面“平政”的表现：1. 秦始皇南面称帝，决断天下大事，他的子弟却是平民；2. 秦始皇所宠爱的后妃之辈，没有哪个敢于放肆捣乱的；3. 所任将相李斯、蒙恬，都是功臣和良好的官吏；4. 秦始皇曾对巴郡富豪的寡妇怀清优礼备至，为她筑台，但同时也镇压豪强大族，不让他们兼并小民。章太炎特别赞颂秦始皇身为天子，子弟却为庶人的精神，他说：“秦皇以贱其公子侧室，高于世主。”(《秦政记》) 认为秦始皇把他太子以外的皇子们放在同普通平民相等的地位上，这点比历代的君主都要崇高。

其三，“好文”。章太炎说：“今始皇不起白屋，而斯受学孙卿，好文过于余主。”(《秦政记》) 章太炎认为秦始皇“好文”超过其他君主。这里必须指出，这里说的“好文”，比现在的含义要广，包括学习一切文化知识，也包括学习和制定法制。“好文”可解释成爱好文化生活。

章太炎认为，秦始皇受到三个方面的影响：

第一，秦始皇并非出身于平民，而是从小生活在宫廷里，自幼接受了秦国宫廷高层文化的影响。

第二，吕不韦是秦始皇的“仲父”，秦始皇也受到吕不韦的影响。吕不韦从东方六国招徕各派学者、文人来秦国编纂《吕氏春秋》，秦始皇深受其影响。

第三，秦始皇还深受荀子思想的左右。韩非和李斯都是荀子的学生。荀子的思想通过李斯和韩非施染于秦始皇。正由于秦始皇“好文”，所以秦始皇时代的有学问的人能够从容地从事论著。鲍白令之斥责秦始皇本来行的是桀纣之道，却要仿效禅让的办法；零陵县令名叫信的也直言责难李斯；成公生也到处游说，敢于触犯禁令评论朝政。为什么有这样的舆论气氛呢？章太炎从秦始皇“好文”精神来解释：“此则令之之谏，零陵之难，成公之说，一切无所究治，自其分也。”认为对那些自由论说，直率谏言的人一律不加以追究，那是秦始皇所提倡的，也是秦始皇的性格所决定的。

有人又提出这样的问题：秦始皇“好文”，不追究谏言者，为什么又发生坑儒事件呢？章太炎作了明确的回答：“若其咸阳之坑，死者四百六十人，是特以卢生故，恶其诽谤，令诸生转相告引。亦犹汉世党锢之狱，兴于一时，非其法令必以文学为戮。”认为咸阳坑儒事件是因为卢生在逃走前和侯生咒骂始皇，始皇由此痛恨儒生诽谤朝政，便责令他们互相告发。这正如汉代的“党锢之狱”一样，是出于一时的措施，并非法令一定要杀害儒生的。

明清时期，特别是到了近代，思想家们注意分析秦始皇的个人品性，这表明对秦始皇研究的深入，同时也表明这些思想家思想意识中的求真务实的比重大大增加了。

5. 现当代人的评说

孙中山：“秦始皇虽以一世之雄，并吞六国，统一中原，然比自度扫大漠而灭匈奴，有所未能也，而设边戍以防飘忽无定之游骑，又有不胜其烦也，为一劳永逸之计，莫善于设长城以御之。”

胡适：“纪元前四世纪出来了一个怪人——商鞅。他在西方的秦国，实行‘这种极权政治’；后来商鞅被清算死了，但这种极权制度还是存在，而且在一百年之内，把当时所谓天下居然打平，用武力来统一中国，建立所谓‘秦帝国’。帝国成立以后，极权制度仍继续存在，焚书坑儒，毁灭文献，禁止私家教育。……这一个以最可怕的武力打成功的极权国家，不到十五年就倒下去了。”

鲁迅：“不错，秦始皇烧过书，烧书是为了统一思想。但他没有烧掉农书和医书；他收罗许多别国的客卿，并不专重‘秦的思想’，倒是博采各种的思想的。”“然而秦始皇实在冤枉得很，他的吃亏是在二世而亡，一班帮闲们都替新主子去讲他的坏话了。”

翦伯赞：“秦始皇维持了一支庞大的军队，建立了一个庞大的官僚机构，进行了大规模的战争，完成了巨大的国防建设和土木建筑。……为了强化地主阶级的统治，秦朝又推行严刑峻法以镇压农民，并且把数十万农民变为封建国家的囚徒。……这种种情况表明，由于封建制度内在的矛盾，由于急政暴虐，秦始皇在完成统一事业的同时，也造成了秦王朝倾覆的条件。”

郭志坤：“秦始皇是中国历史上一位杰出的政治家。他的主要历史功绩，是结束了春秋战国时期长期割据的混战局面，实现了统一。也就是说秦始皇是历史上统一中国的第一个人。自秦以后，中国封建社会虽然在某种程度上仍然保留着封建割据的状态，但统一始终是中国历史的主流。从这个意义上说，没有秦，也就没有汉、唐，明、清，没有我们今天的中国。秦始皇的大名象征着统一，给后世留下了深远的影响。对于秦始皇统一中国所作出的重大贡献是不能低估的，也是永远不能忘记的。”

汉承秦制，凤凰涅槃

公元前 206 年，经过三年多的反秦战争，大秦帝国这座当时举世最宏伟的大厦，在以陈胜、吴广、刘邦、项羽等为首的各阶层民众的一致讨伐声中，终于轰然倒塌。

公元前 202 年，刘邦经过垓下一战最终夺鹿在手，天下战乱渐归结束，在这种情况下，刘邦决定登基称帝。

《史记·高祖本纪》说："正月，诸侯及将相们共同尊请刘邦为皇帝。"

刘邦说："我听说皇帝的尊号，贤能的人才能据有，空言虚语，不是我所想要的，我可承担不了皇帝的尊号。"

大臣们众口一声："大王从布衣起事，诛伐暴逆，平定四海，有功的分赏土地封为王侯，如果大王不称皇帝尊号，人们对大王的封赏就都不会相信。我们这班人愿意以死请求。"

刘邦辞让再三，似乎是实在推辞不过了，才说："既然诸位认为这样合适，那我就为了国家的勉为其难吧。"

甲午日，刘邦在汜水北面登临皇帝之位，大汉帝国从此诞生。

接下来的事情就是，为了保证新王朝的长治久安，汉高祖刘邦君臣必须着手恢复大一统帝国的统治秩序。

尽管刘邦是推翻了秦始皇的帝国而称帝，尽管从此之后汉代的史书、官牍把秦帝国描绘得一片黑暗，但是，汉帝国君臣却毫不犹豫地基本承袭了秦帝国的所有国家制度。

从总结历史经验教训的角度而言，秦帝国对中国政治的最大影响，莫过于它创立了一套以大一统形式为标志的政治模式。这套政治模式包括政治观念、政治制度、法制体系以及与之配套而成的社会经济体系。大秦帝国建立者的知识水平和理论水平明显高于起事于草莽布衣的汉帝国的创建者们。换句话说，秦始皇草创的政治制度和治国模式具有开创性的特点及优势，继秦而起的任何新朝都不可能再在一个短时间内创造出比之更加完备的制度。大秦帝国虽然因统治者施政不当而短命夭亡，但其创建的政体却有着强大的生命力，它不仅不会随着秦帝国的消亡而消亡，而且以新的形式继续决定并影响着继秦而后的新王朝的政治运作。历史发展的事实也无可辩驳地证明了这一点，这就是："汉之法制，大抵因秦。"（洪迈：《容斋随笔》卷九）根据云梦秦简提供的资料表明，许多原来以为是汉帝国创建的制度及其有关称谓，原来都是由前朝秦帝国那里传承下来的。

"汉承秦制"，确凿无疑。

1. 汉帝国全盘接受了秦始皇创造的皇帝尊号及其相应的一整套皇帝制度与帝王观念。

皇帝制度与帝王观念是大秦帝国统治模式的基础框架和核心内容。只要这个基础框架与核心内容不改变，新王朝的一切损益、更始、变制，都不具有变革统治模式的实际意义。这就是说，只要汉帝国的创始人继续实行帝制，汉代的政治制度与治国模式就不会与秦朝差异太大。

2. 汉帝国承袭了秦王朝的中央集权制度

汉代基本上沿用了秦朝的职官制度。东汉史学家班固就说："汉迪

于秦，有革有因，举僚职，并列其人。”（《汉书·叙传下》）

事实也正是这样，秦帝国确立中央集权制度，皇权至高无上，全国的政治、经济、军事、立法、司法、监察等各种权力皆决于皇帝，从中央政府的丞相、太尉、御史大夫一直到地方上的郡守、县令及各种军事长官，其任免权最终决定在皇帝的手中，或由皇帝直接任免，或由皇帝授权上级官员任免。汉帝国建立后，基本上沿用了秦帝国的这一套政治体制，只是在中央政府管理核心的三公设置上，略有变动。

秦统一六国后，秦始皇建立了一套以丞相为核心的文官体制。丞相王绾主管全国政务，御史大夫冯劫司职监察百官、廷尉李斯负责法律事务。三公均为文职官吏，极似现代西方国体的三权分立，各司其职管理国家。而为秦始皇统一六国功勋卓著的将军们，如王翦、王贲、王离、蒙恬等，虽皆封侯，但似乎并不参与国家的行政管理。除蒙恬将兵三十万北逐匈奴，修筑长城外，其他武将似只授爵位与重赏，并不给予实际职权。

汉代承袭秦代官制，其主要职官是丞相、太尉、御史大夫。丞相是百官之长，其职责是协助皇帝处理全国政务。太尉，负责管理军事。御史大夫，辅佐丞相，司职监察百官。

汉代与秦代不同的是，太尉取代了廷尉。其位次也有变化：秦的廷尉位居御史之后，位列第三；而汉的太尉晋升为第二，而主管法律的廷尉不在三公之列。这一改变可以看出，汉代法制地位下降，军人地位上升。这似乎表明，秦帝国较之汉帝国，更具有理想主义色彩。也许在秦始皇看来，一旦消灭六国，“收天下兵，聚之咸阳”，天下则从此太平，不会再有战争，剩下的就是依法治国的事情了。所以，秦帝国的中央集权最高层，没有将军介入。汉高祖刘邦则亲历了秦末的战乱，其政权便是在群雄混战中靠武力争得的，因此，汉家天下似乎更重视军事方面的建设。

程步在《真秦始皇——仁定四海》一书中认为："如果说汉承秦制，略有所改，其最大的变化就是这一点，这一点改动在刚刚建立封建帝国的初期，不为人们在意，也许反而更适合那个时代的客观实际，但所谓差之毫厘，失之千里。这一改动，也许就从此阻绝了中央集权制的国家流向法制那条腿的血脉，从此，这个巨人就总是一条腿在向前迈进，走不快，还不时总会摔倒。"此论可谓洞彻肺腑。

经过汉代的继承发展，中央集权的三公九卿制度更加严整与完善。汉魏以降，中央机构和国家官制虽然不断在改革与完善，但其基本框架与思路则没有超出秦始皇的设计与智慧。中国传统政治的发展趋势是：中央政府的权力总是在不断地加强和集中，皇权更加强化，明清两代较之秦帝国更加专制。

3. 汉帝国承袭了秦帝国的郡县制度。

郡县制是维护中央集权的基本行政区划制度。

汉初，基本上沿用了秦帝国的行政区划。

秦始皇统一中国后，在全国范围内普遍推行郡县制。

《史记·秦始皇本纪》中说：当时，"分天下以为三十六郡。郡置守、尉、监"。后又在今河套地区建九原郡，在两广地区设南海、桂林、象郡三郡，共四十郡，郡下设县。

然而，要否定周朝八百年的诸侯封国的体制，并不是一件容易的事情。为此，大秦帝国建国初期，在朝堂之上，关于郡县与分封孰优孰劣，就曾经展开过一场著名的大争论。

丞相王绾等向秦始皇进言说，诸侯初破，六国刚灭，燕国、齐国、楚国地处偏远，不在这些地方设王置藩，就无法镇抚确保那里的治安。他们建议秦始皇仿周朝旧制，分封各位皇子到六国各地为诸侯王。

王绾的这个建议，既符合当时人们的习惯思维，也道出了王族和统治阶层绝很多人的心里渴望。

司马迁说：

> 秦始皇下其议于群臣，群臣皆以为便。

这就是说，王绾的主张是得到了秦帝国绝大多数群臣赞许的。

但是，廷尉李斯独具异议。他认为：周武王虽然将同姓子弟进行分封，但结果并不理想。诸侯国之间“相攻击如仇雠”，战乱不断，即使周天子最后也不能制止。现在天下既然已经重新统一，辟为郡县，这是长治久安的办法，未可轻易地去改变。至于对于诸公子功臣，完全可以用国家财政的方法去奖赏与安置他们，不需要再去重蹈周王朝分封制的老路。

最后，秦始皇肯定了李斯的意见，否决了分封诸侯王的建议，他说：“天下共苦战斗不休，以有侯王。赖宗庙，天下初定，又复立国，是树兵也，而求其安息，岂不难哉！廷尉议是。”（《史记·秦始皇本纪》）

但是，争论并没有结束，由于人们的利益、立场不同，人的智慧有高低之分，人的政治远见也有远近之别，所以，秦始皇建立的郡县制在很长一段时间里，并不被人们接受。汉魏至唐，历代争论从未断过。

班固在《汉书·诸侯王表序》中总结秦亡的原因时这样认为：秦王

政自己为皇帝，而子弟为普通百姓，在内没有骨肉亲人相辅佐，在外没有子孙党羽之护卫。所以陈涉、吴广不过是暴民起事，刘邦、项羽随后就灭亡秦帝国。所以，有人说，周朝能够延续数百年，而秦帝国只能维持几十年，就是因为其国家体制分别实行了分封或者郡县制度的原因。

早在公元前 206 年刘邦、项羽灭秦之时，楚霸王项羽有绝对实力再次统一天下。但是，由于深受分封制的影响，他不愿意做秦始皇重建一个统一的帝国，同时又顾忌现实，知道也不能再回归实行周王朝的王政，于是，项羽决定调和现实，折中古今，选择第三条道路，在中国历史上首次实行了霸王支持下的封王建国。项羽自封为西楚霸王，王九郡，都彭城。然后，他将剩下的天下分封给在灭秦战争中立下汗马功劳的十八个诸侯王。项羽的这种分封建国，表面上看是兼顾到了当时的历史传统、政治实际情况以及人心的取向，但是这种不伦不类的政治模式根本就不可能长久。它既不优越于秦始皇创建的中央集权的郡县制度，也没有周王朝分封时的那种大气和王气的约束，而只是一个松散的暂时的独立政治联盟体。很快，当项羽的军事实力虚弱之际，便是各诸侯王重新开战之时。

公元前 202 年，当刘邦最后战败项羽建立汉家天下后，他借鉴秦始皇因郡县而亡、项羽又因分封而灭的教训，调和二者，采用了以郡县制为主、封国制为辅的政治模式。很快，他又剪除了异姓诸侯王而以刘氏同姓诸侯王代替之。

刘邦以为，如此天下就能永享太平，然而，那也仅仅是一相情愿。刘邦一死，先是吕后杀刘姓王，封吕姓子弟为王，后有周勃等人以“非刘姓为王天下人可诛之”为由，发动宫廷政变，杀吕姓，立刘姓为王。

然而，没过多久，这些刘姓的王子皇孙，小者违法乱纪，荒淫无度，大者图谋不轨，犯上作乱。惠帝、文帝、景帝时期，诸侯王叛乱不断发生。

文景之时，朱虚侯刘章和东牟侯刘兴居，这两个刘邦的子孙虽有反吕之功，但因他们曾有拥戴齐王刘襄为帝的打算，所以汉文帝即位以后，对他们没有以大国作为封赏，只是让他们各自分割齐国一郡，受封为城阳王和济北王。城阳王刘章不久死去。济北王刘兴居于文帝三年乘汉文帝亲自领兵攻打匈奴的机会，发兵叛乱，欲袭荥阳，事败自杀，于是，汉文帝趁机废除了济北国。文帝六年，淮南王刘长谋反，被废徙蜀，死于道中。

继承汉文帝皇位的汉景帝，同样每天都在应付危局，最后还是爆发了“七国之乱”。

“七国之乱”是以刘邦之侄吴王刘濞为首，联合其他同姓王发动的一次大规模的足以撼动国本的大叛乱，起因是汉景帝和晁错欲削他的会稽和豫章两郡。刘濞就乘机串通楚、赵、胶西、胶东、淄川、济南六国的诸侯王，联合发动了这场叛乱。

刘濞发兵二十万，号称五十万，又派人与匈奴、东越、闽越贵族联络，用“请诛晁错，以清君侧”的名义，举兵西向。叛军顺利地打到河南东部。汉景帝惶恐，杀晁错，希望刘濞退兵。刘濞不仅不退兵，还公开声言要夺取皇位，至到此时，汉景帝才决心以武力平叛。他命太尉周亚夫与大将军窦婴率军，以奇兵断绝了叛军的粮道，用了三个月的时间，大破叛军。刘濞逃到东越，为东越人所杀。其余六王皆自杀，七国遂皆被废除。

七国之乱的平定和诸侯王权力的削弱，基本改正了刘邦实行诸侯王制度所产生的弊病，进一步加强了中央集权制度，叛乱平定之后，汉景帝痛定思痛，下决心效法秦始皇废除分封，把行政区划体制又完全恢复到原来秦始皇制定的框架中来。到汉武帝时，通过颁布推恩令，将诸侯王的权力进一步分散。这之后，汉代才最终完全承袭了秦代的郡县设置。

据《汉书 · 百官公卿表》中记载：郡守是沿袭秦代的官职，他的职责是掌管一个郡的事务。俸禄是两千石。县的最高行政长官是县令、县长。县令和县长都是沿袭秦代的官职，其职责是掌管一个县的事务。人口在万户以上的称县令，俸禄一千石至六百石不等。万户以下的称县长，俸禄是五百石至三百石不等。汉代的县大约方圆百里，民众人口多，则地减；人口少，则地增。乡和亭的设置也是如此。这都是沿袭秦代的制度。

4. 汉帝国继承发展了秦帝国的官吏选任制度

秦国官吏的选任通常主要有荐举与征召两种方式。

所谓荐举，主要是中央与各郡长官定期或不定期地向国君推荐人才。

所谓征召，即是对全国特别有名望的人才，由皇帝派专人去聘任。《史记》中说，叔孙通“秦时以文学征待诏博士”。叔孙通因为文章和学问，被征召为待诏博士。

秦始皇统一六国后，除了继续使用上述两种方法外，特别注重通晓法律和绝对服从皇帝意志的人才。

汉初，统治者完全沿袭了秦帝国的人才选拔方式。刘邦曾于汉十一年下诏：“贤士大夫，有肯从我游者，我能尊显之。”文帝时，下诏举贤良方正。武帝以后，又有秀才、孝廉之选。

但是，由于西汉至武帝时儒家思想开始成为了统治阶级的重要的意识形态，选官制度受儒家思想的影响而缺乏秦帝国时期那样的法制化，任人唯亲、任人唯私的现象开始抬头。

5. 汉帝国沿袭了秦帝国的监察制度

秦帝国建立了中央监察机关——御史府，亦称御史大夫府、御史大夫寺。御史府的主管是御史大夫，其职位相当于副丞相，具有皇帝秘书性质，并有监察百官之责。秦始皇时代，御史大夫还拥有司法审判之权。

秦御史府中还设有御史中丞，直接辅助御史大夫监察百官。《初学记·职官下》云："御史中丞，秦官也，掌贰大夫。"

秦统一后，在郡一级普遍设置了监郡御史，监郡御史隶属于御史大夫。他的主要任务是代表皇权监察地方官吏。由此可见，秦朝已从中央到地方普遍设置御史司监察，并置御史大夫府为中央监察机构，这标志着秦朝以御史制度为主体的监察制度已经确立。

《汉书·百官公卿表》说："御史大夫，秦官，位上卿，银印青绶，掌副丞相。"

汉代的监察制度与秦朝一脉相承。

在地方，汉高祖刘邦放弃了对地方的监察。《后汉书·百官志》："秦有监御史，监诸郡，汉兴省之。"然而这一废置，导致了地方吏治的日趋腐败。鉴于这样的教训，惠帝三年（公元前 192 年），汉帝国又部分地恢复了地区御史监郡的制度。

汉武帝时期，废除了监郡御史，改为设立十三部刺史，驻当地专司监察地方。

班固在《汉书·百官公卿表》中说："武帝元封五年初置部刺史，掌奉诏条察州，秩六百石，员十三人。"

十三部刺史皆隶属于中央最高监察机关御史府，有御史中丞具体督管，在地方设有固定治所。十三部刺史的设立，虽然改变了秦代地方监察头绪过多，不利于上通下达的问题，也造成了新的问题，那就是十三刺史权力过大；一人掌握几个郡官员的生杀大权，容易产生腐败和冤案。

由于御史大夫常因身兼副丞相职务而忙于政务，行政权日重，检察权日轻。而名义上属御史大夫领导的御史中丞因为和皇帝接近等特殊原因成为皇帝的耳目，不仅一般地承担纠察百官的任务，而且可以受皇帝之命监察其上司御史大夫，逐渐演变成为专职的最高检察官。

从西汉末年到东汉初年，监察组织发生变化。御史大夫改称大司空后，不再担任监察的任务。与此同时，御史台作为独立执行监察的职能机构登上了中国的历史舞台，这标志着监察权开始同行政权相分离。

总而言之，帝国的监察制度始于秦始皇，经过汉代的承袭和完善，趋于成熟。其后，虽经两千多年各朝代的损益，并没有发生实质性的变化，很多合理的东西甚至一直沿用至今。

6. 汉代还承袭了秦朝的赋税制度

秦始皇统一后，对赋税制度进行了统一和改革。公元前 216 年，命全国各地自报占有田亩数目，即文献记载的"令黔首自实田"制度。这是我国历史上在全国范围内实行土地登记制度的开始。民众有纳税，服徭役、兵役的义务。

汉代承袭秦朝这一制度，并发展成一套完整的封建管理制度和赋税制度。秦帝国的《田律》、《仓律》和《徭律》，主要征收田赋、户赋和口赋。汉朝在这三律的基础上又增加了《田租税律》和《盐铁税律》等税收法规。另外汉代实行了编户齐民制度，登记人口，加强对全国各地的人口管理。这种制度，更加有利于国家对农民征收赋税和徭役。

汉高祖刘邦建国初期，曾实行轻徭薄赋政策，改秦代田租十税一为十五而税一。随着时间的推移与社会发展的需要，统治者又将田租恢复为十税一。汉惠帝即位后又恢复为十五税一。汉文帝二年，为了鼓励农民生产，减收当年天下田租之半。此后，由于实行重农积粟政策和募民入粟赐爵政策，国家掌握的粮食大大增加。汉文帝于十二年再次减收天下田租之半，十三年又完全免除民田的租税，以鼓励农业生产。到汉景帝二年又恢复征税，正式规定三十税一。到了东汉光武帝初年，田租又恢复为十税一。

总的看来，汉代承袭秦代的赋税制度，并发展为灵活的征收方式，以适应国家发展和朝廷政策的需要，这是一个进步。

7. 汉帝国基本沿袭了秦帝国的礼仪制度，

在中国古代社会，礼仪制度是区别上下、贵贱、尊卑的等级制度的一项重要内容。在行政权力支配社会的历史条件下，用礼仪制度来区别和规范官员之间的身份与交往的方式往往显得十分的重要。因为，在人们看来，享受不同的礼仪是一个人的权力、地位、尊严以及富贵荣华的特殊象征。

历史的事实是最好的答案。

汉代的礼仪制度基本上沿袭了秦朝制度，即使有所损益，其基本原则也毫无变动。

大秦帝国建立后，为了显示气派，区别尊贵，秦始皇为上至皇帝，下至百姓，制定了一整套规模宏大的礼仪制度。汉代秦后，对于秦帝国的礼仪制度在艳羡的同时，统治者基本上采取了照单全收的政策。

《汉书·礼乐志》中说："高祖时，叔孙通因秦乐人制宗庙乐。"又说："汉兴，拨乱反正，日不暇给，犹命叔孙通制礼仪，以正君臣之位。高祖说而叹曰：'吾乃今日知为天子之贵也'。"可见，汉帝国建立后，君臣尊卑的朝堂礼仪、宗庙礼仪，宫室制度以及宫廷内部的繁琐礼仪等皆沿袭秦朝。司马迁为此在《史记·礼书》中总结道："自天子称号下至佐僚及宫室官名，少所变更。"

8. 汉帝国对秦帝国的德运、历法、风俗等也都加以承继。

据史料记载：汉丞相张苍好律历，专门遵用秦朝的《颛顼历》。他"以为汉乃水德之时，河决金堤，其符也。年始冬十月，色外黑内赤，与德相应"。(《汉书·郊祀志上》)

汉朝的风俗也沿袭了大秦帝国。西汉思想家贾谊、董仲舒等人都认为：秦朝的"遗风余俗"，在汉朝皆"犹尚未改"。其实，大汉帝国本来就是从大秦帝国脱胎而来，时间距离又不太长，生活习俗、风俗习惯沿袭秦朝也是一件自然而然的事情。

事实证明，大秦帝国虽然灭亡了，但它的开拓精神与开创的政治制度和治国模式却为汉帝国所改造与继续加以运用。

大汉帝国正是在明确借鉴秦帝国的政治得失的情况下才取得巨大成功的，所谓"汉承秦制"就是这个道理。

从这个意义上讲，大秦帝国并没有死亡，它所努力栽下的大树——管理帝国这棵大树的经验与教训，已经传接到了大汉帝国统治者的手中，其具有生命力的制度也已在汉帝国身上得以复活并体现出来，并且，通过汉帝国之后历代王朝的继承与发展，已经成为了我们中华民族高度发展的政治制度之原型。

另一方面，大秦帝国又是中国君主专制的初次实验。它虽然庞大与辉煌一时，但毕竟短命而亡。这面明镜，一方面在提醒后代政治家们要以大秦雄风为榜样去续写历史辉煌，另一方面更提醒他们要注意去研究总结秦短命夭亡的血的教训，避免历史覆辙的重蹈。

亡秦之鉴的教训是深刻的，对后世的影响是巨大的。

汉高祖刘邦亲眼目睹了秦帝国大厦坍塌全部过程，并且还是它的最成功的破坏者，因而，这位汉帝国的创始人及其后代继承者就更有一番痛彻肺腑的体会与见解。这样，在汉取代秦后，汉帝国的统治者们就在继承秦政的同时，又特别借鉴秦亡的教训，在如下方面特别加以了调整。

1. 马上打天下，不再用马上治天下。法家一尊变成儒、法两家并驾齐驱，甚至是儒家一枝独秀。

大秦帝国执着于倡导与实施绝对君权的法家学说。从公孙鞅开始，法家治国就逐渐成为秦国政治的绝对发展方向。秦始皇统一六国后，不是在长期大规模战争洗涤后采取与民休息、恢复经济的政策，而是将法家学说在政治上推向了极端。它“别黑白而定一尊”，一切“事皆决于法，刻削毋仁恩和义”。（《史记·秦始皇本纪》）到继任者二世皇帝时，更是把法家学说发展为“督责之术”，使法家学说的负面效应发展到了极致。“秦任刑法不变，卒灭赵氏。”（《史记 · 郦生陆贾列传》）大秦帝国短命而亡的历史教训充分表明，把法家作为国家唯一的政治统治思想是件行不通的事情。血淋淋的教训教育了大汉统治者，要想在夺取天下后达到长治久安，就必须补救秦朝暴政之弊，社会更需要休养生息。因此，汉初统治者一改秦单一的以法家治国的办法，在思想文化统治上面动用脑筋，采取了相对宽松的统治政策，以黄老思想居支配地位，杂以其他各家有用的主张，多元并存，诸子百家学说遂又呈现出复兴的趋势。

汉武帝时，社会经济充分发展，国家统治已经稳定下来，探索一套长远有效的治国思想的任务便被提上了日程。在这种情况下，大汉帝国“罢黜百家，独尊儒术”。从此，儒家的准则被法律化并得到了其后历代王朝的支持与采用。以此为标志，阳儒阴法，儒法并用的霸、王道之术就成为了历代统治者执政的两柄。

历史的经验告诉我们：

秦皇以“焚书坑儒”而失败；

汉武以“独尊儒术”而成功。

事实上，无论秦皇还是汉武，其目的是相同的，那就是要禁绝异端，统一思想，维护统治者的绝对权威，以使自己的皇朝千秋万代地流传下去。不过，手段不同，效果也就大相径庭。秦皇以暴力高压而败，汉武以“学而优则仕”的利诱却取得了巨大的成功。二者出发点没有差别，只不过是老子的“柔弱胜强刚”的道理在这里起了绝对的作用而已。

伴随着大秦帝国的覆亡，法家思想从此一蹶不振，不得不从前台走向了幕后。

伴随着大秦帝国的覆亡，儒家学说从此取代法家学说进入了庙堂行列，儒家思想从此与王权政治既沆瀣一气，又分庭抗礼，两千多年来主宰了我们民族的心灵，成为了我们民族的习惯。

2. 君主权力应当适度制约

阿克顿（Acton）说过："权力导致腐败，绝对的权力绝对导致腐败。"秦始皇统一六国，建立了全国统一的中央集权的君主专制政权，把国君的权力提高到了无以复加的地步。失去任何约束力的权力，必定是滋生腐败的肥沃土壤。统一六国前，嬴政尚能以法行政；六国一统后，他便变得意得欲从，刚愎自用，滥施国家的权力。结果，他无所顾忌，任意妄为，"竭天下之资财以奉其政，犹未足以澹其欲也。"（《汉书·食货志》）"二世皇帝，势为天子，富有天下……然纵耳目之欲，穷奢靡之变，不顾百姓之饥寒穷匮也。"（《淮南子·兵略训》）绝对的权力让秦始皇父子把人的残忍自私，欲壑难填等劣根性的一面肆无忌惮地展现了出来。"政者，正也。其身不正，虽令不从。其身正，有令必从。"君王权力的无限滥用，不仅让下层民众在水深火热的境遇中无法再生活下去，而且让统治阶层也人人自危，恐惧不知明日所终。君权的无限滥用的结果，一是让始皇帝断子绝孙；二是导致秦帝国基业灰飞烟灭。

大秦帝国短命而亡的教训深刻地教育了后世历代统治者，他们鉴于秦亡之惨烈，从汉代开始，政界人物与思想家便开始寻求出路，在绝对维护君主权威的条件下，用"天命"与道德观念来教育与约束君主，从而让天子认识到"天命无常，唯德是辅"的准则，让他们明白"百姓，水也；君，舟也。水能载舟，亦能覆舟"的深刻道理，从而不敢去无限地膨胀个人的野心与私心，从而防止因君权走向极端而导致国家政权的彻底失控。

从汉代开始，在全面继承秦帝国政治遗产的同时，周文化又逐渐开始复兴，用儒家思想治国理政便被统治者提上日程并最终固定下来。

汉代大思想家董仲舒在君主之上，抬出了"天"的概念。他指出，君主是上天安排来统治万民、管理天下的。但是，他的行为只有在体现天意的条件下，才能得到上天的庇护；否则，悖逆天意，便会导致天怒人怨，从而让自己的统治走向灭亡。董仲舒用"天人感应"的学说，用阴阳谶纬的技巧，让统治者相信天命，惧怕天威。

客观上讲，董仲舒的这套"君权天授"主张，对中国传统政治的影响是深远的，历代正史中层出不穷的《五行志》《灾异志》《祥瑞志》等的记载，就充分反映了这一点。历代大臣也往往以"天谴说"为武器，利用大自然的灾异来警戒皇帝，让君主们节制个人的私欲，努力做到亲贤臣，远小人，轻徭薄赋，赈灾安民。事实上，翻开一部二十四史，其中的记载表明，在大多数情况下，皇帝因为惧怕天威，对大臣们的劝谏还会加以考虑或者接受的，这对限制君主行政的随意性、无序性、野蛮性，改善王朝政治，稳定社会局面，发展农业生产等还是起到了一定的积极作用的。

鉴于秦朝皇帝蔑视道德的错误做法，董仲舒主张用"天人感应"说去有限地限制君主外，还主张皇帝不仅是天下万民之主，而且应当以道德修身，成为天下万世的师表。这种主张也为自汉代以后历朝统治者所接受。自汉代开始，历代君主都十分重视后继者的培养与教育。他们往往严格选拔教师，挑选学伴，指定教材，力图使皇子从小接受封建的正统教育。这种把君主的个人修养、品德与行为看做是天下万民的表率与社会稳定和发展的重要方面的做法，显然是封建统治者聪明地汲取了秦亡的历史经验与教训，努力避免因自己权力失控而可能给王朝带来的灭顶之灾。

3. 民本思想得到有限的回归

在我国历史上的周文化中，民本的思想占着一定的地位。

春秋时期，齐国大政治家管仲就说："夫霸王之所始也，以人为本。本理则国固，本乱则国危。"（《管子·霸言》）

战国时期，儒家思想主要代表人物孟轲更是旗帜鲜明地提出："民为贵，社稷次之，君为轻。"（《孟子·尽心下》）

秦国统一六国前夕，吕不韦组织门客撰写《吕氏春秋》，主张集各家力量，形成一个新的治国模式。

吕不韦在《吕氏春秋·贵公》中明确指出："天下，非一人之天下，天下人之天下也。"只不过，由于他与秦王嬴政的个人恩怨以及治国主张的分歧，在他死后，他的主张成为一纸空文。

以民为本，就是要执政者关心人民的疾苦，重视人民的力量，保护人民的生活稳定与个人幸福的获得，以争取得到人民的拥护。

秦始皇父子完全无视人民的意愿与存在，不顾人民的死活，自以为大权在握，就可以无法无天，随心所欲，结果，事物的发展必然走向反面。据司马迁在《史记·张耳陈余列传》中记载，始皇父子为所欲为的结果是"家自为怒，人自为斗，各报其怨而攻其仇"。这种不顾人民死活的做法，终于导致人民揭竿而起，不可一世的大秦帝国迅速便被人民反抗的熊熊烈火所湮没。

秦末人民造反成功的事实，给后世统治者以极大的震撼，让他们不能不加以警戒，不得不对民众的力量与作用重新加以认识，从而在心中给民众以应有的地位与重视。“天视自我民视，天听自我民听”的理论与主张，从此得到历代士大夫与执政者们的接受与认可，让他们在施政中注意关怀民众的疾苦问题，从而使自秦朝断代了的民本思想从此得到了有限的回归。

汉初，政论家贾谊在总结秦亡的历史教训时就特别认识到了民本思想的重要。他在《新书·大政》中认为：“闻之于政者，民无不为本也。国以为本，君以为本，吏以为本，故国以民为安危，君以民为威侮，吏以民为贵贱，此之谓民无不为本也。”自汉高祖刘邦开始，历代有为之君无不把安定民生放在关乎朝代盛衰兴亡的高度上加以考察，从而在一定范围内与不同程度上制定与实施与民休息、发展经济的政策，从而使中国社会不断向前发展。

据《史记·孝文本纪》中记载，汉文帝在位时，“宫室园囿狗马服御无所增益，有不便，辄弛以利民。”汉文帝原准备修建露台，但经过工匠计算，要耗掉百金之费，考虑到这相当于十户中等人家家产的耗费，他就果断地停止了这项工程。这位以节俭著称的汉代帝王，还多次下令减免百姓的赋税，给人民以更多的休养生息的时间。他的继承者汉景帝，也效父风，重视民间疾苦与经济恢复与发展的工作，结果，中国历史上的汉盛世——文景之治由此开创。

司马光在《资治通鉴·汉纪》中认为，汉武帝在位期间，虽然一度“穷奢极欲，繁刑重敛，内侈宫室，外事四夷，信惑神怪，巡游无度，使百姓疲敝，起为盗贼，其所以异于秦始皇者无几矣”，但汉武帝所以没有重蹈始皇的覆辙，一个重要原因就在于前有“秦亡之鉴”作为历史教训，从而让汉武帝能够“晚而悔过”，认识到他的严重错误，再次改弦更张，更加注重民生。“当今务在禁苛暴，止擅赋，力本农”，就是这位雄才大略君王在大兴刀兵后以秦亡之鉴为教训，通过调整统治政策，才使得西汉中期一度激化起来的阶级与社会矛盾重新得到缓和，从而使汉王朝及时避免了一次统治危机。

在中国历史上，汉唐往往在史家的笔下连结在一起。这是因为汉唐盛世是中国数千年历史发展的两大高峰。

唐帝国所以能取得的成功，是与其缔造者唐太宗李世民以秦、隋之亡为鉴分不开的。

> 秦始皇营建宫室，而人多谤议者，为循其私欲，不与众共故也。朕今欲造一殿，材木已具，远想秦皇之事，遂不复作也。（《贞观政要·论俭约》）

秦皇只顾个人享乐而压榨百姓、导致亡家亡国的教训被唐太宗当成了一面镜子，这是大唐能够迅速开创盛世，气象弘大的原因之一。

秦始皇以民众为刍狗，结果民众以秦始皇为仇雠。唐太宗以民众为动力，民众以唐太宗为共主。以民为本还是以君主为本，国家成败，王朝安危系于此，这是一条主要的经验教训。

4. 对待边疆民族由武力相逼转变为和亲羁縻。

秦始皇统一中国，认为“六合之内，皇帝之土。西涉流沙，南尽北户。东过大海，北过大夏。人迹所至，无不臣者。功盖五帝，泽及牛马。莫不受德，各安其宇”（《史记·秦始皇本纪》）。对于不臣服的边疆民族，秦皇采取了武力征服的单一手段。当时，秦始皇派蒙恬将兵北击匈奴，修筑万里长城；南使尉屠睢率楼船之士征伐南越。

> 当是时，秦祸北构于胡，南挂于越，宿兵无用之地，进而不得退。行十余年，丁男被甲，丁女转输，苦不聊生，自经于道树死者相望。及皇帝崩，天下大叛。（《史记·平津侯主父列传》）

崇尚武力，敌视和轻视少数民族，不惜代价地用战争手段加以打击，严重动摇了大秦的国本，这是导致秦帝国迅速走向灭亡的重要因素之一。

汉代秦后，统治者总结了秦朝在民族政策上的教训，确定了对少数民族的团结政策。汉唐虽为中国数千年两大盛世朝代，但统治者并不主张动用国力，用武力去逼迫边疆民族，他们往往采取和亲团结政策，达到内省民力，外让边疆民族政权倾心相服的效果。此后从汉至清，中国历代王朝统治者的和亲团结的民族政策基本上是稳定、长期而有效果的。昭君出塞、文成公主和金城公主和亲等，都是在借鉴秦亡教训中制定出来的明智政策。

总的看来，汉帝国对秦帝国的继承是一种全方位的继承，也是一种发展性的继承。这种继承的特点表现在：秦开其端，汉总其成。秦帝国虽然夭亡，但其灵魂犹存，通过大汉帝国之身，它又变相地得以复活。从这个意义上讲，大秦帝国就如一只涅槃的凤凰，在经过一场血与火的战争考验后又得以再生。

从历史的发展来看，秦帝国的夭亡，主要不是因为其政治制度、文化、理念、治国模式的错误，而是最高统治者的个人行为之失所引发。因此，汉承秦制是西汉统治者的一种明智的选择。通过继承前朝的一切优秀、合理的东西，汉王朝迅速迎来了它的盛世。

汉承秦制具有系统性。大到政治制度、治国模式、疆域区划，小到许多具体的的习俗、礼仪、文字、度量衡等，基本上是采取是全部的拿来主义。这表明，从秦至汉，整个政治制度及其社会文化体系是一种比较完整的继承关系，在一切主要方面都没有发生断裂。继汉之后，魏晋又承继汉制，以后，隋唐宋元明清各代一脉相承，“秦政”历经两千年而香火不断。

汉承秦制，或有改良，或有发展，主要还在于继承。自秦汉而后，历代王朝代代相传，大一统的中华帝国更加牢固，疆域更加辽阔，经济实力提高，人口数量增加。汉之后或有短暂的分裂，终归一统；或有偏远异族的入侵，终被汉化。

由此，一个问题就必须做答：大秦帝国灭亡了吗？我想，如果抛开宗法观念上的家天下尺度，或嬴氏、或刘氏、或曹氏、或司马氏、或杨氏、或李氏、或赵氏、或朱氏，或爱新觉罗氏，秦始皇开创的大一统的中华帝国，随着时代的变化，经历了不同姓氏皇帝的统治，一直在不断地完善、发展、富裕、强大。直到近代西方文化独领世界风骚，中国被迫被纳入世界政治、经济、文化圈后，中华帝国才像步履蹒跚的老人样在 1912 年从形式上宣告寿终正寝。但是，它所引领的中华政治、文化、大一统观念依然存在，并且在激励中华民族挺起腰杆去实现新的伟大的复兴。

第八章

秦殇：进取精神永不朽

谁应为大秦帝国灭亡承责

大秦帝国，像历史长空中的一颗流星，在放出一阵令人耀眼夺目的光芒以后，就迅速地消逝了。

大秦帝国为何如此短命？

或许，你会说，“还不是因为大泽乡农民领袖陈胜、吴广的登高一呼，一夫揭竿，万人响应！”

或许，你会说，“还不是草莽英雄刘邦、项羽进军咸阳的结果！”

你们说的都有一定的道理。

不过，物先自朽，而后自败。秦帝国灭亡，“虽曰天命，岂非人事哉？”

在我看来，大秦帝国所以灭亡，主要不是由于文化、理论、制度等方面之失，而是统治阶级上层的政策、人事、个人行为等方面出了问题，是秦始皇与秦二世的用人方面的漏洞所致，是这个帝国核心统治者们所作所为所致。

一句话，秦王朝实际是被自己打败的，亡秦本是自家人。

首先，帝国的创建人秦始皇，应当为这个帝国的短命担负主要的责任。因为：

1．他采用了一个不利于帝国长治久安的国家制度。

他一味求新求远，不顾帝国建立时的历史传统与现实状况，拒绝王绾提出的双轨制（分封制与郡县制并存），采用李斯的单一制（郡县制），想开万世太平基业，结果却因超越现实情况二世而亡。

他不知道，周朝八百年年分封制，已经成为惯例，烙进了人们的心灵深处，适当地尊重人们的心理习惯与实际政治状况，对他的统治并没有任何的害处。

他不知道，以郡县制为主体，在边远地区实行分封制，才能克服帝国统治力量鞭长莫及的弱点，同时也充分照顾到了他的“家天下”的要求。

他不知道，分封制虽然是落后的政治体制，但世界上的事物总是好坏兼容，一分为二，从价值判断上看，分封制也自有分封制的好处。

他不知道，万世长治久安，必须从脚下一步步走起。

结果，“三代封建而长久，秦孤立而速亡”。

历史的发展，恰恰向他开了一个不大不小的玩笑：秦王朝正是因为没有在其统治力量薄弱的齐、楚、燕等远离统治中心的边远地区实行皇子分封，藩屏中央，结果，千里之堤，溃于蚁穴。秦末最先起来造反的，正是楚、齐这些遥远难控的地区。秦始皇与王绾如果地下有知，不知会作如何的感想；不知又会有一番怎样的谈话场景。

2．他马上打天下，也马上治天下。

秦始皇是大秦帝国的创始人，大秦帝国的短命，与他马上治天下的政策有着很大的关系。

中国历史发展表明：乱世用重典，治世用宽柔，刚柔相济是安国定邦的有效手段。以法建国，因儒安国，法儒兼用是建国安民的重要政策。

秦始皇不重视“文武之道，一张一弛”这个简单的道理，他依循历史的惯性，一味地发扬光大公孙鞅以来的秦国一直采用的刚猛政策，一味地用国家机器打击意见不同的人，将专制政治发展到极限之日，也就是这个帝国的大厦开始摇摇欲坠之时。

按照政治学的原理，权力是一种“非典型暴力”，掌权者用它时必须小心翼翼、持重谨慎，然而，秦始皇父子却把它当作典型性暴力来使用，大秦帝国岂有不亡之理？

3．他不将人民的苦难放在心上。

自古以来，民为邦本。“天命无常，唯德是辅”。人心是国家的根本。得人心者得天下，失人心者失天下。得人心者为天子，天下拥护，无事不成；失人心者为独夫，天下人人侧目，国人皆曰可杀。

自古以来，骄、奢二字最足误国。天资聪明、奋发有为、至高无上的始皇帝，一旦染上这种毛病，必定不自觉地就要暴虐。

秦始皇“起诸侯，并天下，意得欲从，以为自古莫及己”。（《史记·秦始皇本纪》）骄奢之心从此一发而不可收。

他无节制地扩建宫室、修筑陵墓，长时间频繁巡狩，大规模寻仙求药，残暴地焚书坑儒，不顾国力的北征南讨，种种弊政，激起民怨，导致民愤。终于，在他死后不久，一夫登高一呼，天下便顿然土崩鱼烂。

水可载舟，也能覆舟。

秦始皇的劳民耗财政策，终于超过限度，导致了他的舟覆，断送了大秦帝国的命脉。

4．他没有稳定有序地安排好政治继承人。

秦始皇不知道，在君主政治条件下，政治继承人的安排好坏，直接影响着帝国的前途与命运。

秦始皇不知道，他没有在健在的时候就立下政治接班人，直接导致了他身后的政治动乱、骨肉相残、王朝的覆灭。

这是他一生最大的政治失误，是他直接造成了大秦帝国的短命。

秦始皇，这个大秦帝国的建立人，不自觉地又一手为他的帝国建造了一个充满灾难、祸害的潘多拉之盒。

其次，胡亥与赵高联手打开了灭亡秦国的潘多拉之盒，直接成为大秦帝国的掘墓人。

1. 公元前 210 年，秦始皇在沙丘暴病身亡，随从的胡亥与宦官赵高这对师生抓住机会，篡改先帝遗诏，矫诏杀害扶苏，发动了夺嫡之变，用不正常的手段夺取了大秦帝国的最高权力。无德无能的胡亥继位，是导致大秦帝国灭亡的最直接原因。

2. 为了坐稳皇帝的宝座，心中有鬼的秦二世与野心家赵高，采取了一系列的极不正常的政治措施，挥舞屠刀，几乎杀尽了秦始皇的勋旧大臣、宗室近亲，从根本上动摇了这个帝国的统治基础，上层统治者已经失去了生存的依托。

3. 在劳民伤财的道路上，秦二世采用了督责之术，肆无忌惮地剥夺百姓，比秦始皇走得更远。严刑峻法，终于使下层民众再也无法生活下去。

4. 权臣赵高杀死了所有他看不惯的人，在第二次政变中又杀害了秦二世。该杀的他都杀了，不该杀的他也杀了。内乱使秦政权一再丧失平定动乱或固守关中的机会与能力。亡秦的钟声在赵高与秦二世的手中已经轰然敲响。

第三，大秦帝国的灭亡，宰相李斯也难逃其咎。

1. 早在秦始皇时代，为了取得荣华富贵，李斯揣摩秦始皇的心性，极尽讨好之能事；“焚书”愚民一事，李斯起了煽风点火的作用。

2. 沙丘政变中，为了苟全荣华富贵，李斯不顾帝国的根本利益，附合胡亥、赵高，成为造成大秦帝国灭亡的“夺嫡之祸”中的凶恶帮手。

3. 胡亥继位后，倒行逆施，胡作非为，身为帝国的宰相，李斯不但不去上谏制止，反而助纣为虐，上督责书，从而使秦帝国丧失了宝贵的最后调整机会。

4. 对于赵高害国，李斯不是动用自己的资格与力量去翦除元凶，反而为了保全富贵而随声附和。最终，在赵高地位巩固后，他也不可避免地成为了这个将亡帝国祭坛上的替罪羔羊。

最后，公子扶苏、大将蒙恬也应对这个帝国的短命担当一定的责任。

1. 扶苏是秦始皇的嫡长子，是秦始皇中意的接班人选。但是，扶苏愚孝愚忠，对于秦二世派来的使者杀手，不去辨别真假是非，只会以剑自裁。如果扶苏大忠大孝，他本该利用手中的兵权，发动清君侧的“革命”，去粉碎胡亥与赵高的阴谋。

2. 蒙恬当时手握帝国最精锐的军队，又担负着保护扶苏的责任。但是，作为一个将军，在危急时刻，不是果断采取措施，杀使者，保护扶苏，去真正摸清局道，只会力劝力谏，眼睁睁地看着扶苏自杀身亡。

大江东去，斯人已逝！

秦帝国早已灰飞烟灭，留给后人的却永远是无尽的争议与叹息。

呜呼！“族秦者，秦也，非天下也。”

“秦人不暇自哀，而后人哀之；后人哀之而不鉴之，亦使后人而复哀后人也。”

这真是：

> 骊山四顾，阿房一炬，当时奢侈今何处？只见草萧疏，水萦纡，至今遗恨迷烟树，列国周齐秦汉楚。赢，都变做了土；输，都变做了土！

帝国军团的无敌奥秘

从公元前770年周平王东迁以后，熟悉历史的人们都知道，这五百五十年的历史是应该属于秦人的。

因为，在这之前，周王室仍拥有着至高无上、号令天下的威力；在这之后，周天王就只剩下了一个天下共主的空头名分。从此，以礼、名为时代的历史开始被以强力为历史的时代所取代。

在这个时代，是力的较量、角逐，是强者登台发言的最佳时刻。

在这个时代，礼乐文化为尚武文化所取代，似乎是一件水到渠成的事情。

秦人从弱小到走向强大；从偏居西方一隅直至发展到一统天下，吹响这台戏主旋律的，无疑是帝国这个以刀剑血火为乐器的大秦军团。对于任何一个想了解点历史知识的中国人来说，那无疑都是一段魂牵梦绕的历史。

大秦军团为什么如此富有力量？

是什么让他们戴上了天下无敌的桂冠？

回望秦军统一中国的步伐，那是一段漫长而曲折的佳话。

实际上，大秦军队真正登上中国的政治舞台，开始真正拥有所向无敌的力量，还要从秦统一中国前一百三十五年改革家公孙鞅为秦国制定的一套当时任何别的国家都没有的行之有效的制度来说起。

无疑，公孙鞅应该是战国时代最讲究实际的一位政治家。

他有一项有名的理论，这就是：

> 名尊地广，以至王者，何故？名卑地削，以至于亡者，何故？战罢者也。不胜而王、不败而亡者，自古及今未尝有也。民勇者，战胜；民不勇者，战败。能壹民于战者，民勇；不能壹民于战者，民不勇。圣王见王之致于兵也，故举国而责之于兵。入其国，观其治，兵用者强。奚以知民之见者也？民之见战也，如饿狼之见肉，则民用矣。凡战者，民之所恶也。能使民乐战者王。强国之民，父遗其子，兄遗其弟，妻遗其父，皆曰："不得，无返！"又曰："失法离令，若死，我死。乡治之。行间无所逃，迁徙无所入。"行间之治，连以五，辨之以章，束之以令。拙无所处，罢无所生。是以三军之众，从令如流，死而不旋踵。(《商君书·画策》)

公孙鞅的意思是说，国君的名誉与威力是与战争的胜负密切相连的。胜则开疆拓土，可以随心所欲。败则亡国丧身，很可能遗臭万年。要想实现一统天下，就必须用战争的力量去解决。英明的帝王，就是能将国民全部动员到战争之中去。想方设法让民众乐意作战。检验民众是否被国君利用的一个重要的办法，就是要看民众对待战争的态度如何。如果民众看到打仗，就像凶恶的饥狼看到了马上要到嘴的食物一样饥渴，民众参战的积极性就算是被调动起来了。公孙鞅还有一层意思：他认为，一般来说，强国的民众，都能以战胜敌人为最高荣誉。即使这样，国家还要制定出一套严格有效的法律，运用连坐的惩罚方法，将士兵作战的最后一点勇气也去激发出来，让他们为了妻儿家人，不畏生死，这样才能在战场上做到战无不胜，攻无不克。

按照公孙鞅的理论，就是要把老百姓塑造成为一个个只知道打仗嗜血的机器，其他的事情，皆可以不管不问。作为老百姓，到前方去为国君开疆拓土，奋勇杀敌是他们的天职。他们实现愿望的最大的渠道就是完全听从君王的召唤。

公孙鞅相信，军功是国民能否得到荣华富贵、改变其贫穷命运的一个重要标尺。

公孙鞅规定，秦国的士兵只要斩获敌人一个首级，就可以获得爵位一级，得到田一顷，宅九亩的奖赏。斩得敌人一个士兵首级者，还可役使一人或一家为自己的农奴，得到五个甲首的，即可“隶五家”（《荀子·议兵》）。战场杀敌一人者，如果想当官，即可当五十石俸禄之官；战场杀敌两人者，即可为百石之官。相应的，在战场上斩杀敌人首级越多，获得的爵位也就自然地越高。

公孙鞅规定，无军功者即使是宗室贵族，也得不到超越规定的标准去多占田宅、姬妾，甚至连穿衣着履都要有所限制，不得任意铺张。

只要你仗打得好，获敌首级多，你就可以授爵，一授爵就有一定的土地，有一定的房子，有一定你想要的各种各样的待遇，你的整个生活甚至人生就会因此而改观。有如此政策，哪个士兵会不因此而振奋？哪个士兵会不因此而在前线拼死杀敌？所有的“无敌神话”，攻无不克、所向披靡，一句话，还不是新制度调动出来的积极性，是物质利益对人们充分刺激下的结果？

更甚者，公孙鞅还规定，如果一个士兵在战场上斩获两个敌人的首级，他做囚犯的父母双亲就可以立即成为自由之身。如果他的妻子是奴隶，也可因此转变为平民。

公孙鞅还规定，如果父亲战死疆场，他的功劳可以记在儿子的头上，这就是说，军功爵位可以传子。

这真是，一人有功，全家享升；一人有勋劳，全家共拥有。公孙鞅可真像孙悟空钻进了铁扇公主肚子里那样，钻到了秦国下层民众的内心深处。

要知道，这可是发生在两千多年前的事，那可是一个按出身与血统的贵贱分配权力和财富的时代。像公孙鞅这样以军功爵位来给布衣平民甚至奴隶向上攀升的机会是不多的。只要你在战场上为国家立下功劳，就有机会改变贫贱的身份与地位，甚至可以以军功去打破贵族公卿世袭垄断的特殊地位。这种明目张胆地鼓励国人追逐功利的国家法律，在当时似乎也只有秦国所独有。

在巨大的物质利益与社会荣誉及爵位的驱使下，谁不愿意在战场上争取立功的机会？又有谁在战场上不愿拼死一搏而愿意全身空手而退？

公孙鞅制定的制度明确地在昭示人们：敌人的头颅就是他们换取地位与财富的等价货币。对于秦人来说，战争就意味着他们将会拥有更加美好的人生，意味着滚滚而来的名誉、官位、豪宅。在这些让人望而心动的诱惑面前，秦国士兵一个个变成了虎狼和无敌之人，就是一件不难理解的事情了。

我们甚至可以想象到，两千多年前的秦国，想必是一个人们一想到打仗就激动地要跳起来的发烧国度。因为，对于秦人来说，上战场不仅是为了国家而战斗，更重要的是，这是一条通往财富和荣誉、摆脱贫贱卑微地位的一条快捷而又是唯一的出路。

看来，帝国无敌军团的真正诞生，应当是归功于公孙鞅为秦国的富强而用国家政权形式建立起来的一套行之有效的军功授爵制度。这是秦国国力由弱变强的转折点；这是秦军成为无敌之师的转折点。这是帝国军团所以在当时无敌于天下的真正奥秘之所在。

实际上，对于秦国军团的这种强盛于天下的奥秘，当时著名的思想家荀子也曾多少有所察觉。

他坦言：

> 秦人，其生民也狭厄，其使民也酷烈，劫之以势，隐之以厄，忸之以庆赏，鰌之以刑罚，使天下之民所以要利于上者，非斗无由也。厄而用之，得而后功之，功赏相长也。五甲首而隶五家，是最为众强长久，多地以正。故四世有胜，非幸也，数也。(《荀子·议兵》)

用我们今天的话说，荀子的意思可以表达为：秦国当政者，他们养活百姓的生路狭窄，役使百姓却十分地严酷，他们用权势以威逼百姓，用刑罚去压迫百姓。百姓要向君主求取利益，除了打仗没有别的路可走。让百姓生路狭窄了再去驱使他们，让百姓得到胜利再去给他们记功，功劳与奖励相互促进，斩获五个敌人的首级，就可以去役使五户的百姓。所以，它的兵员最多，战斗力强而且能够持久。因此，秦国四代都能够保持强盛，这不是侥幸，而是必然的事情。

从历史上看，荀子的这种分析是有一定事实基础的，而且是正确的。

总之，大秦军团所以无敌天下的原因肯定是多方面的。但我始终认为，公孙鞅为秦国制定的一系列奖励军功的政策，并将这种政策与秦国传统的崇武尚战精神想结合，将之确立为秦国长期不变并行之有效的一种制度，真正调动了秦人参战的热情与动力，这才是大秦军团无敌天下的真正核心奥秘之所在。

公孙鞅用制度使战争成为秦人日常生活的重要组成部分，这大大激发了秦人以在前线奋勇杀敌以获取爵位、享受特权的热情。秦军士兵也用他们的行动充分证明了这一点。

韩非子是战国时期的大思想家，他在自己的著述中记录了自己初次接触到秦人的感受：秦人听说要打仗，立刻就顿足赤膊，急不可待，根本无所谓生死……

战国时期曾在秦国当过丞相的张仪曾经向韩王这样绘声绘色地描述过战场上的秦军：他们光头赤膊，一往无前。六国军队与秦军相比，就像鸡蛋碰着石头、勇士孟贲遇见懦夫一样。他们左手提着人头，右胳膊下夹着俘虏，被箭射穿面颊也仍然挥戟向前。（《战国策·韩策一》）通过张仪的嘴巴，人们尽可以展开自己的想象力，无畏的秦军确实让人念之不寒而栗。

秦国灭亡一百年后，著名的史学家司马迁在他的著作《史记》中也这样描写战场上的秦军：他们因为过于沉重的头盔和护甲妨碍了杀敌进爵，竟然就在枪林箭雨中袒胸赤膊上阵。

我想，或许，在战场上，大秦帝国军团的字典里就只剩下了一句话：多杀敌首，建功立业。

事实上，秦国军队这种前无古人的变化，公孙鞅在他的有生之年就已经亲眼看到，因此在他的著作《商君书·赏刑》中自豪地挥笔：

> 是父兄、昆弟、知识、婚姻、合同者，皆曰："务之所加存战而已矣。"夫故当壮者务于战，老弱者务于守，死者不悔，生者务劝，此臣之所谓壹教也。民之欲富贵者，共阖棺而后止。而富贵之门必出于兵，是故民闻战而相贺也，起居饮食所歌谣者，战也。

读着这段文字，我的心中真是既敬又惧。战场明明是让人死伤最危险的地方，应该是唯恐躲之不及，秦人却偏偏因为公孙鞅所制定的奖励制度的刺激，达到了"闻战相贺"，甚至于起居饮食所歌唱的都是一个"战"字的程度。这是一件多么了不起而同时又是多么可怕的事情呀！但转念一想，也许正是因为如此，秦国军队才能变而成为当时战国七雄中的战斗力最强的军队，秦国也因此迅速取代了山东各国的军事强国的地位。看来，英明而正确的政策与制度确实是任何时代军事、政治、经济，甚至人事的生死线啊！

秦帝国的意义

大秦帝国从公元前 221 年秦始皇建立帝业，到公元前 206 年秦王子婴自缚出关投降，这个不可一世的大帝国仅仅存在了十五年的时间，就退出了本不应当退出的历史舞台。大秦帝国虽然烟消云散了，但它的价值与意义我们却不能低估。

我国史学鼻祖司马迁在《史记 · 六国年表》中也说：

> 秦取天下多暴，然世异变，成功大。传曰：‘法后王’，何也？以其近已而俗变相类，议卑而易行也。学者牵于所闻，见秦在帝位日浅，不察其终始，因举而笑之，不敢道，此与以耳食无异。悲夫！

看来，我们这位太史公对秦政是持肯定态度的。他对汉代学者对大秦帝国的研究与看法的肤浅，明确持了批判的态度。

在明代，有两位重要人物也明确表示了他们对秦朝政治的肯定态度。

一位是大政治家张居正。

他说："三代至秦，浑浊再辟者也，其创制立法，至今守之以为利。史称其得圣人之成。"（《张居正集 · 杂著》，湖北人民出版社 1987 年版）张居正站在政治家的立场，高度赞扬了大秦帝国创立的政治体制对中国后来历史发展的久远影响。

另一位是著名思想家王夫之。他在《读通鉴论 · 秦始皇》中写道："郡县之制垂两千年而弗能改矣，合古今上下皆安之。势之所趋，岂非理而能然哉？"王夫之站在思想家的角度，认为大秦帝国创立的郡县制，深刻地影响了两千年来的中国历史，秦帝国的政治制度，是顺应了历史发展趋势，也符合历史与社会政治发展的必然规律。

清代大学者恽敬更是对大秦帝国的价值给予了高度的评价。

他在《三代因革论》中认为：

> 是故秦也者，古今之界也；自秦以前，朝野上下所行者，皆三代之制也；自秦以后，朝野上下所行者，皆非三代之制也。

恽敬认为，大秦帝国是中国历史上一个重要分水岭，以前为三代之政，此后历代则推行的都是秦政。

当代学者易中天说："帝国来自邦国。邦国制度是帝国的前史，春秋战国是帝国的前夜。""秦最终夺取天下，只能归结为秦国有当时最管用的制度。或者说，他们把这个新制度建设得最彻底，也运用得最彻底。这个新制度，就是初具规模的中央集权制。"（易中天：《帝国的终结》，复旦大学出版社 2007 年版）

看来，大秦帝国的出现，在中国历史上确实不是一件可有可无的事情。它对中国后来的历史进程，的确产生了不可低估的影响。

第一，大秦帝国是中国历史上第一个建立起来的中央集权制的大一统的封建大帝国。它所建立起来的郡县制，中央集权制，军事、司法、行政三权分立制等，都成为了它身后历代王朝奉行不变的政治模式。

第二，大秦帝国从创业到灭亡，其间凝聚了秦人七百多年的心血与经验。它从无到有，从弱小到强大，从偏居一隅到一统天下，其力量之大令人瞠目。但就在它威力无边、登峰造极之时，帝国大厦却又很快土崩瓦解、轰然倒塌，其教训之深刻，经验之神秘，都如磁石一样紧紧地扣动着人们的心弦，令关心国家大事的人们，产生了巨大的探索解密的愿望。大秦帝国的成败得失，可堪是后世历代的一面明鉴。

第三，大秦帝国创立了许多前无古人后无来者的永远彪炳青史的宏大业绩，不断地引发人们的追思与缅怀。除了它的政治制度为原创性外，作为中华民族象征的万里长城，仅仅开发一角就被世人誉为“世界第八大奇观”的以兵马俑为代表的秦始皇的骊山陵墓，曾经天下无敌的秦国军团等，都表明了这个王朝曾经的辉煌与巨大成功，它的意义与价值，已经不是只言片语能够揭示与说明清楚的。

第四，大秦帝国为世界留下了一个“China”的称谓。现在世界各国皆称中国为China。这个名称是由古代印度的梵文Cina、Chinas，阿拉伯文eya或sin，拉丁文Thin、Thinae演变而来，都是秦的译音。据学者考证，印度古时称中国为震旦。“震”即秦，“旦”即斯坦，震旦就是秦地。元明清以来，欧洲学者都认为“China”是“秦”的译音。可以设想，大秦帝国声威远震，长期以来，西方国家把它作为华夏民族的象征，也应该是一件合乎情理的事情。如果不是大秦帝国夭亡的如此之快，很可能，今天我们中华民族的主体之一“汉人”或许就改称呼，成为“秦人”了。

秦文化的价值

在中国封建制时代，无时不被人们谈论的历史人物只有两个：一个是“至圣先师”孔子；一个是“千古一帝”秦始皇。

孔夫子用自己的智慧，将夏、商、周三代文化加以系统地整理、继承与批判，以六经形式为中国文化定于一尊奠定了一个良好的基础。

秦始皇则扬长鞭，用武力结束了中国自东周以来数百年割据混战的政治局面，成为历史上真正统一华夏的第一人。他首创皇帝制度，用郡县制来代替分封制，又成为中华帝国的创始人。

孔夫子及其学说对于中华文化的影响，在此暂且不论，秦始皇所以能成为统一中国的第一人，中华帝国的奠基者，却与秦文化的浸润有着很大的关系。

秦始皇为什么能统一中国？

我们不能总是用历史的必然性来对之做一简单的结论。事实上，当时很有可能统一中国的，除了秦国之外，齐、楚两国也同样具备着实力与条件。秦国所以能够最终完成统一大业，不仅仅在于其与东方六国的武力较量，更是与秦国的特殊文化背景及其文化特点有着很大的关系。

一般来说，文化可以分为这样几个层面：1. 物质层面；2. 制度层面；3. 风俗文化层面；4. 思想与价值层面。根植于文化深层的风俗文化与思想价值层面就构成了文化的核心内容。

文化作为一种推动与决定社会发展的习惯，成为影响人、塑造人的巨大力量。从人类文化学角度看，人一出生就生活在一定的文化系统之中，长期的耳濡目染、潜移默化，特定模式的文化就融入了他的灵魂，构成了该人的思维方式和心理习惯，这就使文化对人的控制更加不可避免。

文化对个人的影响如此，对一个民族、一个国家的影响亦是如此。秦国所以能够从一个偏居一隅的西方小国最终发展成为一个一统华夏的泱泱帝国，取得巨大成功后却又很快土崩瓦解，除了其政治、政策的原因外，文化因素实在不应忽视。

一方面，秦文化呈现给人们的是一种积极上进、锐不可当的上升势态。《易经》中说：天行健，君子以自强不息。从伏羲到孔子，阴阳二字表现出了中华文化的深刻内涵。健者，阳刚之气也。秦文化以自强不息、积极进取为其基本特点。根据历史的记载，秦人由于顽固地捍卫商王朝的王室余孽的利益而被周公驱逐到西方虎狼出没、千里荆棘的苦难之地。从一开始，秦人要想活下去，就必须依靠刀光剑影，就必须依靠自身的智慧与力量。长期艰难困苦的生活经历，将他们铸造成为了一个不怕困难，不怕失败，不惧敌手，锐意开拓，积极进取的民族。这种良好的心理素质与价值取向，使得他们一往无前，没有负担，最终成为了天下的最大赢家。

他们刚健勇猛，尚武彪悍，是一匹匹来自西方荒原的野狼；

他们独立、坚韧，从不依靠别人，是一只只翱翔于莽莽天际的苍鹰；

他们生活质朴，人与人之间关系简单而明了，没有东方六国人那样的弯弯绕肠子与被伦理道德、宗法制度束缚的压力与包袱；

他们重视实际，注重利益，想说就说，想笑就笑，不必当面君子，背后小人；

他们崇大尚高，不断地在追求与实现着超越、光荣与梦想；

他们依靠自己的力量，在荒原榛莽中建立起来了自己的家园，重新直起了不屈的腰杆；

他们独立自主，自力更生，用自己的刀与剑获取了周天子的封国与封地；

他们面对东方六国鄙视的眼光，从不自卑，而是不停地积蓄着力量，渴望着有一天代周而起，让天命归秦。

他们采取拿来主义，拥有开放的心态，毫不顾忌地将异国异域的有用文化为己所用；

他们不懈地追求着征服天下，希望建立起自己的帝国。

五百多年漫长的岁月，留下了他们一代又一代人进取不息的英姿与身影。

他们是进取与奋斗的化身！

他们是至阳至刚的代表！

另一方面，秦文化又是失败的代表，它给后人后世留下了永远取之不竭的遗憾与深刻的教训。

中国人强调天人合一，阴阳和谐统一；强调“至高明而道中庸”。从伏羲到尧、舜、禹时代，再到夏商周三代，武力、刑法一直与怀柔及道德并用。但是，大秦帝国的统治者却只用法家一家的学说来治理国家，只注重乾道而丢掉了坤道，不明白“万物负阴而抱阳，冲气以为和”的深刻道理，在创造出以郡县制为体制的中央集权大帝国时，却对博大精深的周文化进行了一个全盘的否定。按照《易经》中的乾卦爻辞的解释，一个事物，一旦过了九五之盛，接着呈现的就是衰落之象了。大秦帝国以法家学说治国而对其他各家之说一概“焚书”拒用的结果，便是失掉了坤道。坤道即失，事物存在的平衡条件被打破，乾道自然也就没有存在的理由了。可以说，只能外方，不能内圆，这是大秦帝国不能久存的一个根本原因。

客观地说，秦自公孙鞅以来，一直用法家治国，并非错误，至少不是一个根本性的错误。法家强调富国强兵，注重耕战，强调集中权力于中央，等等，均是秦国所以能够不断积聚壮大力量，最终能够实现统一大业的一个重要保障。

但是，别忘了这样一个道理：民以食为天，官以民为本。周文化中的“以民为本”思想是保证一个国家政权能否长治久安的重要条件。秦文化用法家治国的同时，完全摒弃儒家倡导的仁义道德建设，视民众为仇雠这种防民甚于防寇的结果，只能是民心丧失，换来的必然是王朝的灭亡。

秦帝国所以短命而亡，实际上从他们在奋斗进程中就可以看到隐藏在其间的许多危机。一个鲜明的实例，就是秦国自公孙鞅变法以来，在用人方面存在着只看重其能够给秦国的眼下带来多少的实际利益，而根本不去考察其人的品格道德对国家可能带来的潜在的长远危害。以张仪、范雎为例，这两个人充其量不过是两个有舌辩之才的政客而已，在治国安邦上不可能为秦国谋划出一个长远的久安之策。他们因为品行不端在东方六国无法发展，但是，靠才智、口舌、机巧，却先后在秦国猎取到了他们梦寐以求的富贵权位。秦国这种只求实用，不求品德的用人政策，一方面让在东方六国无法谋求发展的人们在秦国有了施展其才能的空间，另一方面，这些急功近利之人毕竟不是有远见的政治家，他们虽然占据了秦国的政治舞台，也提供了一些符合实际的有利于秦国发展的具体的措施，但他们的目的是猎取荣华富贵，不是从心中去献身秦国的统一大业，因而，从长远上看，他们的得势与执政，也为秦国长远的发展埋下了祸根。

秦帝国统一天下以后，本该借统一之威改弦更张，儒法兼用，以柔术安国，柔中有刚。但是，丞相李斯却短视地给秦始皇献上了“焚书坑儒”的臭策，继续以暴力与法术来治理与防范人民。结果，马上取了天下，却不能再用马上的方式来治理天下。顺之者昌，逆之者亡。这个简单的道理就这样要了大秦帝国年轻的生命。本来刚刚一统天下，正可借其雷霆万钧之力来建立一个以嬴秦为首的千秋万代的帝业，却这样因其偏执于一家之说而顷刻间灰飞烟灭了。

第九章

返观：大秦帝国兴亡进程表

时　间	事　件
公元前770年	秦襄公因护送周平王东迁洛邑有功，秦受封为诸侯，正式建国。
公元前762年	秦文公迁至汧、渭之会，筑城邑，以利征战。
公元前750年	秦文公伐戎，地至岐，将周平王许诺的“丰岐之地”真正变成了实有。
公元前714年	秦宪公徙平阳，伐荡社。
公元前688年	秦武公伐邽冀戎，初建县，这是秦国郡县制的最初雏形。
公元前677年	秦德公徙雍，为秦的发展进一步创造了条件。
公元前659年	秦穆公伐茅津戎，大胜。
公元前655年	秦伐晋，战河曲。
公元前651年	秦送晋公子夷吾归国即位，是为晋惠公。
公元前645年	秦与晋韩原大战，晋败，献河西之地给秦国。
公元前644年	秦在河东置官设司。

公元前640年	秦灭梁、芮 。
公元前638年	秦将陆浑之戎迁于伊川。
公元前636年	秦送晋公子重耳归晋即位，是为晋文公。
公元前630年	秦助晋攻郑，后单独撤兵。
公元前628年	秦越晋攻郑。
公元前627年	秦攻郑未成，灭滑，于殽山大败于晋军，全军覆没。
公元前625年	秦伐晋，战彭衙，不利，撤兵。
公元前624年	秦伐晋大胜，取鄗，封崤尸而还。
公元前623年	秦伐西戎大胜，获地千里，周天子使人贺以金鼓，秦穆公独霸西戎。
公元前622年	秦取鄀。
公元前619年	秦康公伐晋，取武城。
公元前615年	秦伐晋，取羁马，败晋军于河曲。
公元前607年	秦共公伐晋围焦。
公元前594年	秦桓公伐晋，战于辅次。
公元前593年	秦与楚、宋、陈人盟于齐。
公元前582年	秦与百狄伐晋。
公元前580年	秦与晋盟，归而背盟，与翟谋伐晋。
公元前564年	秦景公伐晋。
公元前562年	秦伐晋救郑。
公元前561年	秦与楚伐宋。
公元前550年	秦至晋会盟，旋即背盟。

公元前505年	秦哀公发兵救楚，大败吴师。
公元前461年	秦厉公伐西戎大荔，取王城。
公元前457年	秦与緜诸战。
公元前444年	秦伐义渠，掳其王。
公元前418年	秦灵公与魏战少梁。
公元前417年	秦修城于河频。
公元前401年	秦简公伐魏，至阳狐。
公元前395年	秦惠公伐緜诸。
公元前391年	秦伐韩，取六邑。
公元前390年	秦与魏战武城。
公元前389年	秦攻魏之阴晋。
公元前387年	秦伐蜀取南郑。
公元前383年	秦献公徙都栎阳。
公元前378年	秦初行市。
公元前375年	秦设户籍相伍。
公元前366年	秦胜韩、魏于洛阳。
公元前364年	秦胜魏于石门。
公元前363年	秦攻魏少梁。
公元前362年	秦胜魏，掳其将公叔痤。
公元前361年	秦孝公伐魏、伐西戎，斩戎之獂王。公孙鞅入秦。
公元前359年	秦孝公用公孙鞅变法。
公元前356年	秦孝公以公孙鞅为左庶长。

公元前354年	秦与魏战元里。
公元前352年	秦孝公以公孙鞅为大良造，将兵围魏安邑。
公元前351年	秦建商塞，公孙鞅围魏固阳，降之。
公元前350年	秦徙都咸阳，初聚小邑为县，开阡陌。
公元前349年	秦在县初设秩史。
公元前348年	秦初为赋。
公元前343年	秦建武城。
公元前340年	公孙鞅伐魏，虏公子卬。秦孝公封公孙鞅于商。
公元前338年	秦孝公卒，秦惠文公诛公孙鞅。
公元前337年	秦惠文公立，楚、韩、赵、蜀朝秦。
公元前336年	秦初行圆钱。
公元前335年	秦攻取韩之宜阳。
公元前333年	秦以犀首为大良造，张仪为客卿。
公元前330年	秦与魏战，斩魏兵八万，魏献河西之地。
公元前329年	秦伐魏，取汾阳、皮氏、焦。
公元前328年	秦初置丞相，以张仪为相。魏献上郡十五县。
公元前325年	秦惠文公称王。
公元前324年	张仪率兵攻魏。
公元前323年	张仪与齐、楚大臣相会于啮桑。
公元前322年	韩、魏太子来朝，张仪免相。
公元前319年	秦惠文王攻取韩之鄢地。
公元前316年	秦派司马错灭蜀，取赵中都、西阳。

公元前315年	秦取韩之石章。
公元前314年	秦攻义渠，得十五城。
公元前313年	秦伐赵，攻取蔺。
公元前311年	秦伐楚，取召陵。
公元前310年	秦武王伐义渠、丹、犁。
公元前307年	秦始置将军，魏冉为将军，拔韩宜阳。秦武王举鼎绝膑死。
公元前303年	秦昭襄王攻韩之武遂，魏之蒲阪、晋阳、封陵。
公元前300年	秦攻克楚新城。
公元前298年	齐、韩、魏联军攻秦至函谷关，秦昭襄王攻楚，楚军大败。
公元前294年	秦派向寿伐韩取武始，左更白起攻新城。
公元前293年	白起大胜韩、魏联军于伊阙，拔五城，斩首二十四万。
公元前292年	白起攻魏拔垣，复又放弃，攻韩。
公元前291年	秦攻韩取宛。
公元前290年	秦复占垣。
公元前289年	秦伐魏，取六十一城。魏献河东地四百里，韩献武遂地二百里。
公元前288年	秦与齐同时称“帝”，后复去。
公元前286年	秦攻韩夏山，攻魏河内。魏献安邑。
公元前285年	秦与赵、楚会盟。蒙武率兵伐齐，得九城，设九县。
公元前284年	秦与燕、赵、韩、魏伐齐。
公元前283年	伐齐胜，取陶。攻魏取林，军逼大梁。
公元前281年	秦攻赵离石。
公元前280年	秦攻楚取黔中，楚献汉北及上庸。攻赵，取代、光狼。

公元前279年	秦赵会盟渑池，白起率兵攻楚取鄢。
公元前278年	白起攻下楚安陆，拔楚都郢，焚夷陵，取竟陵，至洞庭，迫使楚迁都于陈。
公元前277年	攻楚黔中、巫郡。
公元前276年	秦攻取魏二城。
公元前275年	秦攻魏，占启封。
公元前274年	秦攻取魏蔡、中阳等四城。
公元前273年	秦战赵、魏于韩之华阳，赵、魏败，秦占华阳，魏献南阳。
公元前272年	秦初置南阳郡。
公元前266年	秦攻魏邢丘，秦昭襄王用范雎为相。
公元前265年	秦攻取赵三城及韩之少曲、高平。
公元前264年	白起攻韩之陉城。
公元前262年	秦攻韩，取野王等十城。大战赵长平。
公元前261年	秦攻取韩缑氏、纶。
公元前260年	秦大胜赵于长平，白起坑赵降卒四十万。
公元前259年	秦取赵之武安、太原，并攻邯郸；嬴政出生。
公元前256年	秦灭西周。
公元前250年	秦昭襄王卒，十月，孝文王即位，三日即卒。
公元前249年	秦庄襄王以吕不韦为相。秦灭东周，攻韩建三川郡。
公元前248年	秦攻魏高都、波，攻取榆次、新城等三十七城。
公元前247年	秦占韩之上党郡，平定晋阳之乱，重建太原郡。
公元前246年	秦王嬴政即位，年十三岁，尊吕不韦为仲父；修郑国渠。

公元前245年	秦伐魏取卷。
公元前244年	秦攻韩十三城，攻魏的畤、有诡。
公元前242年	秦攻魏之酸枣等二十城，建东郡。
公元前241年	秦攻魏取朝歌。
公元前240年	秦攻取赵之龙、孤、庆都，魏之汲。
公元前239年	长安君成蟜叛乱被平定。
公元前238年	秦王政行冠礼，嫪毐叛乱被平定；秦攻魏首垣、蒲阳、衍氏。
公元前237年	吕不韦被秦王嬴政免相，李斯上《谏逐客书》。
公元前236年	秦攻赵取阏与等九城。
公元前235年	吕不韦自杀。
公元前234年	秦攻赵平阳、武城。
公元前233年	韩非入秦，被逼自杀。
公元前231年	魏献丽邑，韩献南阳，秦派内史腾为南阳假守。
公元前230年	秦攻韩，俘韩王安，建立颍川郡，韩灭。
公元前228年	秦大破赵军，俘赵王迁，赵灭。
公元前227年	燕太子丹派荆轲入秦刺秦王。
公元前226年	秦攻克燕都蓟，迫使燕杀太子丹。
公元前225年	秦攻大梁，魏王假投降，秦设右北平、渔阳、辽西郡，魏灭。
公元前224年	秦设上谷、广阳郡。
公元前223年	秦攻楚大胜，俘楚王，又攻江南，设会稽郡，楚灭。
公元前222年	秦攻辽东，俘燕王燕。又攻代，俘代王嘉，燕灭。

公元前221年	秦攻齐，俘齐王建，齐灭，至此六国皆亡，天下一统。秦帝国建立，嬴政称始皇帝，中央设三公九卿，开始实行中央集权的皇帝专制政治。
公元前220年	秦始皇开始第一次巡游，巡行陇西北地；开始修驰道；全国设为三十六郡。
公元前219年	秦始皇开始第二次巡游；派徐福入海求仙；起造阿房宫；南征百越，修凿灵渠。
公元前218年	秦始皇开始第三次巡游；张良在博浪沙刺杀秦始皇未成；秦始皇在芝罘刻石纪功。
公元前215年	秦始皇开始第四次巡游。蒙恬率兵三十万伐匈奴，开始修建长城。
公元前214年	秦平定南越，置桂林、南海、象郡。西北驱逐匈奴，设三十四县。
公元前213年	秦发五十万罪徒戍五岭。秦始皇下令“焚书”。
公元前212年	秦始皇下令“坑儒”；修九原直道。
公元前211年	秦迁三万户至北河、榆中。
公元前210年	秦始皇开始第五次巡行，卒于沙丘，时年五十岁。胡亥等发动沙丘之变，矫诏赐死扶苏。
公元前209年	胡亥即位二世皇帝，倒行逆施，诛功臣，杀秦公子、公主数十人。陈胜、吴广在大泽乡起义。项羽、刘邦等起而响应。
公元前207年	秦军主力被项羽消灭，秦将章邯投降项羽。
公元前206年	赵高杀秦二世，立子婴为秦王。子婴杀赵高。刘邦军攻进咸阳，秦王子婴向刘邦投降，秦亡。

附录

主要参考文献

杨宽著 :《秦始皇》，上海人民出版社 1956 年版。

洪迈著 :《容斋随笔》，商务印书馆 1959 年版。

司马光编 :《资治通鉴》，中华书局 1965 年版。

孙楷编，徐复观补 :《秦会要订补》，中华书局 1969 年版。

高亨注译 :《商君书注译》，中华书局 1974 年版。

柳宗元等著 :《论秦始皇》，上海人民出版社 1974 年版。

李贽著 :《藏书》，中华书局 1974 年版。

李贽著 :《续藏书》，中华书局 1974 年版。

李贽著 :《史纲评要》，中华书局 1974 年版。

李贽著 :《焚书》，中华书局 1975 年版。

王夫之著 :《读通鉴论》，中华书局 1975 年版。

吴兢著 :《贞观政要》，上海古籍出版社 1978 年版。

顾颉刚著 :《秦汉的方士与儒生》，上海人民出版社 1978 年版。

睡虎地秦墓竹简整理小组 :《睡虎地秦墓竹简》，文物出版社 1978 年版。

杨宽著 :《战国史》，上海人民出版社 1980 年版。

林剑鸣著 :《秦史稿》，上海人民出版社 1981 年版。

司马迁著 :《史记》，中华书局标点本，1982 年版。

班固著 :《汉书》，中华书局标点本，1982 年版。

马非伯著 :《秦集史》，中华书局 1982 年版。

郭沫若著 :《郭沫若全集 · 历史编 2》，人民出版社 1982 年版。

吕思勉著 :《吕思勉读书札记》，上海古籍出版社 1982 年版。

翦伯赞著 :《秦汉史》，北京大学出版社 1983 年版。

吕思勉著 :《秦汉史》，上海古籍出版社 1983 年版。

李学勤著 :《东周与秦代文明》，文物出版社 1984 年版。

马非伯著 :《秦始皇帝传》，江苏古籍出版社 1985 年版。

钱穆著 :《先秦诸子系年》，中华书局 1985 年版。

徐旭生著 :《中国古史的传说时代》，文物出版社 1985 年版。

安作璋、熊铁基著 :《秦汉官制史稿》，齐鲁书社 1985 年版。

黄留珠著 :《秦汉仕进制度》，西北大学出版社 1985 年版。

林剑鸣等著 :《秦汉社会文明》，西北大学出版社 1985 年版。

张传玺著 :《秦汉问题研究》，北京大学出版社 1985 年版。

杨燕起等著 :《历代名家评史记》，北京师范大学出版社 1986 年版。

何汉著 :《秦史述评》，黄山书社 1986 年版。

余英时著 :《士与中国文化》，上海人民出版社 1987 年版。

赵翼著 :《廿二史札记》，中国书店 1987 年版。

《国语》，上海古籍出版社 1988 年版。

刘泽华主编 :《士人与社会》（先秦卷），天津人民出版社 1988 年版。

林剑鸣著 :《秦汉史》，上海人民出版社 1989 年版。

郭志坤著 :《秦始皇大传》，上海三联出版社 1989 年版。

郑良树著 :《商鞅及其学派》，上海古籍出版社 1989 年版。

杨伯峻编著 :《春秋左传注》，中华书局 1990 年版。

朱绍侯著 :《军功爵制研究》，上海人民出版社 1990 年版。

《说苑》，诸子百家丛书本，上海古籍出版社 1990 年版。

《新序》，诸子百家丛书本，上海古籍出版社 1990 年版。

孙实明著 :《韩非子思想新探》，湖北人民出版社 1990 年版。

《荀子集解》,《诸子集成》本，河北人民出版社 1992 年版。

《吕氏春秋》,《诸子集成》本，河北人民出版社 1992 年版。

《韩非子集解》,《诸子集成》本，河北人民出版社 1992 年版。

《新语》,《诸子集成》本，河北人民出版社 1992 年版。

刘泽华主编 :《士人与社会》(秦汉魏晋南北朝卷)，天津人民出版社 1992 年版。

《秦文化论丛》(第一辑)，西北大学出版社 1993 年版。

《秦文化论丛》(第二辑)，西北大学出版社 1993 年版。

田余庆著 :《秦汉魏晋史探微》，中华书局，1993 年版。

费正清等著 :《剑桥中国秦汉史》，中国社会科学出版社 1993 年版。

祝瑞开主编 :《秦汉文化与华夏传统》，学林出版社 1993 年版。《秦文化论丛》(第三辑)，西北大学出版社 1994 年版。

《战国策》，上海古籍出版社 1995 年版。

林剑鸣著 :《吕不韦传》，人民出版社 1995 年版。

周桂钿著 :《董仲舒评传》，广西教育出版社 1995 年版。

吴荣曾著：《先秦两汉史研究》，中华书局 1995 年版。

《秦文化论丛》（第四辑），西北大学出版社 1996 年版。

张文立著：《秦始皇帝评传》，陕西人民教育出版社 1996 年版。

王育民著：《秦汉政治制度》，西北大学出版社 1996 年版。

陈鼓应著：《易传与道家思想》，生活 · 读书 · 新知三联书店 1996 年版。

刘泽华主编：《中国政治思想史》（先秦卷），浙江人民出版社 1996 年版。

刘泽华主编：《中国政治思想史》（秦汉魏晋南北朝卷），浙江人民出版社 1996 年版。

阎步克著：《士大夫政治演生史稿》，北京大学出版社 1996 年版。

高正著：《诸子百家研究》，中国社会科学出版社 1997 年版。

李存山著：《商鞅评传》，广西教育出版社 1997 年版。

王云度、张文立著：《秦帝国史》，陕西人民教育出版社 1997 年版。

刘修明著：《儒生与国运》，浙江人民出版社 1997 年版。

金春峰著：《两汉思想史》，中国社会科学出版社 1997 年版。

王长华著：《春秋战国士人与政治》，上海人民出版社 1997 年版。

《秦文化论丛》（第五辑），西北大学出版社 1997 年版。

《秦文化论丛》（第六辑），西北大学出版社 1998 年版。

郑良树著：《商鞅评传》，南京大学出版社 1998 年版。

高敏著：《秦汉史探讨》，中州古籍出版社 1998 年版。

葛兆光著：《中国思想史》（第一卷），复旦大学出版社 1998 年版。

艾兰等著：《中国古代思维模式与阴阳五行说探源》，江苏古籍出版社 1998 版。

王和著：《猛士的乐土》，中国青年出版社 1998 年版。

白奚著 :《稷下学派研究》，生活 · 读书 · 新知三联书店 1998 年版。

马勇著 :《秦汉学术社会转型时期的思想探索》，陕西人民教育出版社 1998 年版。

王子今著 :《秦汉区域文化研究》，四川人民出版社 1998 年版。

田静著 :《秦宫廷文化》，陕西人民教育出版社 1998 年版。

沈长云著 :《崛起的士人》，中国青年出版社 1998 年版。

林鹏著 :《蒙斋读书记》，山西古籍出版社 1998 年版。

常金仓著 :《穷变通久》，辽宁人民出版社 1998 年版。

陕西省考古研究所 :《秦始皇兵马俑一号坑发掘报告》，文物出版社 1988 年版。

陕西省考古研究所 :《陇县店子秦墓》，三秦出版社 1998 年版。

田静著 :《秦史研究论著目录》，陕西人民教育出版社 1999 年版。

《秦文化论丛》（第七辑），西北大学出版社 1999 年版。

严可均辑 :《全上古三代文 · 全秦文》，商务印书馆 1999 年版。

严可均辑 :《全上古三代文 · 全汉文》，商务印书馆 1999 年版。

张光直著 :《中国青铜时代》，生活 · 读书 · 新知三联书店 1999 年版。

王蘧常著 :《秦史》，上海古籍出版社 2000 年版。

周桂钿著 :《秦汉思想史》，河北人民出版社 2000 年版。

于迎春著 :《秦汉士史》，北京大学出版社 2000 年版。

刘泽华著 :《中国的王权主义》，上海人民出版社 2000 年版。

颜吾芟著 :《崛起咸阳城——秦始皇的治国谋略》，华夏出版社 2000 年版。

郭淑珍、王关成著 :《秦军事史》，陕西人民教育出版社 2000 年版。

徐卫民著 :《秦都城研究》，陕西人民教育出版社 2000 年版。

钱穆著：《先秦诸子系年》，商务印书馆 2001 年版。

王学理、梁云著：《秦文化》，文物出版社 2001 年版。

《秦文化论丛》（第八辑），陕西人民出版社 2001 年版。

孙家洲著：《两汉政治文化窥要》，泰山出版社 2001 年版。

陈苏镇著：《两汉政治与春秋学》，中国广播电视出版社 2001 年版。

李军著：《士权与君权——上古汉魏六朝政治权力分析》，广西师范大学出版社 2001 年版。

徐复观著：《两汉思想史》（三卷本），华东师范大学出版社 2001 年版。

许倬云著：《西周史》，三联书店 2001 年版。

《秦文化论丛》（第九辑）西北大学出版社 2002 年版。

陈来著：《古代思想文化的世界——春秋时代的宗教、伦理与社会思想》，生活·读书·新知三联书店 2002 年版。

李玉福著：《秦汉制度史论》，山东大学出版社 2002 年版。

于琨奇著：《秦始皇评传》，南京大学出版社 2002 年版。

卜宪群著：《秦汉官僚制度》，社会科学文献出版社 2002 年版。

孙筱著：《两汉经学与社会》，中国社会科学出版社 2002 年版。

黎东方著，王子今补编：《细说秦汉》，上海人民出版社 2002 年版。

熊铁基著：《汉唐文化史》，湖南人民出版社 2002 年版。

曹旅宁著：《秦律新探》，中国社会科学出版社 2002 年版。

张光直著：《美术·神话与祭祀》，辽宁教育出版社 2002 年版。

张分田著：《秦始皇传》，人民出版社 2003 年版。

徐日晖著：《秦早期发展史》，中国科学文化出版社 2003 年版。

崔永东著：《简帛文献与古代法文化》，湖北教育出版社 2003 年版。

祝中熹著 :《早期秦史》，敦煌文艺出版社 2004 年版。

张金光著 :《秦制研究》，上海古籍出版社 2004 年版。

王绍东著 :《秦朝兴亡的文化探讨》，内蒙古大学出版社 2004 年版。

陈平著 :《关陇文化与嬴秦文明》，江苏教育出版社 2005 年版。

丁小萍著 :《中国古代政治智慧》，浙江大学出版社 2005 年版。

陈文德著 :《大秦七百年王道兴衰》，九州出版社 2006 年版。

徐为民、雍际春主编 :《早期秦文化研究》，三秦出版社 2006 年版。

国风著 :《中国古代的权力结构》，山西人民出版社 2006 年版。

李开元著 :《复活的历史——秦帝国的崩溃》，中华书局 2007 年版。

杨志刚著 :《大秦王朝》，长春出版社 2007 年版。

张岂之主编 :《中国思想学说史》（先秦卷），广西师范大学出版社 2007 年版。

张岂之、黄留珠主编 :《中国思想学说史》（秦汉卷），广西师范大学出版社 2007 年版。

张林祥著 :《商君书的成书与思想研究））, 人民出版社 2008 年版。

张天恩著 :《周秦文化研究论集》，科学出版社 2009 年版。

李剑宏著 :《王权论》，社会科学文献出版社 2009 年版。

田延峰著 :《中华帝制的精神源头——秦思想的发展历程》，人民出版社 2011 年版。

齐涛著 :《中国传统政治检讨》，南海出版公司 2012 年版。

林存光著 :《政治的境界——中国古典政治哲学研究》，中国政法大学出版社 2014 年版。

宋云海著 :《中国皇权文化》，上海三联书店 2014 年版。